Carol Keeffe hatte Schulden und lebte in ständiger Geldnot – bis sie und ihre Familie den Durchbruch schafften, indem sie die Ideen dieses Buches anwendeten: Auf einmal konnten sie sich große Reisen leisten und hatten trotzdem noch Geld auf der Bank. Carol Keeffe ist seit 1982 Expertin auf dem Gebiet des kreativen Umgangs mit Geld. Sie lebt mit ihren Söhnen in der Nähe von Seattle, Washington.

W0086527

Deutsche Erstausgabe März 1997
Copyright © 1997 für die deutschsprachige Ausgabe
Droemersche Verlagsanstalt Th. Knaur Nachf., München

Titel der Originalausgabe: »How to Get What You Want
in Life with the Money You Already Have«
Copyright © 1995 by Carol Keeffe
First published by Little, Brown & Company, Boston.
All Rights Reserved.
Umschlaggestaltung: Alexander Urban, Wiesbaden
Satz: Ventura Publisher im Verlag
Druck und Bindung: Clausen & Bosse, Leck
Printed in Germany
ISBN 3-426-82104-4

5   4   3

Carol Keeffe

Spar dich reich

Aus dem Amerikanischen
von Malte Heim

Inhalt

Einführung   7

Kapitel 1
Ich habe kein Geld. Was nützt mir also dieses Buch?   15

Kapitel 2
Bezahlen Sie sich selbst zuerst   49

Kapitel 3
Raus aus der Schuldenfalle   85

Kapitel 4
Mit zehn Mark sind Sie dabei: Füttern Sie mehrere
Sparkonten zugleich   151

Kapitel 5
Mythen, Geldspiele und mehr   173

Kapitel 6
Planen Sie Ihr Glück   203

Kapitel 7
Fazit: Wie weit komme ich damit?   259

Einführung

Wieviel Geld ich früher auch verdienen mochte – ich gab alles aus.

Als junge, alleinstehende Frau verbrauchte ich mein ganzes Einkommen. Als ich verheiratet war, wir über zwei Einkommen verfügten, keine Kinder hatten und monatliche 95 Dollar Miete bezahlten – meinem Mann und mir blieb nichts übrig. Je mehr Geld ich verdiente, desto mehr gab ich aus. Ganz gleich, wieviel Geld mir zur Verfügung stand, es war nie genug.

Doch im Laufe der Jahre stapelten sich die Rechnungen. Bald war der Stapel so hoch, daß ich nur noch ein Ziel hatte: den Schuldenberg abzubauen. Meine fortwährende Rede war: »Wenn die Rechnungen bezahlt sind, fange ich mit dem Sparen an. Wenn die Rechnungen bezahlt sind, besuche ich mit den Kindern Disneyland. Wenn die Rechnungen bezahlt sind, … dann … dann … In der Zwischenzeit häuften sich die Rechnungen, meine Angst wuchs, und mein Leben war zum Stillstand gekommen.

Schließlich wurde mir bewußt, daß ich mein Leben lang Wäsche waschen, Geschirr spülen und Rechnungen bezahlen mußte. Ich blickte der Tatsache ins Gesicht, daß meine ernsthafte »Verschiebe-deine-Träume-bis-später«-Einstellung nicht funktionierte, und ich überdachte meine Beziehung zum Geld.

Ich bin weder eine Finanzexpertin noch eine Business-Größe oder eine Koryphäe auf dem Finanzsektor; ich bin ein ganz gewöhnlicher Mensch mit einem ganz normalen Einkommen, der Methoden entdeckt hat, mit Geld umzugehen; Methoden, die funktionieren. Früher verzweifelt und entmutigt, weiß ich heute, daß ich, was das Finanzielle betrifft, Alternativen habe. Früher verzettelte ich mich und glaubte, Abenteuer seien nur etwas für andere (von denen ich annahm, sie hätten mehr Geld als ich), heute konzentriere ich mich auf meine Träume und verwirkliche sie.

Dieses Buch handelt von Werten und Wahlmöglichkeiten – von Ihren Werten. Ihren Wahlmöglichkeiten. In diesem Buch geht es darum, wie Sie das bekommen können, was Ihnen am meisten bedeutet. Ich werde Ihnen auf den folgenden Seiten leicht zu verwirklichende und wirksame Methoden der Geldverwaltung aufzeigen, die Ihnen erlauben, das zu tun, was Ihnen am meisten gefällt, und die Rechnungen werden nicht mehr die Gewalt über Sie haben, die sie einst hatten.

Schon allein die Tatsache, daß Sie gerade dieses Buch aus dem Regal nahmen, ist bedeutend – sie zeigt, daß Sie die Kontrolle übernommen haben. Geld ist der vielleicht bedrohlichste und komplizierteste Faktor in unserem Leben. Ihre Entscheidung, etwas darüber zu lesen und zu lernen, beweist, daß Sie den Wunsch und den Mut haben, Ihr schwer verdientes Geld für sich arbeiten zu lassen.

Dieses Buch handelt davon, wie Sie mit dem Geld, das Ihnen bereits zur Verfügung steht, den Spaß, die Freude wieder in Ihr Leben zurückholen können – und zwar jetzt. Geld ist ein Werkzeug, mit dem Sie Ihre Lebensqualität

ankurbeln können. Sie werden lernen, wie Sie Ihre Ratenzahlungen schmerzlos tilgen und Ihr Leben befriedigender,
aufregender und abenteuerlicher gestalten können.

Diese Methode der Geldverwaltung funktioniert, weil sie
einfach, befriedigend und durchführbar ist. Dieses Buch
wird Ihnen helfen, ob sie nun jährlich über 10 000, 100 000
oder 1 000 000 DM verfügen können.* Die Verantwortung
liegt allein bei Ihnen. Ich sage Ihnen nicht, was Sie tun
sollen, sondern frage:»Was möchten Sie tun?« Und dann
wählen Sie nach Maßgabe dessen, was Sie im Leben am
meisten schätzen.

Oft hörte ich:»Ich bin nur widerstrebend zu Ihrem Geld-
Seminar gekommen.« Auch Sie sind vielleicht skeptisch,
voller innerer Widerstände, und fragen sich, weshalb sich
gerade dieses Buch von den anderen Büchern unterscheiden
soll, die sich mit dem gleichen Thema beschäftigen. Sie
haben die Erfahrung gemacht, daß die meisten Geldrat-
schläge nichts nutzen. Tatsächlich ist man hinterher, wenn
es nicht funktioniert hat, oft entmutigt und verzweifelt. Aber
bei meiner Methode werden Sie sich nicht mehr sträuben,
sondern begeistert sein: weil sie so leicht auszuführen ist,
weil sie funktioniert und weil Sie augenblicklich Resultate
sehen.

Kate sagte:»Ich fühle mich vor allem befähigt. Ich habe das
Gefühl, als hätte das Geld keine Kontrolle mehr über mich.
Ich entscheide, wie ich mein Geld ausgebe. Ich habe es
schwer verdient, und ich möchte es auf vernünftige Weise

---

* Aus Gründen der Verständlichkeit wurden in allen Beispielen
Dollar in DM umgesetzt. (Anmerkung des Übersetzers)

ausgeben. Jetzt haben wir sogar Geld für Dinge, die einfach nur Freude machen! Und wir dachten, wir würden niemals Geld für so etwas haben!« Immer wieder hörte ich von Leuten, daß sie ihr ganzes Leben lang genau nach dieser Methode gesucht hatten. Sie besuchten Finanzseminare, lasen Bücher, aber nichts half. Bis sie die in diesem Buch vorgestellte Methode entdeckten.

»Vor einigen Jahren versuchte das Unternehmen, bei dem ich beschäftigt bin, auf dem Gebiet der privaten Finanzplanung aktiv zu werden; ein Versuch, der kläglich scheiterte«, berichtete Tim, ein vereidigter Wirtschaftsprüfer. »Wir hatten uns nicht klargemacht, daß die Mehrzahl unserer Klienten keine Finanzplanung brauchte; was sie brauchte, war ein Besuch dieses Workshops. Weshalb soll man sich Gedanken über Anlageplanung machen, wenn man 1) kein Geld hat, 2) alles, was man verdient, ausgibt und 3) ein beträchtlicher Teil des Verdienstes für Darlehens- oder Ratenzahlungen aufgewandt wird? Ohne den Background und die Perspektive, die sie durch diesen Workshop erwerben, bleibt den meisten Menschen gar keine andere Wahl, als sich ihr Leben lang von einem Gehaltsstreifen zum nächsten durchzuschlagen. Erst jetzt ist mir klar, wie sehr sich das Thema dieses Workshops von der gegenwärtigen Finanzideologie unterscheidet. Wie erfrischend, Zeuge einer einfachen, grundlegenden Annäherung an eine möglicherweise lebensverändernde Erfahrung zu sein. Ich hoffe, es gelingt Ihnen auch weiterhin, Menschen zu der Erkenntnis zu bekehren, daß auch etwas Einfaches und Verständliches gut sein kann. Viele Menschen glauben nämlich, daß alles Gute kompliziert sein muß.«

Tim hat recht. In diesem Buch werden Sie kein abschreckendes Finanz-Fachchinesisch oder eine Schuldgefühle verursachende Liste all dessen finden, was Sie mit Ihrem Geld machen »sollten«. Auf Schuldzuweisungen, alle besserwisserischen »Sie sollten«-Empfehlungen verzichte ich. Sie werden sich weder durch Budgetentwürfe noch durch verwirrende Formulare kämpfen müssen. Statt dessen werden Sie sich an Geldspielen erfreuen, die Ihnen helfen, Ihre Träume zu verwirklichen.

Diese Ideen kamen mir nicht über Nacht, und sie gehören nicht zu den Ideen, die funktionieren *könnten*. Sie wurden ausprobiert, geprüft und funktionieren *garantiert*. Tausende von Menschen, die seit 1982 meine Seminare besuchen, können das bestätigen. Sie erleben heute das zutiefst befriedigende Gefühl, ihr Geld und ihr Leben unter Kontrolle zu haben. Rechnungen beanspruchen nicht länger ihre Aufmerksamkeit, verbrauchen nicht länger ihre Energie. Sie sind aus ihrem Schulden-Alptraum erwacht. Hier noch einmal Kate: »Wir haben hohe Schulden, ungefähr 20 000 Dollar, da hilft es uns psychisch, daß wir mehrere Sparkonten besitzen, von denen jedes einem anderen Zweck dient. Wir haben gerade einen kurzen Urlaub hinter uns, den wir bar bezahlten! Wir sind richtig stolz auf uns. Wir haben nichts anschreiben lassen. Wow, das ist echt anders als früher. Wir können wirklich von unserem Verdienst leben und dennoch unsere Rechnungen bezahlen!«

Sie werden feststellen, daß die Ideen Ihnen dabei helfen, Ihre Energie auf Ihre wirklichen Interessen zu richten. Sie werden lernen, sich selbst die Erlaubnis zu geben, Ihr Ziel anzusteuern und das Erreichte zu genießen. Teresa schreibt:

»In den drei Jahren, die seit meinem Besuch Ihres Geld-Workshops vergangen sind, bekam ich zwei Kinder, wurde aus unseren zwei Einkommen eines, und haben wir 12 375 Dollar gespart! Wir kommen nicht nur mit einem einzigen Verdienst klar, sondern können auch noch auf unser nächstes Ziel sparen!«

Vielleicht denken Sie sich jetzt: »Ich weiß genau, was als nächstes kommt: »»Zahlen Sie rasch Ihre Schulden ab, gehen Sie nicht mehr so häufig essen und sparen Sie jeden Monat zehn Prozent Ihres Einkommens.‹« Nein. Ich sage Ihnen nicht, was Sie tun sollen. Übrigens ist diese alte Methode, mit Geldproblemen fertig zu werden, deprimierend, nicht sonderlich amüsant, und sie funktioniert offen gesagt auch nicht.

Was Sie lernen werden, ist ein einfacher, durchführbarer Zugang zu dem Geldproblem, das Ihr Denken beherrscht. Und das Ergebnis? Sie werden entspannt und zuversichtlich sein und das nötige Know-how besitzen, um das zu bekommen, was Sie sich immer schon wünschten. Aber das beste ist: Sie werden motiviert und begierig darauf sein, weiterzumachen.

Es ist Ihr Geld. Sie sitzen auf dem Fahrersitz. Sie werden feststellen, daß Ihnen in bezug auf Ihr Leben und Ihr Geld zahllose Möglichkeiten offen stehen. Cheryl schreibt: »Die Energie, die ich durch die neue Methode der Geldverwaltung gewonnen habe, fließt jetzt ins Fitneßtraining, in die Kindererziehung und in den Beruf. Ideen tun sich auf. Geld ist jetzt kein Schreckgespenst mehr, sondern eher ein Werkzeug, mit dem ich mein Leben formen kann. Ich habe jetzt mehr Selbstvertrauen, bin lebensbejahender und aktiver. Ich kann heute viel besser ausdrücken, wer ich bin und was ich will.«

Ohne daß es ihnen klar ist, haben sich die meisten von uns auf kurze Glücksmomente eingerichtet, statt darauf, jene tiefe innere Befriedigung zu erfahren, die sich einstellt, wenn man nach seinen wirklichen Interessen lebt. Beim Lesen wird Ihr Glaube zunehmen, daß Sie das verdienen, wonach Sie streben. Sie werden zu der Meinung gelangen, daß es nicht nur in Ordnung, sondern gut ist, einen Teil Ihres schwerverdienten Geldes für Dinge auszugeben, die ihnen tiefe Befriedigung verschaffen. Sie werden feststellen, wie sich Ihr ganzes Leben zum Besseren wendet – *und das alles mit dem Geld, das Ihnen bereits zur Verfügung steht.*

Kapitel 1
Ich habe kein Geld.
Was nützt mir also dieses
Buch?

Halte an deinen Träumen fest.
Denn ein Leben ohne Träume
Gleicht einem Brachfeld,
das unter einer Schneedecke friert.

Langstone Hughes

»Nun, diese Woche ist Zahltag für uns beide. Drei Tage lang haben wir das Gefühl, reich zu sein, dann ist es vorbei!«

Stewardeß,
mit einem UPS-Fahrer verheiratet

»Ich habe das Gefühl, als hätte ich nie genug. Anläßlich unserer Steuererklärung rechneten mein Mann und ich einmal genau aus, wieviel wir verdient hatten. Die Höhe des Betrages erstaunte uns. Es war mehr, als wir gedacht hatten. Wir lehnten uns zurück und fragten: ›Wo ist das Geld geblieben?‹«

CPA (vereidigte Wirtschaftsprüferin),
mit einem Ingenieur verheiratet

»Ich habe das Gefühl, als hätte ich keine Kontrolle über das Geld. Wieviel ich auch verdienen mag, ich gebe zu viel aus; aber es kommt mir nicht so vor. Es scheint durch Risse und Lücken zu verschwinden. Ich habe Schulden und wäre gern schuldenfrei, möchte gern ›reinen Tisch‹ machen. Ich würde gern sparen, um mir meine Wünsche zu erfüllen, wie beispielsweise Reisen und den Umzug in ein größeres Apartment. Im Augenblick kann ich mir nur schwer vorstellen, wie es ist, für die wesentlichen Dinge des Lebens wie zum Beispiel Kinder, ein Haus, einen Garten, genug Geld zu haben. Diese Dinge, die vielen Menschen erreichbar erscheinen, kommen mir wie unerfüllbare Träume vor.«

Künstler, der als Vertreter für eine
Künstlerbedarfsfirma arbeitet

»Ich bin es leid, Schulden zu haben und von einer
Gehaltsüberweisung zur nächsten zu leben. Ich habe
nur noch fünfzehn Arbeitsjahre vor mir und mache
mir Gedanken wegen der Rente (oder über das Fehlen
derselben). Ich habe nur sehr geringe Ersparnisse
und verfüge über keine Kapitalanlagen.«

Leiter einer Darlehensabteilung

»Es kommt mir so vor, als hätte ich nie genügend
Geld, um mir all meine Wünsche zu erfüllen. Ich
würde gern mehr ausgeben können. Meistens bin
ich sehr vorsichtig, aber manchmal habe ich das
Gefühl, in Schwierigkeiten zu stecken, zum
Beispiel, wenn mein Wagen Probleme macht. Ich
schulde auch zwei großen Kreditkartenunternehmen einiges. Mich beunruhigt, wie lange ich
brauchen werde, um wieder auf Null zu kommen.«

Kundenservice-Angestellter

Obwohl jede dieser Geschichten einmalig ist, behandeln sie
ein ständig wiederkehrendes Thema – ein Gefühl der Ohn-
macht in bezug auf Geld.
Ungeachtet unseres Verdienstes scheint uns folgendes gemeinsam zu sein:

❖ Wir geben mehr Geld aus, als uns zur Verfügung steht.
❖ Wir haben nur geringe oder keine Ersparnisse.
❖ Wir müssen Ratenzahlungen leisten (wir versuchen, sie
loszuwerden, aber sie kommen immer wieder zurück).
❖ Wir fühlen uns hilflos angesichts unserer Rechnungen.
❖ Wir besitzen keinen langfristigen Master-Plan in bezug
auf Geld.

Als ich endlich meinem Verhaltensmuster ins Gesicht blickte, wurde mir klar, daß die Lösung nicht in »mehr Geld« bestand, sondern darin, mit dem Geld, das mir zur Verfügung stand, zu wirtschaften.

Nachdem ich mit mehreren tausend Menschen gearbeitet hatte, konnte ich folgendes Muster identifizieren:

- ❖ Wir neigen dazu, unser Geld bei dem Versuch zu vergeuden, ein wenig Freude in unser Leben zu bringen. (Da wir das Gefühl haben, es sei kein Geld für »große Dinge« da, verwöhnen wir uns mit einfachen Genüssen wie einem Espresso im Café, Zeitschriften, Filmen, Essengehen usw.).
- ❖ Wir sparen nur wenig oder gar nicht.
- ❖ Wir werden zu Opfern unserer Rechnungen und nehmen den Standpunkt ein: »Ach, ich Arme (Armer). Ich werde mich ein Leben lang nach der Decke strecken müssen.«
- ❖ Wir konzentrieren uns auf unsere Schulden und widmen unser Leben der Aufgabe, sie abzubezahlen. Während der Beseitigung des Schuldenberges lösen sich Träume und Vergnügen in Luft auf.
- ❖ Unbewußt denken wir: »Glück heißt, die Rechnungen bezahlt zu haben.« Wir haben uns nie die Frage gestellt: »Was macht mich wirklich glücklich?«

Kein Wunder, daß das Leben seinen Pfiff verloren hat. Jeden Monat zweigen wir soviel Geld wie möglich ab, um unsere Rechnungen zu bezahlen. Manche Menschen nehmen sogar noch einen Extrajob an oder machen Überstunden – nur um den Schuldenberg zu reduzieren oder ganz abzubauen. In dem Bemühen, das Schuldenmonster unter Kontrolle zu halten, geht unsere Lebensqualität verloren. Unser Leben ist auf zwei Dinge reduziert: Arbeit und Schulden.

In diesem Buch werde ich Ihnen meine Geldgeschichte erzählen und die anderer Menschen, um Ihnen zu zeigen, wie Sie das Beste aus beiden Welten haben können – Spaß und Freude, heute und morgen. Sie werden lernen, wie Sie die Kontrolle über Ihr Geld gewinnen und ihre Lebensumstände zum Besseren wenden können. Sie werden die Inspiration und das Rüstzeug erhalten, mit dessen Hilfe Sie Ihre finanzielle Situation zum Positiven ändern können, und zwar jetzt, sofort, mit dem Geld, daß Ihnen bereits zur Verfügung steht.

Während Sie dieses Buch lesen und einige Ideen ausprobieren, werden Sie lernen, zu bestimmen, welche Wünsche Sie wirklich haben. Vielleicht haben Sie schon einmal den Satz gehört: »Menschen planen nicht das Scheitern – sie scheitern beim Planen.« Sie werden Ihren eigenen Geldplan erstellen, basierend auf dem, was Ihnen am liebsten und am wertvollsten ist; ein Plan, der genau auf Ihre Bedürfnisse und Wünsche zugeschnitten sein wird.

Bei der folgenden Geschichte können Sie einen Blick darauf werfen, weshalb es den meisten von uns nicht gelingt, einen Geldplan zu erstellen, der funktioniert.

Marcus kam zu mir, weil er das Gefühl hatte, sich in einer Falle zu befinden. »Ich habe rund 10 000 Dollar Schulden bei einem Kreditkartenunternehmen und verdiene 30 000 Dollar im Jahr. Wie kann ich damit meine Schulden abbezahlen und wieder zurück zur Schule gehen?« fragte er.

Gefragt, welche Auswirkungen die Schulden auf seinen

Alltag hätten, erwiderte er: »Ich komme mir vor, als befände ich mich in einem langen schwarzen Tunnel, an dessen Ende kein Licht zu sehen ist. Allein schon bei dem Gedanken an die Schulden fühle ich mich angespannt und überarbeitet.«

Nur widerstrebend gestand er mir, daß ein Kollege ihn als einen »kalten und gehetzten Mann« beschrieben habe, und daß diese Worte ihn sehr verletzt hätten. Aber leider, gab er zu, hätte sein Kollege recht.

Marcus erklärte, während er mit den Händen gestikulierte, er sei zum Arzt gegangen, weil er zugenommen und Angst vor hohem Blutdruck gehabt habe (und das mit 29 Jahren!) Der Arzt diagnostizierte, es läge am Streß, und fragte ihn, was er gern tun würde, wenn er die Wahl hätte. (Kluger Arzt!) Marcus antwortete: »Als Krankenpfleger oder Assistent des Arztes in Ländern der Dritten Welt arbeiten.«

Seine klare Vorstellung überraschte mich. Die meisten Menschen haben sich noch nie gefragt: »Was möchte ich wirklich?« Ich bat ihn, sich vorzustellen, wie es wäre, wenn er eine solide finanzielle Grundlage hätte. Er lächelte, entspannte sich und sagte: »Es wäre so, als säße ich an einem wunderschönen Tag auf einer Wiese voller Wildblumen, am Ufer eines Teiches. Ich würde eine innere Ruhe spüren.« Dann gestand er mir, daß er gern ein Klavier hätte und eine Reise nach Rußland machen würde.

Angesichts seiner klar umrissenen Wünsche überraschte mich seine Reaktion, als wir über einen Aktionsplan sprachen. »Nun«, sagte Marcus mit monotoner Stimme, »ich weiß, daß ich, um von meinen Schulden herunterzukommen, einiges vom dem aufgeben muß, was mir wirklich

Spaß macht: wie teuren Kaffee kaufen und Essengehen.«
Sobald ich davon sprach, einen Plan zu erstellen, konzentrierte sich sein Verstand auf die Tilgung der Schulden. Er glaubte, er müsse anfangen, sich einzuschränken; und die Begeisterung für seine Ziele schwand.

Durch Marcus konnte ich einen Blick darauf werfen, wie unser Verstand arbeitet. Ich sah, wie schnell wir von der Begeisterung über unsere Träume und Ziele zu der strengen, elterlichen Botschaft umschalten: »Räum dein Zimmer auf«, oder in diesem Fall »Bezahl die Schulden ab«. Es ist ein selbstzerstörerischer Teufelskreis: Wir hassen Schulden, also versuchen wir mit aller Macht, sie loszuwerden. Wir haben nur noch ein Ziel: die Schulden abzubezahlen. Und das Ergebnis? Wir arbeiten noch schwerer und länger, um mehr Geld zu verdienen. Das wiederum erzeugt größere Anspannung, noch mehr Streß und ein stärkeres Verlangen nach »teurem Kaffee und dem Wunsch, essen zu gehen«, um sich so ein wenig inneren Frieden und Entspannung zu erkaufen.

Als Reaktion auf Marcus' Annahme, er müsse sich von den einfachen Freuden des Lebens verabschieden, nahm ich ein Blatt Papier und riß es in sechs Stücke. Auf eines der Stücke schrieb ich RATENZAHLUNGEN, auf die anderen MIETE, ESSEN, KLEIDUNG, DIVERSES (Benzin, Zahnpasta, Batterien …) und ZIELE (Klavier, Reise, Krankenpflegeschule). Ich legte den Zettel, auf dem RATENZAHLUNGEN stand, zuoberst hin, den Zettel mit der Aufschrift MIETE darunter, und so weiter. Die Aufzählung endete mit dem Zettel ZIELE.

RATENZAHLUNGEN
MIETE
ESSEN
KLEIDUNG
DIVERSES
ZIELE

Wir schauten uns die Prioritätenliste an und sprachen darüber, was es für ein Gefühl ist, jeden Morgen mit dem Gedanken aufzustehen, der Sinn des Lebens sei, »die Schulden abzuzahlen«. Marcus wirkte melancholisch.

Dann nahm ich den letzten Zettel mit der Aufschrift ZIELE (Klavier, Reise, Krankenpflegeschule) und tauschte ihn mit dem Zettel RATENZAHLUNG aus.

ZIELE
MIETE
ESSEN
KLEIDUNG
DIVERSES
RATENZAHLUNGEN

Marcus beugte sich vor. »Unglaublich! Das hätte ich nie gemacht, aber langsam dämmert es mir.« Er sagte, er habe daran gedacht, zusätzlich zu den zwölfstündigen Nachtschichten in seinem Computerjob einen Teilzeitjob anzunehmen, aber seine Freunde hätten ihm eindringlich davon abgeraten. Dann hellte sich seine Miene auf. »Ich hab's. Früher wollte ich mehr Arbeit annehmen – was mehr Streß zur Folge gehabt hätte –, um meine Schulden in größeren

Beträgen abzuzahlen, aber ich habe nie daran gedacht, mir mit einem Teil des Geldes meine Wünsche zu erfüllen.«

Es besteht sogar die Möglichkeit, daß sich Marcus' Schulden erhöhen und nicht verringern, wenn er einen Extrajob annimmt. Wenn er mehr und länger arbeitet, wird das Bedürfnis seines Körpers nach Ruhe, Entspannung und Gesundheit eskalieren. Er wird mehr Geld ausgeben, um sich durch Essen, Kleidung, Alkohol inneren Frieden zu erkaufen. Dadurch würde sich nicht nur seine Anspannung erhöhen, sondern auch seine Träume, jene Dinge, die das Herz und die Seele des inneren Glückes ausmachen, wären weiter denn je von ihrer Verwirklichung entfernt.

Das ist die Falle, in die viele von uns geraten: Wir haben unserem Leben Zügel angelegt, während wir warten und hoffen, daß sich unsere finanzielle Lage bessert. Marcus hat mich beeindruckt. Mit seinen 29 Jahren versucht er bereits, das Puzzle seines Lebens zusammenzusetzen. Ich weiß aus eigener Erfahrung, wie schmerzhaft es sein kann, um einiges älter zu sein als Marcus und noch immer in finanziellen Schwierigkeiten zu stecken. Es ist nicht leicht, auf jene Jahre des Verzichts und des Wartens zurückzuschauen, nur um festzustellen, daß wir wieder dort angelangt sind, wo wir angefangen haben!

Das erinnert mich an eine Frau, die Anwältin werden wollte, aber einwandte: »Es geht nicht. Ich bin schon 45 Jahre alt, und es wird sieben Jahre dauern, bevor ich daran denken kann, das Examen zu machen.« Ihr Freund antwortete weise: »Und wie alt wirst du in sieben Jahren sein, wenn du nicht studierst?«

Es ist an der Zeit, die Dinge aus einem anderen Blickwinkel

heraus zu betrachten. Wir müssen uns fragen: »Was macht mir Freude? Was schenkt mir dieses wunderbare Gefühl der Befriedigung? Was wünsche ich mir wirklich?«

Zu lange schon haben wir das Leben vor uns hergeschoben – haben darauf gewartet, daß die Dinge sich klären, die schweren Zeiten vorüber, die Schulden endlich abbezahlt sind. Kürzlich hörte ich von einem jungen Mann, der in seinem Wagen wohnte. Eines Tages, als er über seine Liebe zur Musik sprach, bot ihm jemand an, sein Klavier zu benutzen. Innerhalb einer Woche hatte der junge Mann einen Teilzeit-Job, nahm Klavierstunden und fing an, auf ein eigenes Keyboard zu sparen. Was war geschehen? Er war motiviert worden.

Die meisten Menschen in seiner Situation würden niemals auch nur in Betracht ziehen, der Stimme ihres Traumes zu folgen. Die Schuldgefühle und der Druck, den Eltern, Freunde und die Gesellschaft ausüben, wären zuviel für sie. »Du kannst doch nicht in deinem Wagen wohnen! Das ist schändlich! Such dir einen Job und eine vernünftige Wohnung.« Und das wäre der Anfang und das Ende von Botschaft und Fokus.

Ich rede hier nicht der Verantwortungslosigkeit das Wort. Ich schlage nur vor, einen Blick darauf zu werfen, wie wir zum Denken und Handeln konditioniert wurden. Die Botschaft »von draußen« ist eindeutig: »Bring zuerst dein Leben in Ordnung, und dann (falls dieser Tag jemals kommen sollte) frage dich, was du wirklich möchtest.« Wir können von diesem jungen Mann, der in seinem Wagen wohnte, einiges lernen. Sobald er motiviert war, veränderte sich sein Leben. Er hatte einen Grund, aufzustehen, einen

Job zu suchen; einen Grund, zur Arbeit zu gehen. Er ergriff das Leben und machte sich auf den Weg – seine Liebe zur Musik leitete ihn.

Eines Abends, während eines Workshops, bot sich die Gelegenheit, uns eingehend mit diesem Thema auseinanderzusetzen. Jeanette gestand, sie spüre, daß sie für das Komponieren und Musizieren geboren sei. Sie hätte gern ein Klavier-Keyboard gehabt, um wieder mit dem Komponieren anzufangen. Sie erklärte, ihre Arbeit mache ihr keinen Spaß, und sie hätte mehrere tausend Dollar Schulden. »Ich scheine mich nur so durchs Leben zu schleppen und fühle mich zerschlagen und erschöpft.«

Während ich mit dem Unterricht fortfuhr und die Teilnehmer bat, sich auf das zu konzentrieren, was sie wirklich wollten, wurde Jeanette immer frustrierter. Schließlich fragte sie: »Wie kann ich bei meinen Schulden jemals daran denken, mir ein Keyboard zu kaufen? Meine Eltern und Freunde würden mir vorwerfen, verantwortungslos zu sein. Ich fühle mich schon schuldig, wenn ich nur daran denke, ein Keyboard zu besitzen.«

Ich fragte den Rest in der Gruppe, ob sie Jeanettes Erfahrung nachvollziehen könnten. Es wurde eifrig genickt. Dann fragte ich: »Wie, glauben Sie, werden Jeanettes Eltern und Freunde reagieren, wenn sie anfängt, für ein Keyboard zu sparen? Was wird geschehen, wenn sie sehen, wie Jeanette das Leben genießt *und* ihre Schulden abbezahlt?«

»Sie werden wütend«, sagte jemand. »Sie werden neidisch, weil Jeanette sich ihre Träume erfüllt und sie es nicht können«, kommentierte ein anderer. »Sie möchten sie unter Kontrolle haben, also werden sie noch stärker, drängender auf ihre Verantwortung hinweisen und versuchen, ihr ein Schuldgefühl einzuimpfen, weil sie sich trotz ihrer Schulden ein Klavier-Keyboard wünscht.«

Dank Jeanettes Einwand wurde die Botschaft deutlich, mit der die meisten von uns aufgewachsen sind: Erst die Arbeit, dann das Vergnügen. Besuch kann erst kommen, wenn das Haus sauber ist. Kein Spaß, bevor die Rechnungen bezahlt sind.

Wir wurden nicht dazu erzogen, Prioritäten zu setzen und Entscheidungen zu treffen, die darauf beruhen, wie wir Geld bewerten. Viele Teilnehmer meiner Workshops sagten: »Mein Problem ist, daß ich zu viel spiele. Ich gehe gern Essen und leiste mir kleine Luxusartikel, und wenn wieder einmal Rechnungen zu bezahlen sind, ist nie genug Geld da.« Ob wir nun die Ratenzahlungen an die erste Stelle setzen und mit dem Leben warten, bis alles bezahlt ist, oder ob wir unsere finanziellen Verpflichtungen fröhlich ignorieren, während wir »in den Tag hineinleben«, das Ergebnis ist stets dasselbe: uns fehlt die innere Befriedigung, die sich ergibt, wenn man die Kontrolle über sein Geld besitzt, und wir erfahren nie jenes tiefe, innere Glück, das sich einstellt, wenn wir unsere Wünsche verwirklichen.

Was kann uns helfen, uns von jenen alten Mustern zu lösen, die nicht funktionieren? Was hilft uns, uns auf unsere wirklichen Wünsche einzustimmen? Die Antwort lautet: Motivation.

Was würde geschehen, wenn wir Karten für eine Veranstaltung bekämen oder für einen Ort, den wir immer schon einmal besuchen wollten? Karten für ein Konzert unseres Lieblingssängers, für die Verleihung des Academy Award, oder für eine Reise zu einem traumhaften Urlaubsort? Wenn Sie die Karten in der Hand hätten, wären Sie motiviert! Sie würden schwerer und schneller arbeiten und alles in Ihrer Macht stehende tun, nur, um die Veranstaltung, den Urlaubsort, besuchen zu können.

Plötzlich hätten Sie Energie; Energie, die Ihnen fehlte, bevor Sie die Karten bekamen. Jetzt denken und sprechen Sie nicht nur über die Veranstaltung, sondern nehmen daran teil. Falls sich die ganze Begeisterung und Leistungsfähigkeit bereits zeigen würde, wenn jemand anderer Ihnen die Tickets in die Hand drückte, dann stellen Sie sich doch nur einmal vor, was geschehen würde, wenn Sie selbst die Planung übernähmen und sich die Karten schenkten.

Sich selbst die Karten zu schenken bedeutet, herauszufinden, was Sie sich wirklich wünschen, und den Entschluß zu fassen, Ihre Wünsche zu verwirklichen. Es bedeutet, jetzt, sofort, anzufangen zu leben – ob die Rechnungen nun bezahlt sind und Sie das Leben unter Kontrolle haben, oder nicht.

Lassen Sie Ihren Verstand ziellos über all jene Dinge schweifen, die Sie gern tun würden. Tagträumen Sie von den Aktivitäten, Menschen, Orten und Belustigungen, die Ihnen Befriedigung schenken. Halten Sie in den nächsten Tagen und Wochen die Traumtür offen, und notieren Sie sich jeden Gedanken, der Ihnen durch den Kopf schießt. Erinnern Sie sich an die Zeit, als Sie noch ein Kind, an die Zeiten, in denen Sie am glücklichsten waren. Finden Sie heraus, was diese Zeit zu etwas Besonderem machte. Welche Orte möchten Sie gern besuchen? Welche Dinge möchten Sie gern haben? Was möchten Sie gern tun?

Wir müssen unsere Energie und Aufmerksamkeit von jener Sackgasse, in der das Leben zum Stillstand gekommen ist, abziehen und auf die Durchgangsstraße richten, auf der wir *heute* den Sinn des Lebens erfahren.

Vielleicht brummen Sie jetzt: »Sie verstehen nicht! Sie haben nicht meine Schulden. Sie haben nicht die Belastung … die enormen Lebenshaltungskosten … den Streß.« Stimmt. Ich kenne Ihre persönlichen Lebensumstände nicht. Vor Ihnen müssen viele Hindernisse liegen, von denen einige unüberwindlich scheinen. Wahrscheinlich hat jeder von uns schon einmal gesagt: »Ich werde zu leben anfangen, wenn alles geklärt ist« oder »Ich werde zu leben anfangen, wenn sich die Lage wieder normalisiert hat.« Und in der Zwischenzeit zieht das Leben an uns vorbei.

Kleingeld macht Spaß: Ihr Dream-Box-Spiel

Lassen Sie uns sofort mit dem leichtesten und beliebtesten aller Geldspiele beginnen. Dem Dream-Box-Spiel – ein Spiel, das Ihr Leben verändert, während Sie Ihr Kleingeld sparen.

Die meisten von uns haben in ihrem Leben schon einmal Kleingeld zurückgelegt – vielleicht auf dem Küchenschrank oder in einem Sparschwein. Und bei fast allen ist der angesparte Betrag heute ungefähr so hoch, wie er vor Jahren war, als sie zu sparen begannen.

Aber diesmal werden wir nicht nur gelegentlich etwas Kleingeld zurücklegen. Beginnen Sie, indem Sie sich auf ein ganz bestimmtes Ziel konzentrieren. Erwecken sie Ihre großen und kleinen Träume, Ihre kurzfristigen Wünsche *und* langfristigen Ziele. Vielleicht möchten Sie sich einen neuen Wintermantel oder öfters mal ein nettes, entspanntes Essen außerhalb der eigenen vier Wände gönnen. Vielleicht fällt Ihnen die Reise wieder ein, die Sie immer schon einmal machen wollten. Carolyn war von der Vorstellung, Kleingeld zu sparen, angetan, weil sie ihrer Katze einen Kratzbaum kaufen wollte (nun, eigentlich wollte sie ihre Möbel schonen). Nehmen Sie sich ein paar Minuten Zeit, um sich ein paar jener Dinge vorzustellen, die Sie gerne sehen, unternehmen und haben möchten.

Und während Sie noch über Ihre Wünsche nachdenken, nehmen Sie das Kleingeld aus Ihrer Tasche oder Ihrem Portemonnaie und legen Sie es vor sich hin. (Und wenn Sie das Kleingeld tatsächlich in die Hand nehmen, haben Sie das Schwungrad in Gang gesetzt, nicht nachgedacht oder gegrübelt – sondern einfach gehandelt). Überlegen Sie, welches Ihr erstes Ziel sein soll. Etwas Kleines, sofort Erreichbares? Oder etwas Größeres, nur langfristig Erfüllbares? Größe und Kosten ihres Traumes spielen keine Rolle. Wichtig ist nur, daß Sie ihn für sich selbst verwirklichen wollen.

Jetzt ist nicht der Zeitpunkt, die Träume anderer wahr werden zu lassen. Wenn Sie möchten, können Sie zusätzlich zur Verwirklichung Ihres Traumes den Wunsch eines anderen erfüllen, aber um sich an diesem Spiel zu erfreuen, müssen *Sie* den Erfolg spüren. Der Versuch, anderen Menschen eine Freude zu machen, schlägt allzu oft fehl. Häufig bringt man nur sich selbst und den Beschenkten in eine peinliche Situation. Der Beschenkte kann von der Farbe oder Größe des Geschenks enttäuscht sein, oder er hält den Zeitpunkt für falsch. Vielleicht ist er sogar wütend, weil er sich seinen Wunsch selbst erfüllen und nicht von einem anderen erfüllt bekommen wollte. Die einzige Möglichkeit, garantiert Erfolg zu haben, ist, sich selbst zu beschenken. Also suchen Sie sich etwas aus, was Sie sich wirklich wünschen, dann werden Sie garantiert zufrieden sein, wenn Sie es bekommen.

Vielleicht möchten Sie Ihren Wunsch und das Versteck des Kleingeldes geheimhalten. Möglicherweise werden andere es lächerlich finden, kritisieren, wie Sie Ihre Münzen zusammenkratzen, und Ihnen jede Begeisterung und Hoffnung nehmen. Vielleicht bekommen Sie zu hören, das Spar-Spiel sei »kindisch«. Kindisch? Nein. *Kindlich?* Ja. Kinder sind Meister darin, langweilige Arbeiten in *lustige* zu verwandeln. Und genau deshalb funktioniert das Dream-Box-Spiel – weil es so lustig ist.

Als nächstes nehmen Sie das Kleingeld, daß Sie in den Taschen, auf dem Küchenschrank oder im Portemonnaie gefunden haben, und werfen es in einen Behälter (das kann ein Becher, ein Glas, ein Tontopf, eine Plastikschachtel oder eine Erdnußdose sein). Jetzt kommt der kritische Punkt: Schreiben Sie in Druckschrift auf ein Stück Papier, welchen Wunschtraum Sie durch das Ersparte wahrwerden lassen möchten, und kleben Sie den Zettel an den Behälter, den Sie damit zu Ihrer »Dream-Box« adeln. Bei diesem Spiel ist das Etikett genauso wichtig wie der Autoschlüssel zum Starten eines Wagens. Wenn auf Ihrer Traumschachtel klar und deutlich HAWAII oder ABEND IN DER STADT steht, konzentrieren Sie sich auf das, was Sie wirklich wollen.

Der Trick besteht darin, sich erst einmal die Erlaubnis zu geben, zu wünschen, was man sich wünscht. Bei vielen von uns schwindet die anfängliche Begeisterung über unser Ziel schnell wieder, weil uns klar wird, daß unsere Partner, unsere Freunde oder Verwandten unseren Wunsch kritisieren werden. Wir stellen uns vor, wie sie den Erfolg in Frage stellen oder sich über unser Ziel lustig machen, und erstarren. Und während wir noch darüber nachdenken, wie die anderen reagieren werden, halten wir inne, treten zurück und verzichten höchstwahrscheinlich auf unsere Idee. Sie scheint all die Kritik und Mißbilligung nicht wert zu sein, mit der uns andere überschütten.

Einer ist immer da, unsere Handlungen in Frage zu stellen und zu mißbilligen, ganz gleich, was wir tun. Also können wir uns genausogut für das entscheiden, was wir wirklich möchten. Den größten Teil meines Lebens verbrachte ich in ungeduldiger Erwartung, daß andere Notiz von mir nahmen, mich anerkannten, mir ihre Zeit, ihre Aufmerksamkeit und jene Dinge schenkten, die ich mir wünschte – doch gewöhnlich wurde ich enttäuscht. Ich hatte die Kontrolle über mein Leben abgegeben. Nie wieder. Jetzt entscheide *ich,* was das Beste für mich ist.

Stürzen Sie sich auf Ihr Ziel, nachdem Sie sich die Freiheit genommen haben, sich das zu wünschen, was Sie möchten. Nehmen Sie sich eine Sparbüchse, versehen Sie sie mit einem Zettel, auf dem Ihr Wunsch steht, und werfen Sie alles Kleingeld hinein, das Sie finden können.

Früher waren Sie vielleicht stolz darauf, wenn Sie in die Taschen greifen und der Kassiererin die verlangte Summe auf Heller und Pfennig geben konnten. Nun, jetzt werden

Sie stolz darauf sein, alles Kleingeld, das Sie finden können, zu behalten und zur Verwirklichung Ihres Traumes einzusetzen. Und bevor es Ihnen bewußt ist, werden Sie überlegen, wie Sie an noch mehr Kleingeld kommen können. Statt beispielsweise im Supermarkt einen Scheck über den genauen Rechnungsbetrag auszuschreiben, werden Sie ihn wegen des Wechselgeldes nach oben aufrunden.

Wie trübe Ihre finanzielle Lage auch sein mag, Kleingeld findet sich immer. Am häufigsten höre ich die Bemerkung: »Mir gefällt das Dream-Box-Spiel, weil es so schmerzlos ist. Ich vermisse das Geld nicht einmal, und ich liebe es, mein Ziel zu erreichen.« Hawaii, Europa, Mountainbike, Sofa, Tanzstunden, Essengehen, romantische Wochenenden in einer anderen Umgebung, eine Kreuzfahrt in der Karibik … das sind nur einige Träume, die sich Menschen durch das Kleingeld-Spiel verwirklicht haben.

Ann unterhielt sich am Telefon mit mir über ihr Kleingeld. »Früher habe ich mir immer Sachen gekauft, die ich schnell leid wurde, nie benutzte oder nicht brauchte. Das lag an diesem spontanen »Das-muß-ich-haben«-Gefühl. Nun, jetzt habe ich gelernt, Geld beiseite zu legen. Da gibt es diesen Topf. Ich schaue ihn gerade an, diesen wirklich großen Topf, in den ich, wenn ich nach Hause komme, all mein Kleingeld und manchmal auch ein paar Vierteldollar extra hineinwerfe. Hin und wieder habe ich einen richtigen Anfall, und ich gehe einfach aus und gebe es aus. Aber ich habe gelernt, Geld langfristig, kurzfristig und für bloße Nichtigkeiten beiseite zu legen.«

So gewinnen Sie das Dream-Box-Spiel:

1. Bestimmen Sie ein Ziel, das Sie wirklich motiviert.
2. Kleben Sie einen Zettel mit dem Namen Ihres Zieles auf Ihre Dream-Box.
3. Sparen Sie Ihr Kleingeld, bis Sie Ihr Ziel erreicht haben.
4. Erfreuen Sie sich ohne Schuldgefühle an der Verwirklichung Ihres Traumes.

Ich möchte Sie ermutigen, sich jetzt, in diesem Augenblick, den Auftrieb zu geben und die Befriedigung zu schenken, statt zu warten, bis Sie dieses Buch zu Ende gelesen haben. Fangen Sie heute an, Ihr Geld für sich arbeiten zu lassen. Sie wissen, was Sie wollen. Sie werden nicht enttäuscht sein, weil Sie allein für den Erfolg verantwortlich sind.
Also holen Sie sich eine Dose, bekleben Sie sie mit einem Zettel, auf dem Ihr Ziel steht, und werfen Sie alles Kleingeld hinein, das Sie finden können. Wenn Sie den Behälter nicht etikettieren, wird zweierlei geschehen: Erstens wird das Geld für andere Dinge verwendet werden, und zweitens werden Sie, falls Sie nicht auf einen Urlaub oder ein anderes Ziel sparen, von dem Sie schon immer träumten, keinen Grund haben, Ihr Kleingeld in die Dream-Box zu werfen. Die Etikettierung der Dream-Box ist der entscheidende Schritt.
Vielleicht denken Sie jetzt begeistert: »Wow! Das ist eine tolle Idee. Ich werde mein Wechselgeld für Dauerkarten sparen« – und dabei bleibt es. Ihr Wunsch darf kein Lippenbekenntnis bleiben. Sie müssen vom Bewußtsein zum Handeln gelangen, das heißt: etikettieren Sie den Behälter mit

einem Ziel, das Sie wirklich motiviert, und werfen Sie jeden Tag alles Kleingeld hinein, das Sie finden können.

Werfen Sie eine Münze, wenn Sie sich nicht zwischen einer Reise nach Hawaii und einem neuen Computer entscheiden können. Fangen Sie an. Allzuoft verliert sich unsere anfängliche Begeisterung, weil wir uns nicht für ein Ziel entscheiden können. Denken Sie daran: Sie können immer noch Ihre Meinung ändern. Falls Sie sich lieber an den warmen sonnigen Stränden Hawaiis entspannen möchten, als sich einen leistungsfähigeren Computer zuzulegen – kein Problem. Kleben Sie einfach einen neuen Zettel auf das Wunschkästchen. Wichtig ist, daß Sie bereits Geld gespart haben. Ein benannter und aufgeschriebener Wunsch gibt uns einen Grund, unser Geld zu sparen, und versieht uns mit der zu seiner Verwirklichung nötigen Begeisterung und Motivation.

Sobald das Etikett den Behälter in eine Dream Box verwandelt hat, kann das Wechselgeld-Spiel beginnen. Werfen Sie in den folgenden sieben Tagen Ihr *gesamtes* Kleingeld hinein. Wenn Sie etwas kaufen, das 4,69 DM kostet, geben Sie der Verkäuferin 5 DM. Sie wird Ihnen 31 Pfennige zurückgeben. Zu Hause nehmen Sie dann das Kleingeld, das sich im Laufe des Tages angesammelt hat, und werfen es triumphierend zum Sparschatz. Sie haben sich entschlossen, Ihren Traum zu verwirklichen, und Sie können sehen, wie es geschieht.

Vielleicht denken Sie jetzt: »Wie originell – ich brauche 20 000 Mark für meine Traumreise, und Sie sagen, ich solle meine Pfennige in einen Topf werfen. Also ehrlich.« Aber es funktioniert wirklich. Es ist so ähnlich, als stünde man am Fuße eines Berges und jemand sagt, man könne zum Gipfel gelangen, wenn man einen Schritt nach dem anderen macht. Er hat recht. Es funktioniert.

Sehr viele Menschen haben angerufen, um mir von ihren Ferien auf Hawaii, in Mexiko oder in der Karibik zu erzählen … Ferien, die Sie sich einzig mit dem gesparten Kleingeld finanziert haben. Sandy führte all die Wünsche auf, die sie und ihr Mann sich im ersten Jahr des Wechselgeld-Spiels erfüllten: Motorradausrüstung, ein Teleobjektiv für ihre 35-mm-Kamera, Porzellan und Wohnzimmermöbel. Ein Gentleman wünschte seinem Sohn und seiner frischgebackenen Schwiegertochter zur Hochzeit mit einem Scheck über 1500 Dollar alles Gute. Er hatte von der Verlobung bis zur Heirat, 14 Monate später, alles Kleingeld gespart.

Jedesmal, wenn Sie einen Groschen finden, oder die Kassiererin Ihnen Ihr Wechselgeld zurückgibt, werden Sie einen Kick, einen emphorisierenden Adrenalinstoß bekommen. Jeder Groschen, jedes 50-Pfennig-Stück, jede Mark bedeutet, daß Sie Ihrem Ziel ein wenig näher kommen. Bei diesem *Spiel* gibt es kein Geheimnis, keine Anlageberater, keine komplizierten Diagramme. Sie brauchen nur am Ende eines jeden Tages Ihr Kleingeld einzusammeln und es in die Dream-Box zu werfen, und werden schon bald das Endergebnis sehen. Die Dream-Box-Methode ist einfach. Und sie funktioniert.

Doch aufgepaßt. Allzuoft denkt sich unser Verstand gerade dann etwas Neues aus und stellt Fragen oder entdeckt Fehler in unserem Vorhaben, wenn wir begierig darauf sind, und noch bevor es uns bewußt wird, hat er schon eine endlose Liste von Gründen aufgestellt, wieso die Idee nicht funktionieren kann. Unsere Begeisterung legt sich, und wir haben wieder einmal verloren. Aber diesmal nicht. Fangen Sie *heute* an; beginnen Sie, bevor die Idee von Ihrer Negativlogik zunichte gemacht werden kann. Hier handelt es sich nicht um eine linkshirnige, logische, sondern um eine amüsante Idee. Machen Sie mit. Ihre Begeisterung wird Sie bis zum Ziel tragen. Werden Sie sich die Erlaubnis zur Verwirklichung Ihrer ureigensten Träume geben?

Ein praktischer Vorschlag: Schütten Sie alle paar Wochen das gesamte Kleingeld auf den Küchentisch und sortieren Sie es. Im Handumdrehen werden Sie (oder Ihre Familie) am Tisch sitzen, und Münzen einrollen und angeregt die Rollen addieren. Einige Banken rollen die Münzen gegen ein geringes Entgelt für Sie. Aber wahrscheinlich möchten Sie das befriedigende Gefühl genießen, Ihr Traumgeld selbst zusammenzurollen und zu zählen und die Kosten für das Rollen zu sparen.

Viele motiviert ein Bild des erstrebten Zieles. Vanna befestigte Bilder von Ringen, die sie aus Schmuckanzeigen herausgeschnitten hatte, an ihrer Box. Sie erklärte: »Die Ringe und meine Dream-Box erinnern mich daran, wie lange ich mir schon einen Ring wünsche, und helfen mir, mein Ziel schneller zu erreichen.« (Bis zu diesem Zeitpunkt hatte Vanna darauf gewartet, daß ihr Mann ihr den Ring schenkte). Henriette nahm ein altes Foto, schnitt es sich heraus, heftete den Ausschnitt auf eine Eiffelturm-Postkarte und klebte das Ganze auf die Vorderseite ihres Tagesplaners. Jedesmal, wenn sie das Bild sah, erinnerte sie sich an das, was sie wirklich wollte. Sie verlor ihr Ziel nicht aus den Augen und blieb motiviert, bis sie in Frankreich war.

Warten Sie nicht auf die perfekte Schatzkiste. Warten Sie nicht auf das perfekte Ziel. Fangen Sie an.

Welchen Tag haben wir heute? Wenn Sie in drei Tagen Ihren Behälter noch nicht etikettiert haben, werden Sie es wahrscheinlich niemals machen. Tun Sie sich und allen, die Sie kennen, einen Gefallen – fangen Sie jetzt damit an, Ihre Träume zu verwirklichen. Denn es besteht kein Zweifel daran, daß wir, wenn wir glücklich und zufrieden sind, viel angenehmere Gesellschafter abgeben. Alle gewinnen bei diesem Dream-Box-Kleingeld-Spiel. Sie selbst am meisten.

Vielleicht stehen Sie dem Ganzen ein wenig skeptisch und mißtrauisch gegenüber. Möglicherweise denken Sie: »Ich habe dieses Buch gekauft, weil es angeblich eine grundlegende neue Methode der Geldverwaltung beschreibt. Man hat mir erklärt, mein Umgang mit Geld, mein Leben, würde sich ändern. Aber bis jetzt hat man mir nur geraten, von Dingen, die ich mir wirklich wünsche, zu träumen, und Kleingeld in eine Box zu werfen.«

Der Ansatz scheint naiv. Ein Grund, weshalb wir Probleme damit haben, ist, daß die meisten von uns bereits in frühen Jahren lernten, nicht um das zu bitten, was sie sich wünschten. Als Kinder sagte man uns, was wir tun sollten, und was gut für uns war. »Geh sofort hinaus.« »Mach dein Bett.« »Räum dein Zimmer auf.« »Iß das, es ist gut für dich.« »Sitz gerade.« »Natürlich wird es dir gefallen.« Viele von uns wurden nicht zu einer eigenen Meinung ermutigt. Als Erwachsene neigen wir bis zu einem gewissen Grad dazu, das zu tun, was man uns sagt. Wir kaufen die Marken, fahren die Wagen und arbeiten in den Berufen, die unsere Eltern, Lehrer und die Medien uns nahelegen.

Doch bei dem von mir vorgeschlagenen Ansatz sind allein Sie verantwortlich. Aber Herz und Seele dieser Methode finden Sie nicht in diesem Buch, sondern in Ihrem Inneren. Diese Seiten enthalten nur Ideen, Werkzeuge und Geschichten. Sie allein werden Ihr Leben ändern, indem Sie sich Ihre Hoffnungen und Träume zu eigen machen. Das Bewußtsein dessen, wovon Sie wirklich träumen, und die Entscheidung, diesen Traum zu verwirklichen, wird Sie mit jener Leidenschaft, jenem Schwung versehen, der Ihr Leben verändert. Wovon träumen Sie? Was mögen Sie? Suchen Sie weiter. Finden Sie heraus, was Sie in Schwung hält.

Lois schrieb: »Ich bin eine 43 Jahre alte alleinerziehende Mutter von zwei Jungen im Teenageralter. Ich habe an Ihrem Geld-Seminar teilgenommen, weil ich mir verloren vorkam und frustriert darüber war, daß ich keine Ziele oder Zukunftspläne hatte und immer tiefer in die Schulden rutschte. Blieb einmal etwas Geld übrig, wurden damit offenstehende Rechnungen, Essen und Kleidung für die Jungen bezahlt. Jetzt habe ich Spaß-Ziele wie eine neue Stereoanlage, eine Kreuzfahrt zu den Bahamas und eine Eigentumswohnung mit Aussicht, plus einen Renten- und einen Notfallfonds. Meine Jungen sparen auch – für eine Stereoanlage und einen Fernseher.«

Eine Frau sagte, sie hätte mich im Radio gehört: »Zuerst tat ich Ihre Bemerkungen als lachhaft ab. Aber im Laufe der Woche wurde mir klar, wie plausibel sie waren!«

Das kann ich auch in meinem Workshops beobachten. Wenn ich die ersten Ideen vorstelle, hören die Teilnehmer freundlich, skeptisch, sogar hoffnungsvoll zu, ohne wirklich daran zu glauben, daß dieses Geld-Seminar sich von den anderen unterscheidet. Aber wenn wir zur dritten Stunde kommen, ist ihr Energielevel oben. Sie erkennen, daß sie ihre finanzielle Situation in den Griff bekommen und überwinden können, daß es einen Weg gibt, der geradewegs zu ihren Hoffnungen und Träumen führt.

Wenn ich ehemalige Teilnehmer meiner Workshops frage: »Was war bei der Übernahme der Kontrolle über Ihr Geld für Sie das Wichtigste?« höre ich immer wieder: »Vor dem Seminar habe ich niemals richtig darüber nachgedacht, was ich wirklich wollte.«

Die meisten Wünsche erfüllen wir uns nicht, weil unser Verstand ihre Verwirklichung auf Anhieb blockiert. »In meiner Lage ist das unmöglich«, oder »Daran können wir erst denken, wenn wir keine Schulden mehr haben«, oder »Das können wir uns nicht leisten.« Wir weisen Wünsche zurück, bevor sie überhaupt eine Chance haben, Gestalt anzunehmen.

Nehmen Sie die Herausforderung an, stellen Sie sich die entscheidenden Fragen: »Wie wichtig ist mir dieses Ziel? Möchte ich es wirklich erreichen?« Ziehen Sie alle Vorschläge in Betracht und lassen Sie sie in Ihrem Inneren köcheln. Der Köchel-Test funktioniert immer. Falls der Wunsch Ihrem Herzen entspringt und in das größere System dessen paßt, was für Sie von Bedeutung ist, wird er wachsen und blühen und an Ihrer Seele zerren.

Sie haben die Wahl

Die meisten von uns haben keine Wahl. Weshalb? Weil wir nicht wissen, daß wir die Wahl haben. Wir sind das Ganze von außen angegangen – haben unsere Stichworte von dem »Du solltest« und »du müßtest« der Welt bekommen, statt auf der Suche nach Belehrung nach Innen zu gehen. Wir haben das Gefühl, wir müßten arbeiten gehen, zur Schule gehen, hätten besser »ja« gesagt, und müßten alles auf eine bestimmte Weise tun. Oft folgten wir bei dem, was wir für unsere Wahl, unsere Entscheidung hielten, nur der Regel oder der Tagesordnung, die ein anderer für uns aufstellte. Nur zu oft vergessen wir, in uns zu gehen, um herauszufinden, was wir wirklich möchten. Wir vergessen, uns ernsthaft zu fragen: »Welches ist die beste und klügste Entscheidung, die ich treffen kann, und welches Endergebnis möchte ich erreichen?«

Was würden Sie sagen, wenn man Sie fragte: »Wie viele Alternativen haben Sie, wenn der Wecker klingelt?« Einmal platzte ein Workshop-Teilnehmer heraus: »Zwei!« Also gab es für ihn nur zwei Alternativen. Doch in Wirklichkeit birgt jeder Augenblick des Tages unzählige Wahlmöglichkeiten. Wenn der Wecker klingelt, können wir uns strecken und auf die andere Seite drehen, den Wecker ausstellen und weiterschlafen, oder wir können uns einmal, zweimal, ein Dutzendmal wecken lassen. Wenn der Wecker klingelt, können wir wütend werden oder den Tag feiern, die Schönheit des Lebens umarmen und all die Möglichkeiten, die der Tag für uns birgt. Wenn der schrille Ton uns weckt, können wir langsam und bedächtig aus dem Bett steigen oder herausspringen und in den neuen Tag hineintanzen. Wie viele Alternativen haben wir in jedem Augenblick? Eine? Keine? Oder unzählige? Die Antwort lautet: Wir haben so viele Alternativen, wie wir erkennen können. Erst, wenn wir begreifen, daß uns unzählige Alternativen zur Verfügung stehen, kann sich unser Leben ändern.

Wichtig ist zu erkennen, daß wir selbst innerhalb der Grenzen unserer speziellen Lage noch über unzählige Alternativen verfügen. Zu erkennen, wie viele Wahlmöglichkeiten wir haben, bedeutet, statt von außen nach innen (also nach den Regeln, den »du solltest« und der Tagesordnung zu leben, die andere für uns aufstellten) von innen nach außen zu leben (auf die Stimme zu hören, die uns sagt, was für uns bedeutsam und wichtig ist).

Das kann einige Zeit brauchen. Die meiste Zeit meines Lebens über hatte ich keine Ahnung, wie ich auf mich selbst hören und feststellen sollte, was ich schätzte. Berufliche und familiäre Verpflichtungen beherrschten mein Leben und übertönten meine innere Stimme. Ab und zu scheuchte ein guter Film oder ein Foto in einer Zeitschrift meine verborgenen Träume auf; Gedanken, die bald wieder von den Erfordernissen des Alltags hinweggefegt wurden. Die Vorstellung, auf sich selbst, auf Ihre innere Stimme, zu hören, mag Ihnen neu, unangenehm oder sogar erschreckend erscheinen. Das ist in Ordnung. Bekennen Sie sich zu diesen Gefühlen, und setzen Sie sich nicht unter Druck. Im Augenblick brauchen Sie die Tür nur ein wenig zu öffnen, um einen Blick auf Ihre innersten Gedanken und Gefühle zu werfen. Lassen Sie sich Zeit. Jeder Blick ist ein weiterer Schritt, und jeder Schritt bringt uns der Entscheidung für die Erfüllung und Lebensfreude näher, die wir alle verdienen.

Am Ende des Workshops schrieb Amy: »Ich mag das Wort »Alternativen« und bin mir seiner Bedeutung bewußt – was für ein lustiges Wort! Ich bin begeistert davon, zu sparen und mein Ziel zu erreichen. Ich bin keine Gefangene mehr. Ich ignoriere nicht länger finanzielle Angelegenheiten. Falls überhaupt jemand meine finanziellen Probleme lösen kann, dann ich.«

Ein Tip: Achten Sie das nächste Mal, wenn Sie eine Entscheidung treffen müssen, einmal darauf, wie viele Alternativen Ihnen einfallen. Beispielsweise, wenn Ihr Wagen in der Reparaturwerkstatt ist und Sie eine Möglichkeit finden müssen, wie Sie in den beiden folgenden Tagen an Ihren Arbeitsplatz gelangen. Ihnen werden sofort zwei Alternativen einfallen: Sie können einen Arbeitskollegen fragen, ob er Sie mitnimmt, oder Sie können mit einem öffentlichen Verkehrsmittel zur Arbeit fahren. Sie selbst entscheiden, was zu tun ist.

Wenn Sie an dem Punkt angelangt sind, an dem Sie die nächste Entscheidung fällen müssen, halten Sie erst einmal inne. Machen Sie eine Pause, um abzuwägen, sich einmal richtig zu s-t-r-e-c-k-e-n und gewohnte Denkmuster zu verlassen. Danach sollten Sie mit wenigstens zwei weiteren, entwicklungsfähigen Alternativen aufwarten.

Wie wäre es beispielsweise mit einem Mietwagen, oder einem Taxi? Vielleicht ist das die Gelegenheit, endlich einmal die Idee eines Carpool (gemeinsame Autobenutzung zu Ersparniszwecken) aufzugreifen, oder Ihre Nachbarn kennenzulernen.

Indem Sie an den ersten und offensichtlichen Möglichkeiten vorbei nach weiteren Alternativen Ausschau halten, mobilisieren Sie Ihre Kreativität. Wenn Sie das Vertraute verlassen und ins Unbekannte hineinwandern, werden die Ideen weniger konventionell und oft reizvoller und amüsanter. Vielleicht kommen Sie zu dem Schluß, daß die Wagenreparatur *die* Gelegenheit ist, einen Tag freizunehmen, um einfach einmal zu Hause zu entspannen. Auch wenn Sie nicht die Gelegenheit beim Schopf packen, einen Tag freizunehmen oder einen Carpool zu organisieren, verfügen Sie, indem Sie sich erlauben, so viele Alternativen, wie Ihnen einfallen, in Erwägung zu ziehen, über eine größere Freiheit und übernehmen mehr Verantwortung für Ihr Leben.

Was geht in Ihrem Kopf vor? Fragen Sie sich jeden Tag wieder: »Welche Alternativen habe ich in diesem Augenblick? Mache ich das, weil ich es möchte, oder weil ich glaube, es tun zu müssen? Und gibt es, wenn ich das Gefühl habe, ich muß tun, was ich tue, eine andere, angenehmere oder lohnendere Methode, mein Ziel zu erreichen?«

Mit den Wahlmöglichkeiten kommt die Macht. Aber zuerst einmal müssen wir wissen, daß wir die Wahl haben. Schreiben Sie das Wort WAHL in Großbuchstaben auf mehrere Zettel und befestigen Sie diese am Spiegel, an Ihrem Arbeitsplatz, am Kühlschrank und am Armaturenbrett Ihres Wagens. Das Wort Wahl wird Sie ständig daran erinnern, die Möglichkeiten, die Sie haben, zu e-r-w-e-i-t-e-r-n. Hören Sie sorgsam auf die weise Stimme in Ihrem Inneren, die weiß, was Ihnen am ehesten guttut.

Nachfolgend ein einfaches, aber profundes, drei Schritte

umfassendes Entwicklungsprogramm, das Sie von dem Punkt, an dem Sie jetzt stehen, zu dem von Ihnen gewünschten Ziel bringen wird.

Werte	(Schritt 1)	ENTDECKEN Sie, worauf es Ihnen *wirklich* ankommt
Wahl	(Schritt 2)	WÄHLEN Sie auf der Basis Ihrer *Werte*
Tat	(Schritt 3)	HANDELN Sie Ihrer *Wahl* gemäß

Drei einfache Schritte, aber so schwer zu gehen. Nur allzu oft schaffen wir es nicht bis zum dritten Schritt.

Schritt 1 – Werte – besteht darin herauszufinden, was Sie im Leben am meisten schätzen; machen Sie sich einfach bewußt, welche Aktivitäten, Menschen, Orte Sie glücklich machen und Ihnen das Gefühl geben, sich Ihres Lebens zu freuen.

Schritt 2 – Wahl – besteht darin, zu lernen, die kleinen und großen Entscheidungen auf der Grundlage Ihrer Werte zu fällen. Dieser Schritt ist oft nicht einfach. Selbst wenn Sie wissen, was Sie am meisten schätzen, kann die Wahl schwerfallen. Vielleicht haben Sie Schuldgefühle oder fühlen sich verpflichtet, den Anforderungen der Familie gerecht zu werden oder andere Ansprüche zufriedenzustellen. Sie sollten ganz langsam beginnen und zuerst sich selbst einfach nur erlauben, daran zu »denken«, was für Sie wichtig ist.

Bis jetzt sind wir so weit:

So weit, so gut. Das Problem? Die meisten von uns schaffen es nie bis Schritt 3. Ich erinnere mich noch an eine meiner ersten Erfahrungen bei dem Versuch, mich von meinem Workaholic-Verhalten zu lösen. Ich dachte doch tatsächlich darüber nach, wie gut sich ein entspannendes, langes Bad anfühlen würde anstelle einer schnellen Dusche. Es lag auf der Hand, daß ich, wenn ich mich 15 Minuten von allen zeitlichen Anforderungen zurückziehen würde, um einfach nur meinen Körper zu beruhigen und zu entspannen, danach ein neuer Mensch und eine geduldigere Mutter wäre. Ich wußte, was ich schätzte (ein entspanntes, regeneriertes Ich) und traf meine Wahl: »Ich werde mir ein beruhigendes Bad gönnen.«

Das Problem dabei? Nichts geschah. Zwei Jahre vergingen und ich hatte immer noch kein entspannendes Bad genommen. Die beiden ersten Schritte waren sehr wichtig, weil sie mein Bewußtsein schärften. In Kontakt mit dem zu sein, was ich wollte, und das zu wählen, was ich wirklich schätzte, würde mir helfen, meine guten Seiten zu entwickeln. Aber Tatsache ist, daß ich das Bad letzten Endes nicht genommen habe! Die beiden ersten Schritte waren entscheidende Schritte, aber ohne den dritten Schritt änderte sich nichts.

WERTE →WAHL | SACKGASSE

Nichts geschieht, wenn wir nicht HANDELN. Erst als ich tatsächlich das Badewasser einlaufen ließ, meinem geschäftigen Leben entfloh und in die Badewanne stieg, veränderte sich etwas.

WERTE → WAHL → **HANDLUNG**

Es mag für Sie neu sein, sich auf sich selbst und das, was Sie möchten, zu konzentrieren. Vielleicht fühlen Sie sich anfangs sogar schuldig und fürchten sich vor den Gefühlen, die sich in Ihrem Inneren regen, wenn Sie daran denken, was Ihnen Befriedigung bereiten kann. Vielleicht fürchten Sie, mit Ihrer Entscheidung andere aufzuregen. Viele Menschen werden wünschen, daß Sie so bleiben, wie Sie sind, besonders dann, wenn Sie Ihre eigenen Träume bei dem Versuch aufgeben, andere glücklich zu machen. (Ich habe mein Leben 18 Jahre lang *ad acta* gelegt, weil ich andere glücklich machen wollte.) Der einzige Mensch, der immer bei uns sein wird, sind wir selbst. Wir müssen uns zuallererst uns selbst gegenüber verpflichtet fühlen – denn nur, wenn wir uns ausgezeichnet um uns selbst kümmern, geht es uns ausgezeichnet. Und weshalb möchten wir in ausgezeichneter Verfassung sein? Um unsere Partner, Kinder, Freunde, Klienten, Patienten, Kollegen daran teilhaben zu lassen. Stellen Sie sich doch nur vor, wie es wäre, wenn sich jeder von uns entschließen würde, sich zuerst einmal um sich selbst zu kümmern – stellen Sie sich nur einmal die Wärme, die Intensität, die Geduld und die positive Energie vor, die wir anderen und dem Leben selbst schenken könnten.
Weshalb bewundern wir Abraham Lincoln? Weil er ganz er selbst war – natürlich, ehrlich, nüchtern. Weshalb hat Walt Disney eine derart starke Wirkung? Weil er sich auf seine

Träume konzentrierte, an sie glaubte und danach handelte. Und Mutter Teresa? Sie fand tiefes inneres Glück in dem Wunsch, für die Armen zu arbeiten – und entschied sich dafür. All diesen Menschen wurde bewußt, was sie im Leben am meisten schätzten, und sie handelten danach.

Tatsache ist, daß Rechnungen und Mühsal im Leben gegeben sind. Sie sind garantiert. Aber Glück? Glück kommt nicht von selbst, man muß sich dafür entscheiden. Es ist an der Zeit aufzuhören, auf das Glück zu warten, und anzufangen, es zu wählen – jetzt. Wenn wir einmal darüber nachdenken, werden wir feststellen, daß wir gewöhnlich dann am glücklichsten waren, wenn wir uns auf etwas freuen konnten, an jenen Tagen, als wir Geländeski fuhren oder uns nach der Arbeit mit einem guten Freund zum Essen trafen. Wenn wir das planen und unternehmen, was *uns* gefällt, sind wir energiegeladen, produktiv und motiviert.

Das Ziel? Sie dazu zu bringen, daß Sie jetzt handeln, daß Sie sich jetzt für ein erfülltes Leben entscheiden, mit dem Geld, daß Ihnen bereits zur Verfügung steht. Und was können Sie dazu tun? Sie können die Tür zu Ihren Träumen öffnen und sie offen lassen. Das Leben wird Ihnen stets Hindernisse in den Weg legen. Der Trick besteht darin, sich weiterhin auf das zu konzentrieren, was Sie möchten – auf jene wertvollen Menschen, Aktivitäten und Orte, die Ihrer Seele Flügel verleihen!

Kapitel 2
Bezahlen Sie sich selbst zuerst

Die Zukunft gehört jenen, die an die
Schönheit ihrer Träume glauben.

Eleanor Roosevelt

Liebe Carol,

als ich an Ihrem Kurs über Geldmanagement teilnahm, besaß ich weder Ersparnisse noch Aktien, und den Dispositionsrahmen meines Girokontos hatte ich voll ausgeschöpft. Aber in den vergangenen drei Jahren hat sich meine Geldverwaltung grundlegend geändert. Ich bezahle mich selbst zuerst! Heute habe ich über 8000 Dollar angelegt und 6000 Dollar gespart, die ich anlegen möchte.

Wie ich damals sagte, wollte ich immer schon verreisen – nun, ich bin von einem Teil des gesparten Geldes über drei Wochen lang durch Europa gereist.

Ich sollte erwähnen, daß ich über kein großes Einkommen verfüge (weniger als 25 000 Dollar jährlich) und allein für alle anfallenden Kosten aufkomme. Das klingt, als seien die vergangenen drei Jahre rosig gewesen. Sie waren es nicht. Ich mußte viermal umziehen und habe privat einiges durchgemacht. Manchmal hatte ich das Gefühl, als würde meine Welt zusammenbrechen. Ich glaube, der Gedanke, daß wenigstens dieser eine Bereich meines Lebens (die Finanzen) beständig und stabil war, beruhigte mich. Das Erreichte und meine positiven Veränderungen vermittelten mir ein gutes Gefühl.

Wie dem auch sei – ich wollte Sie nur wissen lassen, daß Ihr Kurs und all die Energie, Information und Begeisterung mir halfen, die richtige Richtung zu erkennen. Sie haben mir wirklich geholfen, mein Leben zu ändern. Ich hoffe, Ihnen geht es gut. Danke, und machen Sie so weiter!

Mit vielen Grüßen
Ihre Vicki

»Na«, sagen Sie, »wie hat sie das geschafft?« Die Antwort steckt im Brief: »Ich bezahle mich selbst zuerst!«

»Einen Augenblick«, wenden Sie ein, »wenn ich mich selbst zuerst bezahlen würde, bliebe nicht mehr genügend Geld für die Rechnungen übrig.« Möglicherweise sagen Sie auch: »Wie soll das gehen? Wie soll ich mich selbst bezahlen – und dann noch als erstes –, wenn nicht einmal genügend Geld für die Ratenzahlungen da ist?«

Die meisten von uns wissen, daß sie Geld auf die hohe Kante legen, daß sie für den Urlaub sparen »sollten«, statt sich die Ferien über ihre Kreditkarte oder ein Darlehen zu finanzieren (oder noch schlimmer, zu Hause zu bleiben!). Uns ist klar, daß wir Geld für einen Regentag, die Rente, die Ausbildung der Kinder zurücklegen »sollten«. Also geben wir zu, daß wir »sollten«, ja, die meisten von uns beteuern sogar, daß sie sich bezahlen »werden«, sobald … die Schulden abbezahlt sind; sobald … sie eine Gehaltserhöhung bekommen; sobald sie … einen anderen Job haben; sobald sie … Und während wir warten, zieht das Leben an uns vorüber. Fortwährend verschieben wir die Erfüllung unserer Träume und Ziele, die Verwirklichung gerade jener Dinge, die jedem Tag Bedeutung und Sinn verleihen.

Wenn ich in einem Workshop erkläre: »Bezahlen Sie sich zuerst«, scheinen die Teilnehmer überhaupt nicht darauf zu reagieren. Ich hätte genausogut sagen können: »Üben Sie regelmäßig« oder »Reinigen Sie Ihre Zähne täglich mit Zahnseide.« Meine Zuhörer haben diesen Satz schon so oft gehört, daß sie sofort abschalten, wenn er fällt. Sie sitzen unbeeindruckt da und warten darauf, daß ich ihnen etwas Neues erzähle. Nun, ich mache nicht weiter, ich bleibe bei dem Thema: Bezahlen Sie sich selbst zuerst. Nach einigen Minuten sind die Kursteilnehmer ganz schön verwirrt. Wenn ich die Höflichkeit aus ihren Bemerkungen filtere und ihre Anspannung hinzufüge, könnte es so klingen: »Schauen Sie, wir haben über zwanzigtausend Mark Schulden und zwei Kinder, die bald auf die höhere Schule gehen. Wir können uns unmöglich selbst zuerst bezahlen. Wir wollen etwas haben, das uns aus der Falle befreit, keine Hirngespinste. Wie sollen wir uns selbst zuerst bezahlen *und* Geld für unsere Träume sparen, wenn wir so viele Schulden haben und so wenig verdienen?«

Diane bezahlt sich nicht zuerst. Sie schreibt: »Am meisten sorge ich mich um die Zukunft. Ich bin richtig besessen davon, die Schulden abzubauen und neige dazu, mehr als den vorgeschriebenen Betrag zu bezahlen, so daß ich bis zum nächsten Zahltag nur wenig Rücklagen habe. Ich habe zwei Jobs, die beide gut bezahlt werden, und scheine dennoch nichts zurücklegen zu können.« Noni schreibt: »Ich hoffte, daß meine Finanzen mir erlauben würden, an Ihrem nächsten Seminar teilzunehmen. Aber die Abtragung der Schulden hat Priorität.«

Und was ist mit *Ihren* Schulden? Welche Rolle spielten sie in Ihrem Leben? Lassen Sie sich einen Augenblick Zeit, um jene Gefühle zu erkunden, die sie durchleben, wenn Sie an Ihre Schulden denken. Wie würden Sie Ihre Schuld-Gefühle beschreiben, die sich im Laufe der Jahre bei Ihnen einstellten? In einem Workshop schrien die Teilnehmer bereitwillig ihre Gefühle heraus, und schnell erstand eine Liste, die der folgenden recht ähnlich sah:

Schuld-Gefühle

Frustration
Wut
Unwillen
Erleichterung (*sehr* kurzfristig)
Streß
Hoffnungslosigkeit
Depression
Überfordertsein
Angst
Endlosigkeit

Nachdem die Liste der Gefühle, die sie Schulden gegenüber hegen, fertiggestellt ist, ersuche ich die Kursteilnehmer, sich über die Energie Gedanken zu machen, die sie zur Erreichung ihrer Ziele einsetzen. Dann bitte ich sie, die Worte herauszuschreien, die jene Gefühle beschreiben.
Es wird still.
Nach einer Weile sagte Shirley, die neben ihrem Mann sitzt (beide sind Rentner): »Nun, ich hatte immer nur ein Ziel: die Schulden abzubezahlen!« Shirley sprach das aus, was die meisten von uns erlebt haben.
Beachten Sie den Gegensatz: Bei der ersten Frage hüpfen die Teilnehmer auf ihren Plätzen herum und schreien die Gefühle heraus, die sie ihren Schulden gegenüber hegen; aber gefragt, wieviel Energie sie aufwandten, um ihre Ziele zu erreichen, schauen sie mich mit offenem Mund an und lehnen sich schweigend zurück. Alle ihre Energie ist in die Abzahlung der Schulden geflossen, nicht ein Bißchen wur-

de darauf verwandt, Träume wahr werden zu lassen und Ziele zu erreichen. (Selbst wenn sich einige von uns bemühten, ihre Ziele zu erreichen, war es gewöhnlich nur ein Schuß ins Dunkle verglichen mit der gewaltigen Mühe, die uns der Versuch kostete, unsere Rechnungen zu bezahlen). Wenn wir auf der Straße hundert Menschen anhalten und jeden von ihnen fragen würden: »Was für ein Ziel haben Sie im Leben? Wovon träumen Sie, wonach sehnen Sie sich?« würden Sie vielleicht antworten: »Ein Filmstar zu sein. Eine Ranch in Montana zu haben. Meine Kinder glücklich und gesund aufwachsen zu sehen. Zu leben, um mich an meinen Enkelkindern zu erfreuen.« Aber bestimmt würde niemand erwidern: »Ich habe nur ein Ziel im Leben: Meine Schulden abzubezahlen!«

Und so sieht das Bild für die meisten von uns aus:

Verausgabte Energie

für unsere Ziele	für unsere Schulden
Frustration	
Wut	
Unwillen	
Erleichterung (*sehr* kurzfristig)	
Streß	
Hoffnungslosigkeit	
Depression	
Überfordertsein	
Angst	
Endlosigkeit	

Halten Sie einen Augenblick lang inne und spüren Sie den Unterschied, während Sie die links aufgeführte Liste lesen und die leere rechte Seite betrachten. Spüren Sie, wie die negativen Gefühle, die Ihre Schulden umgeben, Ihnen die Lebensenergie raubten. Die Anspannung, der Streß, die Angst, haben einen solchen Tumult veranstaltet, daß sie Ihre Träume übertönten, während Ihre Ziele schweigend und unbemerkt in einer Ecke sitzen.

Es ist an der Zeit, unsere Aufmerksamkeit von den Schulden abzuwenden. Es ist an der Zeit, sich bewußt zu machen, daß unser schwer verdientes Geld *unser* Geld ist; daß es unsere Träume und Ziele sind, die dem Leben Sinn verleihen. Lynn sagte: »Früher hatte ich keine Lust, meine Zeit mit Arbeit zu vergeuden. Jetzt arbeite ich gern. Je mehr Arbeit, desto besser, denn desto mehr Träume kann ich mir verwirklichen. Jetzt mache ich, wenn ich kann, Überstunden. Dann habe ich mehr Geld, um meine Ziele zu erreichen.«

Jeanette sprach diesen Punkt auf einem meiner Workshops an: »Aber was ist mit den Schulden, die ich mir aufgeladen habe? Ich habe mich entschieden, diese Sachen zu kaufen oder meine Mahlzeiten anschreiben zu lassen. Also ist es in Wirklichkeit *deren* Geld.«

Jeanette sagte, was die meisten von uns denken: »Ja, natürlich sind es meine Rechnungen.« Aber wenn wir gebeten werden, unser Gehalt für uns zu beanspruchen – das Geld, das wir verdienten, indem wir jeden Morgen aufstanden und Stunde um Stunde arbeiteten –, sträuben wir uns. »Mein Gehalt? Das geht nicht. Das brauche ich für die Rechnungen.«

Jeanettes Sträuben half mir, noch klarer zu erkennen, wie

sehr wir von unseren Schulden beherrscht werden. Ich suchte verzweifelt nach einer Methode, diesen Punkt zu klären; nach einem Weg, den Teilnehmern meines Workshops zu helfen, das neue Konzept zu begreifen. Am liebsten hätte ich geschrien: »Für dieses Geld arbeiten *Sie, das* Gehalt geht auf *Ihr* Konto. Es ist *Ihr* Geld!«

Ich bat meine Zuhörer, beide Hände auszustrecken. »Stellen Sie sich vor, Sie hätten in einer Hand Ihre Rechnungen und in der anderen Ihren Gehaltsscheck. Beide lauten auf Ihren Namen. Welches von beiden würden Sie für sich selbst beanspruchen?« Während ich mit ausgestreckten Händen dastand – Rechnungen in der einen, Gehaltsscheck in der anderen Hand –, schaute ich in die Gesichter der vor mir sitzenden Menschen. Ich konnte sehen, daß sie glauben wollten, es sei ihr Scheck. Aber es gelang ihnen nicht. Nur eine Hand ging hoch, die Hand mit den Rechnungen.

Hier zeigt sich ein faszinierendes menschliches Verhaltensmuster. Die Konzentration darauf, unsere Schulden loszuwerden, mag erdrückend und deprimierend sein – aber sie ist auch vertraut. Tatsächlich ist es so, daß wir Trost im Vertrauten finden. Vertrautes Terrain zu verlassen, empfinden wir als unangenehm, ja, sogar erschreckend. Also bleiben wir, wenn wir nicht gerade stark motiviert sind oder gegen unseren Willen auf neues Terrain gestoßen wurden, gewöhnlich bei dem, was wir kennen. Wir werfen vielleicht einen Blick auf das, was wir wollen, was sein könnte, mögen uns danach sehnen, aber wir werden uns nicht ins Unbekannte wagen.

Wenn Sie die Haustür aufschließen, liegt der Weg zum Trost, zur Behaglichkeit Ihres Heimes vor ihnen. Wenn Sie sich zuerst bezahlen (selbst wenn es nur *eine Mark* von Ihrem Gehaltsscheck ist), öffnet sich die Tür zu einem neuen Leben.

Dadurch, daß Sie eine Mark von Ihrem Gehalt für sich sparen, zeigen Sie: »Ich bin wichtig. Ich habe für dieses Geld schwer gearbeitet, und ich will mich (und jene, die ich liebe) belohnen, in dem ich einiges davon für mich (für uns) in Sicherheit bringe.«

Weshalb bezahlen wir uns selbst nicht zuerst? Weil wir noch vor der Ankunft des Schecks wissen, daß das Geld von den Rechnungen verschluckt werden wird. Wenn wir die Miete oder die monatliche Hypothek, Licht, Wärme und die Kreditkartenrechnungen bezahlen, bleibt nichts übrig. »Der Gehaltsscheck gehört nicht uns«, sagen wir, »er gehört den Rechnungen.«

Schauen wir uns das Ganze einmal näher an. Der Scheck ist auf Sie ausgestellt. Halten Sie also, bevor Sie anfangen, Schecks für andere auszuschreiben, erst einmal inne und erinnern Sie sich daran, wer das Geld verdient hat. *Sie.* »Wenn ich mir früher eine Liste meiner Schulden machte, stand niemals ›Sparen‹ darauf«, erklärte Mary Ann. »Und wenn, dann ganz unten. Und es war immer der erste Punkt, den ich strich, wenn das Geld knapp wurde. Jetzt steht ›Sparen‹ ganz oben auf der Liste. Denn wenn ich mich nicht bezahle, wird es niemand tun. So viel steht fest.« Sie hat recht. *Sie* haben es verdient. Sie verdienen es, etwas von dem Geld für sich zurückzulegen, bevor sie es an die Telefongesellschaft, den Stromlieferanten, auf die Kaufhäuser und den Wärmelieferanten verteilen. Denken Sie einmal darüber nach. Sie verdienen nicht nur etwas von dem Geld, das Sie verdienen, sondern Sie brauchen auch einen Teil davon, um die täglichen Ausgaben zu decken.

Die Entscheidung, sich selbst zuerst zu bezahlen, fällt den meisten von uns schwer und scheint uns manchmal fast unmöglich zu sein. Carol, eine 33 Jahre alte Mutter und Rechtsassistentin, schrieb: »Ich habe Schuldgefühle, wenn ich mich bezahle. Ich kenne Ihre Theorie, verstehe sie und stimme ihr zu. Aber ich fühle mich immer noch schuldig, wenn ich für mich spare, obwohl ich anderen noch Geld schulde. Ich probiere gerade Ihre Methode aus … aber ich habe immer noch Schuldgefühle. Ich höre immer noch die Stimme meiner Mutter.«

Bezeichnend ist, daß Carol die Stimme ihrer Mutter erwähnte. Unsere frühkindliche Konditionierung beeinflußt uns noch heute, als Erwachsene. Folgendes geschah, als ich mich in jene Zeit zurückversetzte. Als ich die Augen schloß, erinnerte ich mich daran, wie ich als Kind war. Bilder und Geräusche stellten sich ein. Ich sah meine Schwestern, unser Haus und mich. Und plötzlich hörte ich: »CAROL! Warte, bis du an der Reihe bist! Tu, was man dir gesagt hat! Mach keinen Lärm. Denk zuerst an die anderen. Erst die Arbeit, dann das Vergnügen. Beruhige dich. Sei vorsichtig!«

Wie haben mich diese Botschaften beeinflußt? Ich lernte schon früh, daß es »richtig« war, anderen den Vortritt zu lassen, nicht an mich selbst zu denken und nicht zu fühlen, was ich fühlte. »Du denkst nur an dich selbst, Carol.« Bei diesen Worten zog ich mich zurück. War das alles, was die kleine Carol tat – an sich selbst denken?

Als Kind verletzten mich diese Worte sehr. Sie vermittelten

mir die Botschaft: »Andere Menschen und die Angelegenheiten anderer Menschen sind wichtiger als ich.« Ich wurde mir der Gefühle anderer überaus bewußt. Ich mußte mich vor allem um andere und um ihren Besitz kümmern. Ich lernte, meine Aufmerksamkeit von mir fort auf andere zu richten. Des Egoismus angeklagt, war ich mehr denn je motiviert, zu beweisen, daß ich nicht selbstsüchtig, sondern großzügig war. Und als auf mich selbst gestellte Erwachsene richtete ich meine Aufmerksamkeit fast nur auf andere. Ich bewies mir ständig selbst, daß meine Mutter unrecht hatte.

Kein Wunder, daß ich als Kind so verwirrt war. Ich versuchte, Sinn in eine Behauptung zu bringen, die nicht stimmte (»Du denkst nur an dich selbst«). Heute weiß ich, daß die Erwachsenen übertreiben, um etwas zu verdeutlichen. Sie wußten nicht, welchen Schaden sie anrichteten. Diese Worte verletzten und verwirrten mich. Meine Erinnerungen handeln nicht von Geld, sondern von einer fundamentalen Verhaltensweise. Beim Eintritt ins Erwachsenenleben konzentrierte ich mich auf zwei fehlgeleitete Gewohnheiten: erstens hörte ich anderen zu, weil sie besser als ich wußten, was gut für mich war; und zweitens kümmerte ich mich zuerst um andere.

Wenn ich zurückschaue und sehe, wie ich als Kind das Leben interpretierte, verstehe ich mein Verhalten als Erwachsene besser. Ohne eine neue Information, mit deren Hilfe ich diese Botschaften hätte ändern können, betrat ich die Erwachsenenwelt mit dem Gefühl, weniger wert zu sein als andere. Ich schickte mich selbst auf die Bretter bei dem Versuch, zu beweisen, daß ich wichtig und der Mühe wert war. Ich nahm mein Gehalt und bezahlte gewissenhaft und pflichtgetreu die anderen zuerst; versuchte zu zeigen, daß ich nicht egoistisch war, sondern mich tatsächlich zuerst um andere kümmerte. Ich versuchte ständig zu beweisen, daß die Botschaften, die man mir in der Kindheit vermittelte, nicht stimmten. »Ich handele verantwortungsbewußt. Ich kümmere mich um andere, ich arbeite schwer und bin zuverlässig.« Ich bezahlte mit dem Gehalt so viele Rechnungen, wie möglich; mit dem Rest mußte meine Familie den ganzen Monat auskommen. War kein Geld mehr da, wurde auf die Kreditkarten zurückgegriffen.

Eines Abends, auf einem Seminar, meldete sich Lisa und sagte, sie habe genau das gegenteilige Problem. Sie sagte, sie sei die jüngste von sechs Geschwistern und vom ersten Tag an verwöhnt worden. Ihre älteren Brüder und Schwestern bedienten sie und kauften ihr alles, was ihr Herz begehrte. »Hier stehe ich, eine Erwachsene«, sagte sie, »und erwarte, alles zu bekommen, was ich möchte. Und was mache ich? Ich kaufe alles auf Pump.«

Während ich mit meinem Kindheitsverhalten weitermachte und mich bei dem Versuch, mich um andere zu kümmern, hoch verschuldete, wurde Lisas Schuldenberg immer höher, weil sie versuchte, sich weiterhin mit allem zu überhäufen, was sie sich wünschte, so, wie sie es von ihrer Kindheit her gewohnt war. Keine von uns fällte Entscheidungen auf der Grundlage dessen, *was wir schätzten,* oder *was das Beste für uns war.*

Um unseren heutigen Umgang mit Geld zu ändern, müssen wir vor allem herausfinden, welche Botschaften sich uns als Kinder einprägten. Für viele von uns lautete die wichtigste

Botschaft, daß wir nicht wichtig waren – daß ein gepflegtes Haus, ein höfliches Verhalten und die Gefühle der anderen weit wichtiger waren als wir. Ein guter Anfang für das Umschreiben solcher Kindheitsbotschaften ist die Entscheidung, *sich wichtig zu fühlen.*

Eines Tages dachte ich über sechsjährige Kinder nach. Ich stellte mir vor, wie sie schliefen, ihre Umwelt erkundeten, umherliefen und lachten, und mir wurde bewußt, daß jeder und jede Sechsjährige auf der Welt etwas Besonderes und Liebenswertes darstellt. Dann sah ich mich selbst mit sechs Jahren und erkannte, daß auch ich etwas Besonderes und Liebenswertes gewesen sein mußte. Worauf ich hinauswill? Da wir sehr wahrscheinlich niemanden zuerst bezahlen möchten, den wir nicht mögen, besteht für viele von uns der erste Schritt des Lernens, uns selbst zu bezahlen, darin, uns lieben zu lernen und zu akzeptieren, daß wir wichtig sind.

Jeder von uns hat seine eigene Geschichte und eignete sich als Kind Abwehrmechanismen an, die heute seine Beziehung zum Geld beeinflussen. Wichtig ist, daß wir uns nicht belügen. Willenskraft funktioniert (leider) nicht bei festsitzenden Verhaltensmustern – wenigstens nicht lange. Um eine wirkliche Veränderung zu erreichen, müssen wir uns die Verhaltensmuster eingestehen, die wir uns in der Kindheit aneigneten, und beginnen, uns von ihnen zu lösen. Und sobald die Gebote »du sollst« und »du mußt« verschwunden sind, können wir anfangen, auf unsere eigene Stimme zu hören; können wir uns die Erlaubnis geben, auf unser Herz, unsere Seele zu hören und uns für das Glück, *unser* Glück, entscheiden.

Ich möchte Ihnen von einer für mich sehr wichtigen Erfahrung berichten. Sie half mir, meine Aufmerksamkeit von den anderen fort auf mich selbst zu richten. Ich hatte mich mit einer Finanzberaterin verabredet, in der Hoffnung, ein wenig Kontrolle über die finanzielle Lage unserer Familie zu bekommen. Ich erinnere mich noch daran, wie ich neben ihr stand, während sie die Papiere durchblätterte, die ich mitgebracht hatte. Nach einer Minute oder zwei Minuten gab sie sie mir mit den Worten zurück: »Ist das alles?« Ich nickte verzagt. Sie bedachte mich mit einem »Und-für-so-etwas-verschwenden-Sie-meine-Zeit?«-Blick und schob mich durch die Tür. »Kommen Sie wieder, wenn Sie Ihre Schulden abbezahlt haben.«

Auf dem Weg vom Büro zum Aufzug war ich verwirrt. Ich fühlte mich gedemütigt. Ihre Worte klingelten in meinen Ohren: »Kommen Sie wieder, wenn Sie Ihre Schulden abbezahlt haben.« Als sich die Aufzugtüren schlossen, machte etwas in meinem Kopf »klick«. »Einen Augenblick. Ich werde mein ganzes Leben lang Schulden haben. Seit zehn Jahren schon versuche ich, unsere Schulden loszuwerden, mit dem Ergebnis, daß der Schuldenberg heute höher ist als früher.«

Das war's. Ich verließ den Aufzug als ein anderer Mensch. Monat für Monat, Jahr für Jahr, hatte ich mein Leben hintangestellt und mir gesagt: »Sobald die Schulden bezahlt sind, werde ich anfangen, zu sparen, werde ich alles tun, was ich immer schon einmal tun wollte.« Der Blick der Finanzberaterin und ihre Worte hatten mich genügend aufgeregt, um meine Lage in einem neuen Licht zu sehen. Meine Realität hatte sich geändert. Es wird immer, immer Rechnungen geben.

Endlich sah ich Schulden (besonders Ratenzahlungen) als das, was sie wirklich waren: als eine von Dutzenden von Verpflichtungen in meinem Leben. Ich erkannte, daß Schulden sich nicht von Geschirr unterschied, das gespült, oder von Wäsche, die gewaschen werden mußte. Endlich nahmen die Schulden ihren angemessenen Platz in meinem Leben ein. Sie gehörten zu den vielen, vielen Verpflichtungen, mit denen ich mich zu befassen hatte, waren aber gewiß keine erdrückende, gänzlich vereinnahmende Verpflichtung. Jeden Tag, bis zu meinem Tod, werde ich mir die Zähne putzen, mich anziehen, saubermachen, Rechnungen bezahlen, essen, reden. Endlich hatte ich eine Perspektive. Ich werde mein ganzes Leben lang Rechnungen verursachen (ein paar sogar noch nach meinem Tod!).

Die riesige dunkle Wolke, die Unzahl von Rechnungen, die sich all die Jahre über meinem Kopf gebildet hatten, lösten sich in Luft auf. Zum ersten Mal sah ich das große Gemälde des Lebens vor mir. Ich war nicht länger bereit, mit dem Leben zu warten, bis die Raten abbezahlt waren. Ich beschloß, sofort damit anzufangen!

Ich freute mich über mein Aha-Erlebnis. Für mich ergaben an jenem Tag alle Teile des Puzzles plötzlich ein Gesamtbild. Vielleicht braucht es einige Zeit und viel Überzeugungsarbeit, ehe Sie bereit sind, den Ratenzahlungen eine weniger wichtige Rolle in Ihrem Leben zuzubilligen. Ihre Aufgabe? Die Rechnungen auf den Rücksitz zu legen und Ihre Träume auf den Beifahrersitz zu setzen.

Viele von uns leben unbewußt so, als ob jemand oder etwas sich um alles kümmern würde. Aber letztlich können wir nur auf uns selbst zählen. Auf uns.

Endlich begann ich, das Geld im richtigen Verhältnis zu sehen. Früher waren 50 Dollar für mich eine Menge gewesen, 500 Dollar ein riesiger Batzen und 5000 Dollar eine Summe, die man sicherlich gar nicht ausgeben konnte. Das Pendel schwang von »Außer Kontrolle« (anderen die Kontrolle überlassen) zu der Erkenntnis hinüber, daß es *mein* Leben ist, daß *ich* entscheiden werde, was das Beste für mich ist – plötzlich sah ich hohe Geldbeträge in einem ganz anderen Licht.

Ich fragte mich, wieviel Geld ich brauchen würde, falls ich einmal keine Einkünfte hätte und allein auf mich angewiesen wäre. Ich stellte mir vor, ich hätte 200 000 Dollar beiseite gelegt. Anfangs kam mir die Summe riesig vor, aber dann wurde mir klar, daß ich gewöhnt war, von 30 000 Dollar im Jahr zu leben, das heißt, ich würde meine Ersparnisse in nur sieben Jahren aufbrauchen. Dann rechnete ich noch einmal, mit der Vorgabe, die Gesamtsumme von 200 000 Dollar nicht anzutasten, sondern statt dessen von den Zinsen zu leben, die sie abwarf. Wenn ich 10% Zinsen bekäme (was in manchen Jahren einfach, in anderen unmöglich war), wären das in einem Jahr 20 000 Dollar. Auf diese Weise würde ich Jahr für Jahr 20 000 Dollar Zinsen bekommen, ohne die Gesamtsumme anzutasten.

Nach diesen Berechnungen sah ich die Frage: »Wieviel ist eine Menge Geld?« in einem ganz neuen Licht. Plötzlich waren 600 Dollar oder 3000 Dollar keine Summen mehr, die mir ein Loch in die Tasche brannten. Jetzt, da ich die Kontrolle über mein Leben und meine Zukunft übernehmen wollte, wußte ich, daß 200 000 Dollar das *Minimum* dessen darstellten, was ich sparen mußte. Ein jährliches Einkommen von 20 000 Dollar ist nicht gerade viel – besonders, wenn man bedenkt, was unter dem Strich davon übrigbleibt. Die Entscheidung, sich selbst zuerst zu bezahlen, fällt nicht leicht. Mein Freund Tom rang über zwei Jahre lang mit der Idee, sich selbst zuerst zu bezahlen. Er besuchte meinen Geld-Workshop und kam zu privaten Beratungen vorbei; das Thema Geld tauchte regelmäßig in unseren Gesprächen auf. Und obgleich Tom aufgeschlossen ist und klar sehen konnte, daß es vernünftig war, sich selbst zuerst zu bezahlen, »klickte« es bei ihm nicht.

Aber eines Tages rief er mich an: »Carol«, sagte er, »es hat doch noch geklickt. Endlich. Ich sage jetzt nicht mehr, ich möchte gehen, sondern ich werde gehen. Ich werde in ungefähr achtzehn Monaten aufbrechen, und ich hoffe, daß ich meine siebzehnjährige Tochter mitnehmen kann.« Tom war es schließlich doch noch gelungen, zu erfassen, worum es beim Geldmanagement geht: *herauszufinden, was man möchte, und es zu tun.*

Falls Tom wirklich nach Indien reist, wird er erfahren, wie finanzieller Erfolg schmeckt. Tagträume, Wünsche und Verwunderung werden sich in ein »Ich habe es getan!« verwandeln. Und mit dem Erfolg kommt die Zuversicht. »Ich habe es schon einmal getan, ich kann es wieder tun.«

Die Idee, 200 000 Dollar zu sparen, kam mir nicht sofort. Anfangs schien sie mir unfaßbar. Doch als die Ersparnisse wuchsen und ausgedehnte Familienferien möglich waren, gewann ich Vertrauen in mich und meine Fähigkeit, meine finanzielle Situation zu beeinflussen. Ich begann zu glauben, daß es, wenn man in einem Jahr bis zu tausend Dollar Kleingeld sparen kann, auch möglich ist, daß man sich mit ein paar Dollar, die man jeden Monat vom Gehalt abzweigt und auf ein Rentenkonto einzahlt, im Laufe der Zeit eine sichere Zukunft aufbauen kann. Mir gefiel, was ich sah. Meine Alternativen brachten immer größeren Gewinn.

Es sieht so aus, als würden sich die meisten von uns für einen kurzen Glücksmoment entscheiden, der durch einen Schokoladenriegel, ein Magazin oder das neueste Küchengerät ausgelöst wird. Unbewußt handeln wir so, als wären wir niemals in der Lage, alles das zu tun, was wir tun möchten. Also beruhigen und beschwichtigen wir uns; das heißt, wir vergeuden Geld.

Wieviel Geld rinnt Ihnen wohl an einem Tag durch die Finger? Nun, lassen Sie uns einmal sehen: ein Coke hier, ein Espresso da, vielleicht eine Mark in einen Videoapparat, oder eine neue Kassette, eine neue CD. Sagen wir einmal, 6 DM verschwinden täglich für Unwesentliches (Popcorn, Kekse, Kaffee, Magazine, Modeartikel – führen Sie die Liste fort). Nun sagen Sie vielleicht: »Hey! Ich gebe in der Woche noch nicht einmal einen Groschen aus. Ich fahre jeden Tag sofort nach Hause. Ich gebe also nichts außer dem Fahrgeld für den Bus aus, und das ist unbedingt notwendig.« Okay. Aber was machen Sie in Ihrer Freizeit? Ist es möglich, daß Sie sich in einem Geschäft wiederfinden; ein Besuch, der damit endet, daß sie sich ein Hemd oder eine Bluse kaufen, die von 150 auf nur 49 DM herabgesetzt wurde? Vielleicht gehen Sie auch mit einem Freund ins Kino, kaufen Popcorn, und essen danach noch eine Kleinigkeit – und geben so insgesamt 42 DM aus.

Mal sehen: 42 DM, dividiert durch sieben Tage, ergibt 6 DM

pro Tag. Das heißt, obwohl Sie im Laufe der Woche kein Geld verschwendeten, kommen Sie dadurch, daß Sie am siebten Tag allein 42 DM ausgaben, auf durchschnittlich 6 DM pro Tag. Lassen Sie uns diese 6 DM als den Betrag festsetzen, der einem jeden Tag durch die Hände rinnt.

Wenn wir die 365 Tage des Jahres mit 6 DM multiplizieren – die durchschnittlich für nicht unbedingt Notwendiges ausgegeben werden – kommen wir auf 2190 DM! 2190 DM jährlich!

Schwer zu glauben. So oft entscheiden wir uns für flüchtige Glücksmomente, indem wir 6 DM pro Tag für nichts ausgeben, wenn wir über 2 000 DM für etwas beiseite legen könnten, an dem uns wirklich liegt.

Überprüfen Sie folgende Aussage:

Ach, ich Arme (Armer) = ich vergeude mein Geld.

Ist Ihnen schon einmal aufgefallen, daß Sie, wenn Sie sich bemitleiden, höchstwahrscheinlich Geld für Dinge ausgeben, die Ihre Stimmung heben sollen? Jahrelang bemitleidete ich mich selbst, weil meine Familie vier Menschen umfaßte, die versuchten, mit einem Gehalt auszukommen. Es schien, als hätte die anderen stets Geld für phantastische Ferien und wunderschöne Möbel, nur wir mußten uns abrackern. Um den Schmerz des »Nie-genug-habens« zu lindern, gingen wir Eis essen oder ins Kino.

Die Erkenntnis, daß 5 DM täglich sich innerhalb eines Jahres auf über 2000 DM summieren, war für mich eine der größten Entdeckungen. ZWEITAUSEND DM! Die Zahl funkelte wie eine Neonreklame ständig vor meinem geistigen Auge. Beim nächsten Einkauf suchte ich mir einen hübschen, kleinen Gegenstand aus und schaute auf den Preis. 6,85 DM. Das sind nicht nur 6,85 DM, das können 2000 DM sein.

Stellen Sie sich vor, Sie stehen an der Kasse eines Lebensmittelladens und entdecken eine Zeitschrift mit verschiedenen Artikeln, die Sie interessieren. Ohne darüber nachzudenken, legen Sie sie in den Einkaufswagen, um sie später zu lesen. Plötzlich klickt es: »Was mache ich da! Nur 6 DM täglich werden im Jahr zu 2000 DM. Leg sie wieder zurück!« Sie reagieren auf Ihre kritische Stimme, indem Sie die Zeitschrift gehorsam zurücklegen und sich wieder in die Schlange vor der Kasse einordnen. Beim Verlassen des Geschäftes fallen Ihnen all die anderen Menschen mit ihren Magazinen, Süßigkeiten und Keksen auf, und Sie denken: »Ich Arme (Armer). Das ist ungerecht. Alle dürfen sich amüsante Kleinigkeiten kaufen, nur ich nicht.«
Oder Sie können sich einem neuen Denkmodus zuwenden: »Ich bin froh, daß ich diese Zeitschrift nicht gekauft habe. Genaugenommen wollte ich sie eigentlich gar nicht. Jetzt nehme ich sofort das Geld, das ich für das Magazin ausgegeben hätte, aus dem Portemonnaie und stecke es in die Tasche. Zu Hause werfe ich dann die vier Mark achtzig in meine Dream-Box.« Und plötzlich gehen Sie aufrechter, atmen Sie tiefer, während Sie Ihre Entscheidung feiern. »Das sind wieder fast fünf Mark für mich – ich erreiche mein Ziel schneller, als ich dachte!«
Was hält uns davon ab, uns zuerst zu bezahlen, sobald der Gehaltsscheck eintrifft? Mit dem Sparen klappt es unter anderem nicht, weil es langweilig ist. Holly schrieb: »Auf

meinem Sparkonto war nie Geld, weil ich für nichts Bestimmtes sparte. Es hatte niemals einen Namen. Deshalb bedeutete es mir nicht viel. Es war nur Geld, das ausgegeben werden konnte.«

Worin besteht der Unterschied? Darin, daß Sie *für etwas* sparen. Holly schrieb weiter: »Heute überlege ich, was ich wirklich tun möchte (nach Alabama reisen, um Lucy zu besuchen und zum Jazz Festival in New Orleans fahren. Was für ein Spaß!) Es hat einen Namen. Ich habe auch eine Reserve für etwaige Notfälle. Ich möchte, wenn ein Notfall eintritt, nicht an das Geld gehen, das ich für die Reise nach Alabama gespart habe.«

Welch ein Unterschied! Auf Wiedersehen, Langeweile, hallo, Ziele! Sparen funktioniert, wenn Sie für etwas sparen, das Sie sich von ganzem Herzen wünschen. Das motiviert, inspiriert und macht Spaß. Ob Sie nun von einer Reise, einem neuen Computer, einem besseren Job oder davon träumen, nur drei Tage in der Woche zu arbeiten – Ihr Wunsch wirkt anregend und belebend. Er wird Sie morgens aus dem Bett springen lassen; Sie werden sich *wünschen,* darauf zu sparen, sich Ihren Wunsch zu erfüllen.

Im Laufe unseres Gespräches berichtete mir Anne, wie sich ihr Denken gewandelt hatte: »Mir geht es jetzt gesundheitlich viel besser. Ich bekomme, was ich mir wirklich wünsche, und lerne, Entscheidungen zu fällen. Ich glaube, früher habe ich oft Sachen gekauft, weil ich dachte, ich müßte es. Ich hatte nichts zu tun. Also ging ich Einkaufen. Heute ist mir klar, daß vieles von dem, was ich mir gekauft habe, niemals aus der Verpackung herauskam, weil ich es nicht wirklich brauchte. Mir wurde klar, daß man sich Glück nicht kaufen kann, aber materielle Dinge und Tröstungen, die dazu beitragen. Also begann ich darüber nachzudenken, was ich mir wirklich wünschte, und beschloß, das Geld, das ich sonst für Übersprungskäufe ausgegeben habe, zu sparen – es ist befriedigend, mir einen Wunsch zu erfüllen, der mir wirklich etwas bedeutet. An jedem Geburtstag schenke ich mir etwas Extravagantes. Es kostet immer eine Stange Geld und macht mich wirklich glücklich.«

Alles oder nichts

Und welcher andere Grund hält die meisten von uns vom Sparen ab? Der ALLES-ODER-NICHTS-Standpunkt. Während wir die Rechnungen bezahlen, sagen wir: »*Wenn* Geld übrigbleibt, *dann* werde ich etwas davon sparen.« Doch da, wenn überhaupt, nach dem Bezahlen der Rechnungen nur selten etwas übrigbleibt, wird nichts gespart. Wir sagen uns: »Wenn ich nicht wenigstens 100 oder 200 Mark zurücklegen kann, spare ich überhaupt nicht.« Wann haben Sie das letzte Mal 4,19 DM gespart? Oder 1,63 oder 14,77 DM in die Dream-Box eingezahlt? Die meisten von uns halten das für lächerlich – für einen lächerlich geringen Betrag. Was sparen wir also? NICHTS! (Übrigens: wenn Sie jeden *Monat* 4,19 DM, 14,77 DM und 1,63 DM sparen würden, hätten Sie am Ende des Jahres 247,08 DM; wenn Sie jede *Woche* so viel zurücklegen würden, hätten Sie nach einem Jahr 1070,68 DM! Merke: Kleinvieh macht auch Mist.) Ist Ihnen eigentlich schon einmal aufgefallen, daß wir viele

Dinge im Leben von einem extremen ALLES-ODER-NICHTS-Standpunkt angehen? Wenn wir eine Garage entrümpeln oder einen Schrank aufräumen, werfen wir selten nur zwei oder drei Dinge fort. Ob die Steuererklärung oder ein wichtiger Brief in Angriff genommen werden muß – wir nähern uns dieser Aufgabe selten, indem wir die Küchenuhr auf fünfzehn Minuten stellen und versuchen, was auch immer wir zu tun haben, in dieser Zeit zu erledigen. Die meisten von uns warten und verschieben die Ausführung so lange, bis sie genug Zeit haben; und in der Zwischenzeit tut sich nichts. Entweder man hat die Zeit, um die Geschirrspülmaschine vollzuladen, oder man stellt auch nicht einen einzigen Teller hinein. Entweder ein zwanzigminütiger Spaziergang oder keiner. Entweder schreiben wir einen langen Brief an einen Freund oder keinen. Wann haben Sie zum letzten Mal zu Hause oder bei der Arbeit nur vierzig Sekunden innegehalten und jemanden, den Sie mögen, einen Zettel mit folgenden Worten geschickt: »Ich wollte Dich nur wissen lassen, daß Du für mich etwas ganz Besonderes bist – ich hoffe, es geht Dir gut.« Sie werden sich großartig fühlen, wenn Sie den Brief abschicken, und der Empfänger wird sich freuen, wenn er ihn erhält. Zwischen ALLES ODER NICHTS gibt es einen Ort, der großen Gewinn abwirft, sobald wir ihn entdecken.

Ich erkannte dieses ALLES-ODER-NICHTS-Verhaltensmuster in meinem Leben zum ersten Mal, als ich zu sparen begann. Wenn nach dem Bezahlen der Rechnungen nicht wenigstens 100 Dollar übrigblieben, sparte ich überhaupt nichts. Nicht einen Dollar.

Die meisten von uns ziehen kleine Beträge nicht einmal in

Betracht. Wir sagen: »Kleinigkeiten mag ich nicht – wenn ich einmal anfange, möchte ich auch bald das Endergebnis sehen.« Oder: »Wenn etwas es wert ist, daß man es tut, sollte man es richtig machen.« Kein Wunder, daß wir so viele Bereiche unseres Lebens vernachlässigen.

Unser ALLES-ODER-NICHTS-Ansatz hält uns von Spaß und Erfolg fern. Er belastet uns mit Schuldgefühlen und setzt uns unter Druck, weil wir bestimmte Projekte nicht beginnen oder andere anfangen und nichts zu Ende bringen. Wir fühlen uns unwohl, weil wir nicht Monat für Monat sparen, und wir fühlen uns genauso unwohl, wenn wir zu Monatsanfang einen hohen Betrag auf das Sparkonto einzahlen, den wir uns am Monatsende wieder auszahlen lassen.

Es ist an der Zeit, die alte Redensart umzuschreiben: »Wenn etwas es wert ist, daß man es tut, sollte man es richtig tun.« Es muß heißen: »Wenn etwas wert ist, getan zu werden, sollte man es tun.« Punktum. Wenn wir jeden Monat nur 10 DM sparen, haben wir am Ende des Jahres 120 DM. Das sind 120 DM mehr, als wir im anderen Fall hätten.

Fünf Mark. Was kann man mit einem kleinen Betrag schon anfangen? Nun, wenn Ihre Eltern bei Ihrer Geburt angefangen hätten, für Sie monatlich 5 DM auf ein Sparkonto einzuzahlen (also über eine Mark in der Woche), dann hätten Sie, wenn Sie heute 40 Jahre alt sind, bei 5,5 % Zinsen 8700 DM. Nicht schlecht für nur fünf DM im Monat. Aber was wäre geschehen, wenn sich Ihre Eltern während der 40 Jahre um höhere Zinsen bemüht hätten? Wenn auf die 5 DM monatlich durchschnittlich 10 % (also nur 4,5 % mehr) Zinsen gezahlt worden wären, hätten Sie heute statt 8700 –

31 800 DM. Obwohl sich der Zinssatz noch nicht einmal verdoppelte (von 5,5% auf 10%), hätten Sie am Ende, bei der gleichen geringen Spareinlage, 23 100 DM mehr – insgesamt also fast viermal soviel wie bei 5,5% Zinsen.

Was ich damit sagen will? Achten Sie auf den Zinssatz. Oft höre ich: »Aber ich mag die Schalterbeamten in meiner Bank« oder »Meine Bank ist so bequem zu erreichen«. Sind Bequemlichkeit oder Personal 23 100 DM wert? (Mir ist bewußt, daß, während Sie dieses Buch lesen, der Zinssatz, unter zehn Prozent liegen kann. Seitdem ich die Verwaltung meines Geldes in die Hand genommen habe, schwankten die Zinssätze von 16% bis hinunter auf 2,5%. Ich benutze bei diesem Beispiel 5,5% und 10%, um zu verdeutlichen, weshalb es wichtig ist, auf den Zinssatz zu achten. Behalten Sie Ihr Geld im Auge, wenn es einmal auf dem Sparkonto liegt. Vergewissern Sie sich, daß Sie den besten zum gegenwärtigen Zeitpunkt möglichen Zinssatz bekommen.)

Was sich im Leben bewährte, funktioniert auch in bezug auf Geld. Ein steter Tropfen summiert sich zu einer Menge – man muß nur tätig werden und sich nicht auf den ALLES-ODER-NICHTS-Standpunkt versteifen. Anne fuhr fort: »Sie haben mich lange nicht gesehen. Ich habe hundert Pfund abgenommen. Unter anderem deshalb, weil ich jetzt öfters zu Fuß gehe statt mit dem Bus oder meinem Wagen zu fahren. Normalerweise gehe ich täglich fünf Meilen. Nicht, daß ich abends nicht mehr herumsitze und Kekse esse. Das mache ich immer noch – aber nicht mehr an sieben Abenden in der Woche. Wenn man auf Diät ist und nur eine Grapefruit essen darf, kommt irgendwann einmal der Zeitpunkt, an dem man es nicht mehr aushalten kann und anfängt, alles Eßbare, das sich in Reichweite befindet, in sich hineinzustopfen. Das Geld, das ich sonst für die Busfahrkarte ausgegeben habe (weil ich es nicht über mich bringen konnte, auch nur einen einzigen Block weit zu Fuß zu gehen) und das Geld für das Junkfood, das ich früher immer gegessen habe, spare ich jetzt. Seit ich Ihren Kurs besuchte und das wähle, mich für das entscheide, was ich wirklich möchte, verfüge ich noch über zusätzliche Einkünfte durch die Veränderungen in meinem Lebensstil. Ich ziehe jetzt viel mehr Zufriedenheit aus dem Geld, weil ich bestimme, was ich wirklich möchte und darauf spare.«

Wo und wie funktioniert der ALLES-ODER-NICHTS-Ansatz in Ihrem Leben? Wann nähern Sie sich einem Menschen, Ort oder Gegenstand in der ALLES-ODER-NICHTS-Haltung?

Lesen Sie, was geschah, als Donna ihr Denken von ALLES ODER NICHTS auf ETWAS umstellte. »Geld war nur etwas, das ich nicht hatte und wahrscheinlich niemals haben würde. Ich machte mir keine großen Sorgen darüber, aber ich hatte ja auch nichts und sehnte mich auch nicht danach, etwas zu haben. Jetzt ist mir klar, daß ich mir einiges wünsche und mir meine Wünsche erfüllen kann. Nachdem mir bewußt wurde, was ich erreichen kann, wenn ich klein anfange, begann ich, über größere Dinge nachzudenken; Dinge, die ich mir wirklich wünschte – wie ein eigenes Geschäft eröffnen. Jetzt ist es mein Ziel, bis nächstes Jahr genug Geld für die Geschäftseröffnung zu haben.«

Vor ein paar Jahren hielt ich mein Geldseminar vor einer Gruppe von Eltern mit wirtschaftlichen Problemen ab. Jeder einzelne Teilnehmer verdiente weniger als die Mindesteinkommen und die meisten, wenn nicht alle, lebten von der Sozialhilfe und von Lebensmittelmarken. Ich werde nie die junge Frau vergessen, die zu meiner Linken saß. Sie wurde zunehmend verwirrter über das, was ich sagte, und ließ mich wissen, daß sie sich bei ihrem Einkommen unmöglich »selbst zuerst bezahlen könne«. »Am Monatsende bleibt nicht ein Penny … nicht ein *einziger Penny* übrig«, beschied sie mir. Doch im Laufe des Seminars meldete sie sich und erklärte, sie würde jeden Monat zuallererst 25 Dollar sparen. Mit fester Stimme und Tränen in den Augen sagte sie: »Egal, was passiert, ich lege jeden Monat 25 Dollar für mich und meine Kinder zurück.«

Unsere Entscheidung, lieber ein wenig als nichts zu tun, hat eine unglaubliche innere Befriedigung zur Folge. Wieviel Befriedigung und Freude ist uns entgangen, weil wir glaubten, etwas »richtig« machen zu müssen? Hier eines meiner Lieblingssprichwörter: »Für mich ist es wichtiger anzufangen, das Richtige zu tun, als zu warten, bis ich glaube, es richtig machen zu können.«

Herkömmliche Geldseminare halfen den meisten von uns nicht weiter, weil der Umgang mit Geld nicht so einfach ist. In Gelddingen haben wir es mit einer Reihe menschlicher Emotionen zu tun – Schuldgefühl, Angst, Selbstmitleid, Unsicherheit, Stolz, dem Bedürfnis nach Stichhaltigkeit, Kontrolle und so weiter. Die in diesem Buch dargelegte Methode, mit Geld umzugehen, funktioniert, weil sie unsere Verhaltensmuster und unsere Gefühle im Zusammenhang mit dem Geld berücksichtigt. Wir lösen uns von der Angst und all den Ratschlägen, die uns weismachen wollen, was wir tun sollen, stellen uns statt dessen vor ein reichgedecktes kaltes Buffet und fragen uns, was davon wohl gut schmeckt. *Wir* wählen aus, was wir wirklich möchten.

Halten Sie einen Moment inne und versuchen Sie, ein Bild von sich selbst zu bekommen. Sie können entweder ein Blatt Papier nehmen oder einfach nur die Augen schließen und so tun, als läge ein leeres Blatt vor ihnen. Drei Dinge sollten auf diesem Blatt erscheinen: Sie, Ihre Schulden und Ihre Träume. Lassen Sie sich einen Moment Zeit, um ein Gefühl für die Größe, Form und Farbe Ihrer Schulden zu entwickeln. Was ist mit Ihren Träumen, Zielen und Sehnsüchten? An welcher Stelle des Blattes befinden sie sich? Stehen Sie mit Ihren Schulden und Träumen in Beziehung? Ich möchte Sie ermutigen, Ihre Vorstellung rasch, in großen Zügen, zu skizzieren. Das, was Sie dadurch über sich selbst und Ihre Beziehung zu Ihren Schulden und Träumen erfahren, kann befreiend wirken.

In einem Workshop zeichnete Dorothy, eine 37 Jahre alte Lehrerin, sich als Strichmännchen mit ausgestreckten Armen. Ihre Schulden befanden sich in Schachteln, die sie in den Armen trug, eine über der anderen gestapelt; sie ragten bis über ihren Kopf. Dorothy war von einer dunklen Wolke umgeben. Ihre Ziele hatten sie in Form eines winzigen Dreiecks am äußersten Rand gezeichnet. Dorothy schrieb zu dem Bild: »Mein Einkommen sinkt, meine Schulden wachsen und ich stehe kurz vor dem Zusammenbruch. Ich habe die Erfüllung meiner Wünsche immer vor mir hergeschoben, weil ich zu sehr damit beschäftigt war, bis zur nächsten Gehaltszahlung über die Runden zu kommen. Ich bin wütend auf mich, weil ich meiner Meinung nach viel

Geld für Dinge vergeudet habe, die mich nur vorübergehend glücklich machten. Ich wurde in dem Glauben erzogen, Geldmanagement bedeute Selbstverleugnung – daß man nicht all die wunderschönen Dinge haben kann, die man sich wünscht.«

Bei John, einem 42 Jahre alten Kernkrafttechniker, sah die Zeichnung folgendermaßen aus: Seine Ziele waren innerhalb dicker, aus Rechnungen bestehender Mauern gefangen, die wiederum Stacheldraht umgab; er selbst war eine winzige Gestalt außerhalb der Falle. John schrieb: »Oft kommt es mir so vor, als seien meine Ziele von schier unüberwindlichen Hindernissen umgeben. Ich komme mir unbedeutend vor, wenn ich mit der Beharrlichkeit meiner Situation konfrontiert werde. Das Problem ist nicht das Geldverdienen, sondern die kluge Kapitalverwendung im Alltag.«

Pearl, eine sechzigjährige Geschäftsinhaberin, zeichnete eine Gestalt, die zufrieden darüber war, die laufenden Kosten aufzubringen, aber ihre Ziele befanden sich zum Teil am unteren Blattrand, zum Teil außerhalb des Blattes. Sie erklärte: »Ich bezahle alle persönlichen und geschäftlichen Rechnungen. Die Kosten sind nicht erdrückend, aber meine Ziele bleiben auf der Strecke, in weiter Ferne.«

Obwohl die einzelnen Bilder unterschiedlich sind, ist die in ihnen widergespiegelte Erfahrung vorwiegend die gleiche – die Schulden sind hoch und ragen drohend über uns auf, und unsere Ziele sind irgendwo dort draußen, außer Reichweite. Kein Wunder, daß wir uns nicht zuerst bezahlen. Hier die gute Nachricht: Sobald wir einmal Kontakt zu unserem Bild und den Hindernissen haben, können wir anfangen, das Bild zu verändern und die Aufmerksamkeit auf unsere Träume zu verlagern.

Immer wieder werde ich gefragt: »Wie soll ich entscheiden, wieviel ich mir selbst bezahlen soll?« Die Antwort? Fangen Sie einfach mit *irgendeinem* Betrag an. Fangen Sie klein an. Seien Sie realistisch. Sie können beispielsweise fünf Mark vom Gehalt für eine Reise zu einem Ferienort zurücklegen, den Sie immer schon besuchen wollten, und weitere zehn Mark für Notfälle.

Doch Vorsicht! Ohne daß es Ihnen bewußt ist, könnte der Skeptiker in Ihnen sich über den geringen Betrag von fünf oder zehn Mark lustig machen. Das erinnerte mich daran, wie wir häufig an ein Trainingsprogramm herangehen. Wir verlassen das Haus mit dem Plan, am ersten Tag nur einen Kilometer zu gehen und unser Pensum dann langsam bis auf gesunde zehn Kilometer täglich zu steigern. Aber nach dem ersten Kilometer fühlen wir uns so großartig, daß wir noch neun weitere marschieren – und am nächsten Morgen kommen wir nicht aus dem Bett! Das Resultat? Wir zerreißen den Trainingsplan und sind wieder da, wo wir anfingen. Das soll uns mit unserem Geld nicht passieren!

Das Wichtigste bei der Idee, sich selbst zu bezahlen, ist, anzufangen. Tun Sie das, was funktioniert, z. B. das Dream-Box-Spiel zu spielen oder sechs Mark von jedem Gehalt abzuzweigen, in eine Socke zu stopfen und diese an einen sicheren Ort zu deponieren. Entscheidend ist nicht, für welche Methode Sie sich entscheiden oder wieviel Geld Sie zurücklegen. Entscheidend ist, daß Sie anfangen.

Die Idee, einfach ins Wasser zu springen und anzufangen, erinnert mich an den Tag, an dem ich die Möbel in den

Zimmern meiner Söhne umstellte. Nachdem ich ihre Betten und die meisten ihrer Möbel auf den Flur gebracht hatte, stellte ich fest, daß Dominics Zimmer dringend gestrichen werden mußte. Ich stand auf dem Korridor, während mein Verstand wie ein Pendel von »Ich habe keine Zeit, sein Zimmer zu streichen« zu »Carol, jetzt, wo die Wände frei sind, ist genau der richtige Zeitpunkt, es zu streichen« hin und her schwang. Nachdem ich mir die sachdienliche Frage: »Möchte ich, daß das Zimmer frisch und sauber aussieht oder kann ich es so akzeptieren, wie es ist?« gestellt hatte, blieb das Pendel stehen. (Das Zimmer war seit dem Bau des Hauses vor 15 Jahren noch nie gestrichen worden.) Ich hatte meine Antwort. Ich holte mir aus der Garage einen Eimer mit Farbe und begann, eine Wand zu streichen.

Aber bald darauf mußte ich aufhören. Ich schloß den Farbeimer, wickelte den Roller ein und brachte die Umräumarbeiten zu Ende. In der nächsten Zeit kam es mir jedesmal, wenn ich an seinem Schlafzimmer vorbeikam und den wunderschönen Abschnitt der frischgestrichenen Wand sah, so vor, als riefe der Rest des Raumes mir zu: »Streich mich. Streich mich.« Bis zu jenem Zeitpunkt ging ich alle großen Projekte so an, daß ich wartete, bis ich einen freien Tag hatte, an dem ich sie erledigen konnte – und aus eben diesem Grund war Dominics Zimmer bis jetzt noch nicht gestrichen worden.

Ich ertappte mich dabei, wie ich ein paar Minuten hier und ein paar Stunden dort abknappste. Ich ließ Dominic in meinem Bett schlafen und strich sein Zimmer eine Weile abends. An den Wochenenden zweigte ich ein oder zwei

Stunden ab. Innerhalb eines Monats war sein Zimmer frisch gestrichen und sah großartig aus.

Was für eine Lektion. Meine Entscheidung, einfach mit dem Streichen anzufangen, veränderte mein Leben. Ich entdeckte, daß sich, sobald man einmal angefangen hatte, der Schwung einstellt.

Was sich beim Schlafzimmer meines Sohnes bewährte, funktioniert auch beim Geld. Nehmen Sie als erstes sechs Mark von Ihrem Gehalt, werfen Sie sie in einen Topf oder eröffnen Sie ein Sparkonto. Geben Sie dem Konto einen Namen, als Hinweis auf Ihren Traum: ein Wochenende außer Haus; einen Wintermantel, ein neues Sofa. Wenn Sie wirklich jeden Monat als erstes ein paar Mark nehmen und sie zurücklegen, haben Sie Schwung erzeugt. Wie die gestrichene Wand, spricht es zu ihnen. Nach drei Monaten stellen Sie fest, daß Sie bereits 18 DM gespart haben, und werden sagen: »Das war soooo einfach! Ich glaube, ich werde jetzt monatlich als erstes elf statt sechs Mark abzweigen, um mich selbst zu bezahlen!«

Und die Summe im Topf oder auf dem Sparkonto wird wachsen und gedeihen. Sie werden andere Konten eröffnen; Konten, um für Wagenreparaturen, eine neue Küche, Skier und die Reise, von der Sie immer schon träumten, zu sparen. Ich werde Ihnen nicht sagen, wieviel Sie sparen müssen, denn dann verwandelt sich die Dynamik in Schuldgefühle. Das Gefühl, einen bestimmten Betrag zurücklegen zu müssen, verwandelt Ihren Traum zu einer weiteren Verpflichtung, einem weiteren Streßfaktor und einer weiteren Möglichkeit, zu versagen.

Die hier beschriebene Methode funktioniert so gut, weil wir

mit kleinen, realistischen Beträgen anfangen und sie für etwas sparen, das wir uns wirklich wünschen. Eine Blechdose zu etikettieren und unser Wechselgeld hineinzuwerfen, stellt eine derart subtile Tätigkeit dar, daß uns anfangs nicht einmal bewußt ist, was da eigentlich vor sich geht.

Bei früheren Versuchen, unsere finanzielle Lage zu ändern, war oft von Kürzen, Ernsthaftigkeit, Verantwortung und Verzicht die Rede. Sobald wir uns von diesen alten, wirkungslosen Parolen verabschieden, nähert sich die Veränderung auf leisen Pfoten. Während wir unsere Dream-Box mühelos und schmerzlos auffüllen, geschieht etwas in unserem Inneren. Uns wird bewußt, daß Sparen keine Qual sein muß, daß wir uns unsere Wünsche erfüllen können, ohne, daß es schmerzt. Und wenn wir dann sehen, wie rasch die Summe größer wird, sind wir motiviert, sie noch schneller anwachsen zu lassen. Sobald wir einmal mit dem Sparen anfangen, wird die Dream-Box oder das Konto uns zurufen: »Mehr Geld für Europa, bitte. Bald ist Weihnachten; schick mir mehr DM … DM … DM.«

Denken Sie daran: wir »sparen« in Wirklichkeit nichts, wenn wir auf einen Kauf verzichten. Bevor Sie den Kaffee, die CD oder was auch immer bezahlen, sollten Sie sich fragen: »Was will ich wirklich?« Nur Sie können diese Frage ehrlich beantworten. Wenn Sie sich die Erlaubnis erteilen, sich Ihre Wünsche zu erfüllen, werden Sie sich in einen Experten verwandeln, der die unzähligen Wahlmöglichkeiten erkennt und sie sorgsam abwägt. Sie werden das Drei-Mark-Ding, das Sie gerade kaufen möchten, anschauen und sich fragen: »Soll ich die drei Mark nicht lieber für (Europa, die neuen Skier, das Kajak …) sparen oder möchte ich im Augenblick lieber das hier?« Wenn Sie das üben, werden Sie mit der Zeit feststellen, daß Sie manchmal wirklich den kleinen Imbiß oder das Drei-Mark-Ding möchten. Und es wird andere Gelegenheiten geben, bei denen Sie diese paar Mark wirklich in Ihre Dream-Box werfen möchten.

Einer der Gründe, weshalb diese Methode so gut funktioniert, besteht darin, daß wir das Gefühl der Entbehrung, des Mangels, eliminieren. Hier geht es nicht um Verzicht, sondern um Wunscherfüllung. Wichtig ist, daß Sie das Geld, daß Sie nicht ausgeben möchten, mit nach Hause nehmen und sicherstellen, daß es in Ihre Dream-Box gelangt.

Denken Sie daran: Wenn etwas wert ist, getan zu werden, sollte man es tun. Punktum. Es gibt keine Goldmedaillen für denjenigen, der mit hohen Einsätzen anfängt. Bei diesem Spiel gewinnt derjenige, der klein und vernünftig beginnt und gewissenhaft weitermacht, wie jene Schildkröte, die am Ende gewann. Wenn wir von *jedem* Gehalt kleine, realistische Beträge zurücklegen, wird die Schildkröte keine Probleme damit haben, ihre Gangart beizubehalten. Und mit der Zeit wird Ihr Sparguthaben steigen und die Schildkröte ihr Ziel erreichen!

Kapitel 3
Raus aus der
Schuldenfalle

*Die bedeutsamen Probleme, mit denen wir
uns konfrontiert sehen, können nicht auf
dem Denkniveau gelöst werden, auf dem
wir uns befanden, als wir sie schufen.*

Albert Einstein

Möchten Sie, daß Ihre Kreditkartenrechnungen ein für alle-mal verschwinden? Dann tilgen Sie monatlich nur mit dem Mindestbetrag.

»Wie bitte? Ich soll nur die Mindestrate zahlen?«

»Das kann doch nicht Ihr Ernst sein!«

»Und was ist mit den 18% oder 20% Zinsen, die ich zahle?«

»Ich werde *nie* von meinen Schulden runterkommen, wenn ich nur das Minimum tilge.«

»Der Vorschlag ist lächerlich und unverantwortlich.«

»Ich mag keine Schulden. Deshalb will ich sie so schnell wie möglich loswerden.«

Richtig. Der Vorschlag, auf Kreditkartenschulden (Kredit-schulden) nur den Mindestbetrag zu zahlen, klingt seltsam und unverantwortlich. Aber häufig funktionieren gerade die Ideen, die am wenigsten Sinn ergeben, am besten; wie die Anweisungen einer Stewardeß. Die Eltern werden instru-iert, zuerst sich selbst die Sauerstoffmaske anzulegen und dann erst ihren Kindern und anderen Passagieren zu helfen. Anfangs hört sich das falsch an, so, als sollten wir unsere hilflosen Kinder im Stich lassen. Aber dann wird uns klar, daß wir als Tote für unserer Kinder und die anderen Passa-giere kaum von Nutzen sind, und wir akzeptieren die An-weisung. Gleich dieser Anweisung scheint uns die Idee, für Kreditkartenschulden die Mindesttilgung zu wählen, an-fangs falsch zu sein – bis wir begreifen, um was es geht.

Bevor ich ins Detail gehe und Sie über das Weshalb und Wie aufkläre, möchte ich Ihnen sagen, daß der Wunsch, die Schulden zu eliminieren, bewundernswert ist. Im Idealfall bestünde die Lösung darin, alle Schulden mit einem Schlag zu tilgen – und darin, daß unsere gesamte Wäsche gewaschen und gebügelt ist, die Autos startklar und gewaschen, die Schränke und Schreibtische aufgeräumt und sauber und die Fotos in die Fotoalben eingeklebt sind. Aber das Leben ist nicht ideal.

Für mich standen die Kreditschulden stets an erster Stelle. Jeden Monat hatte ich nur ein Ziel: sie loszuwerden. Ich rechnete und rechnete, und bezahlte stets mehr als wir uns leisten konnten, in der Hoffnung, die Schulden dadurch schneller loszuwerden.

Ich zahlte so viel, wie ich anfangs des Monats dachte, zahlen zu können, und legte gleichzeitig wenig oder gar nichts zurück. (Und wenn einmal ein wenig Geld den Weg aufs Sparkonto fand, dauerte es nicht lange, bis es für andere Zwecke gebraucht wurde.) War kein Geld mehr da, kauften wir mit unseren Kreditkarten all die Dinge, die wir brauchten, um bis zum nächsten Zahltag über die Runden zu kommen. Und so weiter, und so weiter.

Monat für Monat, Jahr für Jahr, versuchte ich verzweifelt, unsere Kreditschulden loszuwerden. Und das Ergebnis? Nach zehn Jahren hatten wir mehr Schulden als zuvor! Anfangs hielt ich diesen unkontrollierten Drang, die Schulden zu tilgen, für meinen ureigensten Komplex. Aber im Laufe der Zeit wurde mir klar, daß ich nicht als einzige an diesem überwältigende Bedürfnis leide, die Schulden loszuwerden. Nachdem ich über ein Jahrzehnt lang Geld-Seminare abgehalten habe, weiß ich, daß es fast jeden von uns erwischt hat. Unsere Mühen, unsere Energie und unser Geld dienen nur einem Ziel: die Schulden abzubezahlen und unter Kontrolle zu bekommen.

Nach jahrelangen Versuchen, mit Hilfe der auf Prinzipien

beruhenden Methode Kontrolle über mein Geld zu erlangen, trat ich schließlich einen Schritt zurück und gestand mir ein, daß mein ach so vortrefflicher Plan erstens nicht funktionierte und zweitens die Lebensqualität und die Lebensfreude beeinträchtigte.

Im Laufe meiner Lehrtätigkeit hat sich gezeigt, daß das Konzept, bei den Raten nur den Mindestbetrag zu zahlen, für die meisten Menschen eine sehr schwierige Hürde darstellt. Und wenn Sie ein linkshirniger, analytischer und sparsamer Mensch sind, mag es für Sie eine ziemliche Herausforderung sein, diese Methode zu akzeptieren. Manche akzeptieren sie nie. Sie ist radikal. Und sie macht Spaß. Doch am wichtigsten ist: sie funktioniert. Wenn Sie sich auf diese Methode einlassen, werden Sie Ihre Kreditkartenrechnungen nicht nur ein für allemal los, sondern Sie gewinnen auch das Gefühl, fähig zu sein und die Kontrolle über Ihr Geld zu haben.

Es gibt zwei Arten von Schulden:

1. die monatlichen Rechnungen, die sich aus den Grundbedürfnissen ergeben, zum Beispiel Miete/Hypothekenzahlung, Elektrizität, Wasser, Müllabfuhr;

2. die Schulden, die sich ansammeln, wenn wir uns Geld für Dinge leihen, die wir im Augenblick nicht bezahlen können (Kredit- und Kreditkartenschulden).

Die Schulden der ersten Kategorie werden uns immer begleiten. Solange wir Wasser verwenden oder Lampen anschalten, werden wir dafür bezahlen müssen. Die zweite Kategorie spiegelt jene Zeiten wider, in denen wir über unsere Kosten gelebt und, aus welchem Grund auch immer, Geld von einem Kreditunternehmen geliehen haben, um uns heute etwas zu kaufen, obwohl wir wußten, das wir viele »Morgen« lang dafür würden bezahlen müssen.

Schauen Sie sich die Rechnung der Kreditkartengesellschaft an und vergleichen Sie die Zahl, die bei »Mindestbetrag« steht, mit der Zinsbelastung für die Gesamtsumme. Der Mindestsatz sollte höher sein als die aufgelaufenen Zinsen. Falls nicht, *wechseln Sie die Gesellschaft!* In jedem Fall sollte der Mindestbetrag die Gesamtschuld reduzieren. Vergewissern Sie sich, daß Sie es mit einem seriösen Unternehmen zu tun haben.

Wechseln Sie auch die Gesellschaft, wenn Sie damit die Zinsbelastung selbst reduzieren können. Erkundigen Sie sich nach der Kreditkartengesellschaft, die für die noch unbezahlte Gesamtschuld die niedrigsten Zinsen fordert. Denken Sie immer daran: Die Kreditkartenunternehmen *möchten* mit Ihnen ins Geschäft kommen. Die neue Gesellschaft wird es Ihnen so einfach wie möglich machen. Sie brauchen nur das Formular zu unterschreiben, das man Ihnen zuschickt, und ankreuzen, welche Kreditkartenschulden das neue Kreditkartenunternehmen übernehmen soll. Und in ein paar Wochen werden Sie von der neuen Gesellschaft einen Kreditbrief mit dem niedrigeren Zinssatz und der Erklärung Ihrer früheren Gesellschaft erhalten, die bestätigt, daß Ihre Schulden bei ihnen vollständig getilgt sind. Eines Tages hörte ich im Radio etwas, das mich die Auswirkungen meines Verhaltens in Sachen Geld spüren ließ. Die Fluggesellschaften befanden sich in einem Preiskrieg, und Tickets für einen Rundflug von Seattle nach Los Angeles kosteten nur noch 59 Dollar. Los Angeles – das bedeutete, daß ich meine Großmutter, meinen Onkel, meine Tante und natürlich auch Disneyland besuchen konnte. Mir wurde klar, daß wir ohne weiteres vier Tickets für uns hätten kaufen können, wären da nicht Zahlungen an sieben Kreditkartenunternehmen zu leisten gewesen. Wir wären am Freitag, nach Arbeit und Schule, ins Flugzeug gesprungen, hätten ein ausgefülltes Wochenende in Kalifornien genossen und wären am Samstagabend, müde, aber zufrieden, zurückgekehrt. Hätten wir in der Gegenwart gelebt statt mit dem Geld von heute die Sachen zu bezahlen, die wir in der Vergangenheit gekauft hatten, hätten wir diese preiswerte Gelegenheit, nach Kalifornien zu kommen, nutzen können. Schließlich begann ich mein Verhaltensmuster zu erkennen, und ich haßte, was ich sah. Wir lebten von einer Gehaltszahlung zur anderen, kamen kaum über die Runden, und gerieten immer tiefer in Schulden. Ich wollte der Falle entfliehen, und ich wollte Geld auf dem Konto haben. Geld, das mir gehörte (und nicht von MasterCard, Kaufhäusern, der Bank, Verwandten oder Versicherungsgesellschaften geliehen war). Schließlich begann ich von innen heraus zu handeln. Endlich hatte ich mir die richtige Frage gestellt: »Auf was möchte ich meine Energie wirklich richten?« Auf keinen Fall auf den endlosen Teufelskreis von Arbeit, Rechnungen, Arbeit, Rechnungen. Mehr noch, als keine Schulden mehr zu haben, wünschte ich mir, glücklich zu sein und mich *jetzt* am Leben zu erfreuen.

Was ich wirklich wollte, war die Freiheit der Wahl. Die Möglichkeit, die Kurse zu besuchen, die Reisen zu machen, ja, alles zu verwirklichen, was ich bis jetzt zurückgestellt hatte. Ich wollte die Wahlmöglichkeiten, die man mit Geld automatisch hat.

Die Erkenntnis dessen, was ich mir wirklich wünschte, half mir zu verstehen, was als nächstes getan werden mußte. Meine Ziele motivierten mich zum Handeln. Ich war entschlossen, mir ein Methode auszudenken, mit deren Hilfe ich Geld für etwas sparen konnte, das mir wichtig war.

Wieder einmal ist die Wahl der Schlüssel. Offensichtlich funktionierte das, was ich in den letzten zehn Jahren getan hatte, nicht, und es war an der Zeit, neue, andere Entscheidungen zu treffen. Ich lieh mir in der Bücherei Bücher über Finanzfragen aus und besuchte Geld- und Investment-Workshops.

Auf einem dieser Geld-Workshops bat die Leiterin um einen Freiwilligen. Ich meldete mich. »Wie alt sind Sie?« fragte sie. »Zweiunddreißig«, antwortete ich. Sie nahm ein Maßband, markierte die Entfernung zwischen Null und Zweiunddreißig mit den Händen und sagte: »Carol, wenn Sie in der zweiten Hälfte Ihres Lebens (sie zeigte die Entfernung von zweiunddreißig bis vierundsechzig) in Geldangelegenheiten genau so weitermachen wie in der ersten Hälfte, wie wohlhabend werden Sie dann sein?«

Ich mußte schlucken. Ich war verblüfft und bekam einen roten Kopf. Plötzlich verstand ich: Wenn ich mit 32 Jahren 5 Dollar gespart habe, werde ich mit 64 Jahren 10 Dollar besitzen! Und wenn ich heute 5000 Dollar Schulden habe, werden sich die Gesamtschulden an meinem vierundsechzigsten Geburtstag auf 10 000 Dollar belaufen. Klingt gar nicht gut.

Ich war erschüttert, als ich sah, wohin meine Entscheidungen führten. Mir wurde klar, daß, wenn ich es jetzt nicht schaffte, Geld zurückzulegen, ich es niemals schaffen würde. Wenn ich nicht einmal ein wenig Geld sparen konnte, während meine Kinder noch Windeln und billige Sachen trugen, wie konnte ich dann glauben, daß es später, wenn sie das Teenageralter erreicht hatten, leichter sein würde, Geld zurückzulegen! (Übrigens sind meine beiden Jungen jetzt im Teenageralter und allein schon die Beträge, die wir für Lebensmittel ausgeben, sind astronomisch!) Die Erfahrung mit dem Maßband rüttelte mich auf und schickte mich auf den Boden der Realität. Zuerst war ich geschockt, wie gelähmt, dann dankbar. Diese Erfahrung stellte genau den Anstoß dar, den ich brauchte, um endlich einen Blick auf meine Methode der Geldverwaltung zu werfen und zuzugeben, daß sie nicht funktioniert.

Ich berichte Ihnen von all den Jahren, die ich der Tilgung meiner Schulden widmete und in denen ich kein Geld sparte, um Sie wissen zu lassen, daß ich verstehe, welche Macht die Schulden über uns haben. Sie sollen wissen, daß ich Ihnen in diesem Buch keine theoretischen Ideen oder undurchführbaren Vorschläge auftische, sondern Ihnen einfache, praktische Ratschläge gebe, die funktionieren. Wichtig ist, sich stets daran zu erinnern, daß es beim Geldmanagement nicht um Budgets oder Prozentsätze geht. Es geht vor allem um das, was wir uns wünschen. Sobald wir die Herrschaft über unsere Wünsche und Träume haben, spüren wir die Entschlußkraft. Wenn unser Herz bei dem Gedanken an das, was wir tun, sich emporschwingt, wissen wir, daß wir auf dem richtigen Weg sind – wir sind energiegeladen, engagiert und begierig darauf, Zeit und Liebe auf die Erfüllung unseres Traumes zu verwenden.

Wir bekommen unsere Situation in den Griff, wenn wir

zugeben, daß das, was wir bislang getan haben, nicht funktioniert. Ich gestand es mir schließlich ein, als ich von den herabgesetzten Flugpreisen hörte, und sagte mir, daß ich das Geld haben würde, wenn sich das nächste Mal eine derartige Gelegenheit bot.

Ich überlegte: »Wenn ich auf meine Rechnungen nur den Mindestbetrag zahle, wird mir mehr Geld zur Verfügung stehen. Wenn mir mehr Geld zur Verfügung steht, werde ich das, was ich brauche, bar bezahlen können, statt meine Kreditkarten zu benutzen. Und wenn ich weniger Geld überweise, kann ich einen Teil sparen.« Meine Aufmerksamkeit verlagerte sich, und die Schulden lockerten ihren Griff.

Das Leben auf Kredit
fesselt uns an die Vergangenheit

Wenn wir eine Zahlung auf eine Kreditkartenrechnung leisten, überweisen wir Geld, um heute Dinge zu bezahlen, die wir in der Vergangenheit kauften. Schlimmer noch – die Benutzung unserer Kreditkarten fesselt uns. Zuerst kommt die Rechnung, dann das Leben. Solange wir Kredite nutzen, entscheiden wir uns gegen das Leben.

Betrachten wir die seltsame Kreditkarten-Logik einmal genauer: Wenn mir heute das Geld für den Kauf eines bestimmten Artikels fehlt, wie komme ich dann auf die Idee, von meinem nächsten Gehalt würde Geld übrigbleiben – und zwar genug, um die laufenden Kosten *und* die in der Vergangenheit gemachten Schulden zu bezahlen? Für mich war der ganze Kreditkarten-Trip ein Spiel, und der einzige, den ich bei diesem Spiel hereinlegte, war ich selbst.

»Früher dachte ich immer, ich müßte den doppelten Mindestbetrag zahlen – und dann hatte ich kein Geld mehr«, erklärte Mary Ann. »Ich fragte mich, weshalb ich immer pleite war und immer noch den gleichen Betrag schuldete. Es war ein Teufelskreis. Als ich anfing, die Mindestbeträge zu bezahlen, brauchte ich zwei Monate, bis ich damit aufhören konnte, die Karte zu benutzen. Es war eine sehr große Veränderung für mich. Ich mache es immer noch. Aber ich bin nicht mehr panisch bestrebt, meine Schulden zu bezahlen. Ich mache Pläne, und ich habe das Gefühl, mehr Kontrolle zu besitzen. Ich kann es nicht glauben. Ich habe wirklich Geld auf der Bank. Was für eine seltsame Vorstellung!«

Bonnie schrieb: »Vor acht Monaten hörten wir auf, unsere Kreditkarten zu benutzen. Wie ich feststellte, führte diese Entscheidung dazu, daß ich mir Gedanken darüber mache, wofür ich mein schwer verdientes Geld ausgeben möchte, und nicht bloß aus einem Impuls heraus handle. Was zur Folge hat, daß unsere Kreditkartenschulden geringer geworden sind. Und ich habe auch nicht mehr dieses starke Schuldbewußtsein, das jedesmal auftauchte, wenn ich eine Kreditkarte benutzte und die angelaufenen Schulden noch vergrößerte. Geld auszugeben macht jetzt Spaß, weil ich keine Schuldgefühle mehr habe.«

Erwähnen muß ich noch, daß in unserer heutigen Gesellschaft der Besitz einer Kreditkarte bequem, praktisch und manchmal fast lebensnotwendig ist. Haben Sie zum Beispiel schon einmal versucht, einen Wagen ohne Kreditkarte zu mieten? Aber es ist nicht unbedingt notwendig, die Karte bei normalen Käufen zu benutzen.

Sollten Sie Kreditkarten mit sich herumtragen? Wenn ja, wie viele? Und welche? Soll man sie benutzen? Denken Sie daran: Es gibt kein »du solltest« oder »du mußt«. Wir werden uns einer neuen Quelle zuwenden, um eine Antwort auf all diese Fragen zu erhalten. Wir werden uns an die einzige Person wenden, die Bescheid weiß – an Sie. Wichtig ist, daß wir absolut ehrlich sind und herausfinden, was bei uns funktioniert und was nicht. Es spielt keine Rolle, was bei anderen funktionieren mag – finden Sie heraus, was bei Ihnen funktioniert.

Zu Beginn meines Kampfes mit dem Kreditkartenproblem mußte ich noch, bevor ich das Haus verließ, die Karten aus der Brieftasche nehmen, um nicht in Versuchung geführt zu werden. (Hier einige gute Vorschläge, die ich im Laufe der Jahre hörte: die Kreditkarten im entferntesten Winkel des Dachgeschosses, unter der Isolierung, verstecken; ein ungefähr ein Meter tiefes Loch in den Rasen hinterm Haus graben und sie hineinschmeißen; sie in eine Wasserschüssel werfen und dann einfrieren. Und wenn Sie Ihre Kreditkarte wirklich einmal brauchen, um in ein Flugzeug zu steigen, weil Sie jemandem nahe sein möchten, den sie lieben, können Sie die Karte wieder hervorholen, ausgraben oder auftauen.) Heute könnte ich alle Kreditkarten mit mir herumschleppen, ohne Gefahr zu laufen, denn ich habe den Entschluß gefaßt, sie nicht zu benutzen. Ich habe mich in die Freiheit und das gelöste Gefühl der Kontrolle verliebt, das sich einstellt, weil ich vorausplane und nicht mehr auf Kredit kaufe.

Nur Sie allein wissen, was zu tun ist. Viele Menschen haben zugegeben, daß eine Brieftasche ohne Kreditkarten sie nicht behindert. Wenn Sie die perfekte Krawatte (oder Traumbluse) gefunden haben, erklären Sie der Verkäuferin: »Tut mir leid, ich habe meine Kreditkarte nicht dabei.« »Kein Problem, Mr. Smith, wir haben die Daten im Computer.« Also gehen Sie in sich. Tun Sie, was Sie tun müssen, um Ihren Erfolg sicherzustellen. Aber zuerst sollten Sie sich die Zeit nehmen herauszufinden, was Sie wirklich wollen.

Denken Sie daran, daß Geld ein emotionelles Problem darstellt, daß es mit Gefühlen befrachtet ist. Tony schrieb: »War ich deprimiert, benutzte ich meine Karten dazu, mich aufzuheitern; mit dem Ergebnis, daß es mir hinterher noch schlechter ging als vorher.« Fast jeder Schritt, den wir machen (sei er groß oder klein) basiert darauf, wie wir uns fühlen – wie wir leben, was wir essen, welche Kleidung wir tragen, um nur einige Punkte aufzuführen. Und jede einzelne diese emotionalen Entscheidungen beeinflußt letzten Endes den Inhalt unserer Brieftasche.

Und genau wegen dieser Gefühle funktioniert meine Methode der Geldverwaltung. Dadurch, daß nur der Mindestbetrag bezahlt wird, kommen die Gefühle in Fahrt. Wir agieren statt zu re-agieren. Wir werfen die Rechnungen auf den Rücksitz und sagen: »Aus dem Weg! Ich muß Orte sehen, Leute besuchen, Sachen machen, und – ehrlich gesagt – behindert ihr mich dabei! Ich bin es leid, daß ihr mich ständig herunterzieht, euch vordrängt und mich draußen warten laßt. Mir ist klar, daß ihr zum Leben gehört, aber ihr spielt nicht mehr die Hauptrolle. Ich bin hier der Verantwortliche. Von jetzt habe ich das Steuer in der Hand.«

»Nun«, werden Sie vielleicht sagen, »ich schätze, Ihre Idee ist nicht völlig verrückt, aber sie ist garantiert nichts für mich.« Weshalb sagen wir das? Weshalb lehnen wir eine Idee ab, die einfach und lustig ist und erwiesenermaßen funktioniert, ohne sie auch nur in Erwägung zu ziehen? Weshalb? Weil sie unvertraut ist. Sobald wir fremdes Terrain betreten, zögern wir, sind wir auf der Hut, stellen Fragen, lehnen ab und werden skeptisch. Wenn ich in meinen Workshops das Thema: »Bezahlen Sie den Mindestbetrag« anschneide, kann ich die starken Reaktionen darauf im ganzen Raum sehen, spüren und hören. Bei einem dieser Workshops meldete sich Grant: »In der alten Methode steckt einiges an Beharrungsvermögen. Sie ist zwar nicht brauchbar, aber bequem und tröstlich.«

Genau. Nun, dann wollen wir einmal über den Trost des Vertrauten sprechen. Jeden Monat bemühte ich mich, meine Schulden loszuwerden, mit dem Erfolg, daß sie im nächsten Monat noch höher waren. Dave drückte es so aus: »Nun, meine jetzige Methode hat nicht funktioniert. Weshalb sollte ich also Carols Idee nicht wenigstes ausprobieren?«

Machen Sie den Test, versuchen Sie es: Zahlen Sie in den nächsten sechs Monaten den Mindestbetrag auf ihre Kreditkartenrechnungen und erleben Sie, wie und weshalb die Methode so gut funktioniert. Sie werden überrascht und erfreut sein, wie sehr sie Ihnen hilft, der Versuchung, auf Kredit zu kaufen, zu widerstehen. Nach dem Test können Sie dann entscheiden, wie gut die Methode bei Ihnen funktioniert.

Die »Zahlen-Sie-den-Mindestbetrag«-Idee ist entscheidend. Wenn Sie sich wagen, die neue Methode zu erkunden, sie anzuwenden, werden Sie unglaublichen Nutzen daraus ziehen. Versuchen Sie es. Später werden Sie wirklich froh sein, es getan zu haben.

Was bei mir nicht funktionierte

Zuerst möchte ich Ihnen mitteilen, welche Methoden in Sachen Geld bei mir nicht funktionierten. Dann werde ich Ihnen zeigen, was funktioniert, und die Gründe dafür aufzeigen. Und schließlich werde ich jede Frage beantworten, die Ihnen einfallen könnte.

Jeden Monat saß ich vor meinem Schuldenberg, und jeden Monat geschah das gleiche. Ich öffnete den Brief des Kreditkartenunternehmens und warf einen Blick auf die Gesamtschuld – sagen wir, 800 Dollar. Ich haßte es, jemandem 800 Dollar zu schulden. Ich wollte die Rechnung loswerden. Also überlegte ich hin und her, wo ich etwas sparen konnte, um mit dem gesparten Geld diese schreckliche Rechnung zu bezahlen. Ich sagte mir: »Wenn wir kürzer treten, nur noch Suppe und Reis essen, haben wir diese Schulden im Handumdrehen abbezahlt.« Dann schrieb ich einen Scheck über 100 Dollar aus, und dachte bei mir: »Super! In ungefähr sieben Monaten ist die Rechnung bezahlt.« Ich stellte mir folgendes vor:

Kreditkartenrechnung	= 800 Dollar
Meine Zahlung	= 100 Dollar
Restschuld	= 700 Dollar

Ich frohlockte innerlich: »In ungefähr sieben Monaten habe ich keine Kreditschulden mehr!« Ich war dabei, meine Schulden abzubezahlen. Wirklich? Was stimmte mit meinem ausgezeichneten Plan nicht? Wie kommt es, daß wir zehn Jahre später nicht nur immer noch Kreditschulden haben, sondern daß sie noch höher sind als früher? Die Antwort:

1. Weil wir das Geld brauchten. Wir waren vier Personen, die von einem Lehrereinkommen lebten. Ich hatte gerade einen Scheck über 100 Dollar zur Abzahlung der Kreditschulden ausgeschrieben; Geld, von dem wir uns in diesem Monat nichts kaufen konnten. Hundert Dollar, die für etwas zum Fenster hinausflogen, das wir früher gekauft hatten. Wir brauchten das Geld, um zu leben – und ich hatte es gerade dem Kreditkartenunternehmen geschenkt.

2. Weil wir immer noch unsere Kreditkarten benutzten. Da ich 100 Dollar genommen, aber »nichts« damit gekauft hatte, waren wir um den 20. oder garantiert um den 25. des Monats pleite. Um über die Runden zu kommen, um Zahnpasta, Batterien, Seife, Benzin für den Wagen zu kaufen, mußten wir unsere Kreditkarten benutzen. Da meine großzügige Zahlung mir das Gefühl gab, die Gesamtschuld würde sich verringern, fiel es mir leicht, die Karte herauszuziehen und sie zu benutzen. Ich sagte mir: »Ein paar kleine Belastungen werden keinen großen Schaden anrichten.« Und dieses Verhalten wiederholte ich Monat für Monat, Jahr um Jahr. Während ich mich der Aufgabe widmete, die Schulden zu tilgen, wurde der

Schuldenberg immer größer, und über Schulden und Geldmangel deprimiert zu sein, war normal.

Das Problem bei meiner »Tilge-die-Schulden-so-schnell-du-kannst«-Methode bestand darin, daß die Schulden im nächsten Monat nicht um 100 Dollar gesunken waren, wie ich es mir vorgestellt hatte, sondern gewöhnlich noch höher waren als im vorangegangenen Monat.

Nächster Monat: Kreditkarten-Rechnung = 933,27 Dollar

Statt auf 700 Dollar zu sinken, war die Gesamtschuld auf über 900 Dollar angestiegen. Dieses Spiel spielte ich Monat für Monat. Und in der Zwischenzeit stieg die Gesamtschuld. Meine »Haurucklösung«, die Schulden loszuwerden, funktionierte nicht.

Was nicht funktioniert

Das war mein Verhaltensmuster:

❖ Ich zahlte mehr Geld ein, um die Schulden zu verringern, als wir erübrigen konnten.
❖ Ich tat nichts auf ein Notfallkonto.
❖ Bereits nach wenigen Wochen war kein Geld mehr da.
❖ Wir mußten unsere Kreditkarten benutzen, um Deodorant, Briefumschläge, Toilettenpapier etc. zu kaufen und bis zum nächsten Gehalt über die Runden zu kommen.
❖ Und so ging es zehn Jahre lang, Monat für Monat …

hohe Beträge zurückzahlen, um die Schulden zu tilgen, kein Geld mehr haben, auf Kreditkarten kaufen …

Diese Methode funktioniert nicht.

Was funktioniert

Zahlen Sie den Mindestbetrag
(und hören Sie auf, die Kreditkarten zu benutzen)
Damals wußte ich es noch nicht, aber durch diese einfache Entscheidung wurde eine unglaubliche Kettenreaktion in Gang gesetzt, die bewirkte, daß Geld aufs Konto kam, ich von den Schulden befreit wurde und meine Träume verwirklichen konnte.
Jetzt warf ich bei jeder neuen Kreditkartenrechnung einen Blick auf den »Mindestbetrag«, schaute mir den lächerlich kleinen, empfohlenen Betrag an, betrachtete die Gesamtsumme und holte tief Luft. Vorübergehend starr vor Angst, mußte ich nicht nur gegen die Vorstellung, daß ich die Rechnungssumme niemals würde tilgen können, sowie den Drang, ein Überweisungsformular über einen größeren Betrag auszufüllen, angehen, sondern auch gegen den Zwang, Geld fortzugeben, daß wir zum Leben brauchten – und zwar jetzt.
Sanft erinnerte ich mich an die Wahrheit. Getilgte Schulden waren nicht mit Glück gleichzusetzen. Glück bedeutet, die Kontrolle über mein Geld und einen Plan zu haben, mit dessen Hilfe ich meine Träume und Ziele verwirklichen kann.

Dann zwang ich mich, eine Überweisung über den Mindestbetrag auszuschreiben. Ja, ich zwang mich. Jeden Monat
mußte ich darum kämpfen, die altvertraute Stimme zu
überwinden, die mir einzureden versuchte, die Schulden
durch größere Zahlungen zu verringern, als wir uns leisten
konnten.

Doch sobald ich mich hinsetzte, um die Rechnungen zu
bezahlen, schien sich die neu erworbene Perspektive in Luft
aufzulösen. Ich vergaß die täglichen unangenehmen Überraschungen, die unvorhergesehenen Notfälle und unseren
Mangel an Ersparnissen. Ich leugnete die Tatsache, daß wir
jeden Pfennig brauchten, um bis zum Monatsende über die
Runden zu kommen. Mein Verstand, der noch immer der
lächerlichen Vorstellung anhing, keine Schulden zu haben,
bedeute Freude und Erfüllung, versuchte mich dahin zu
bringen, mit dem Geld, das wir für unsere Lebensmittel und
andere Lebensbedürfnisse brauchten, die Schulden abzutra-
gen. Aber mein neues Ich fiel nicht darauf herein. Ich
bezahlte nur den Mindestbetrag.

Das war keine leichte Entscheidung. Es war neu. Unvertraut. Aber ich habe es getan. Statt von unserem niedrig
bestückten Girokonto 100 Dollar zu überweisen, zahlte ich
den empfohlenen Mindestbetrag von 22 Dollar. Dadurch
bleiben uns 78 Dollar mehr zum Leben; Geld, mit dem wir
Scheibenwischerblätter, Waschpulver und Lebensmittel
kaufen konnten. Doch das beste dabei war, daß wir uns jetzt
zuerst bezahlen konnten. Und mit 78 Dollar mehr auf dem
Konto wurde es wahrscheinlicher, daß wir nicht auf die
Karte zurückgreifen mußten.

Offensichtlich besteht die einzige Möglichkeit, daß diese

Methode funktioniert, darin, die Karte nicht mehr zu benutzen. Anfangs hatte ich den grandiosen Plan, nie wieder eine Kreditkarte zu benutzen. Nun, das mochte sich in der Theorie großartig anhören, aber in der Praxis ist es nicht so leicht zu verwirklichen.

Monat für Monat hatte ich alles getan, um zu verhindern, daß wir auf die Kreditkarten zurückgriffen. Und was früher nie funktioniert hatte, funktionierte diesmal tatsächlich. Weshalb? Weil ich diesmal einen Anreiz und ein Motiv hatte. Diesmal sparte ich, um mir meine Träume und Wünsche zu erfüllen. Und sie wurden wahr. Ich veränderte mein Verhalten nicht, weil ich es sollte (eine Schuldgefühle auslösende Stimme von außen), sondern weil ich es wollte (und auf meine innere Stimme hörte). Und wenn das Geld knapp wurde, kaufte ich auf Kredit, aber mit weit weniger Schuldgefühlen. Jetzt war ich zufrieden, weil ich wußte, daß sich auf dem Konto immer mehr Geld ansammeln würde, und ich dabei war, den Teufelskreis der Kreditkarten-Abhängigkeit zu durchbrechen. Ich war entschlossen, mich von dem Gefühl der Hilflosigkeit zu befreien, von dem Gefühl, bei meinen Käufen auf die Gnade eines »Darlehens« von VISA, SEARS, Mastercard oder von einem anderen Kreditor angewiesen zu sein. Ich wollte heraus aus der KreditkartenFalle. Neu und aufregend für mich war, daß ich gar nicht den Wunsch verspürte, die Kreditkarten zu benutzen. Was ich mir wünschte, wirklich wünschte, waren die Alternativen, die ich haben würde, wenn ich eigenes Geld besäße. Ich wünschte mir die Freiheit und das Gefühl der Kontrolle, das sich einstellt, wenn man Geld hat. Ich wurde immer kreativer und traf immer mehr Entscheidungen in Geldan gelegenheiten. Ich war entschlossen, so weit zu kommen, daß ich keine Kreditkarten mehr benutzen mußte.

Es ist leichter, über Kreditkarten-Entwöhnung zu sprechen, als es zu tun. Wenn man daran gewöhnt ist, mehr Geld auszugeben als man verdient (wie ich es war), dauert es eine Weile (und verbraucht einige Energie), bis man seine Gewohnheiten geändert hat. Der Schlüssel zur Veränderung ist das Wissen um die *Alternativen,* die uns zur Verfügung stehen. Es ist erstaunlich, wie vieles ich aus reiner Gewohnheit oder einem Reflex heraus kaufte, bestellte und tat; Dinge, die mich weder wirklich befriedigten, noch meine Lebensqualität merklich vergrößerten.

Und was geschieht mit all den Dingen, die wir uns wünschen, aber nicht leisten können? Was können wir gegen das Gefühl tun, daß uns etwas entgeht? Nun, wir können es wie meine Freundin Janet und ihr Mann machen. Sie raten: »Schreiben Sie Ihre Wünsche auf eine Liste. Wir wissen, daß wir nicht alles haben können, also stehen die Dinge, die wir uns wirklich wünschen, auf ›der Liste‹, wo sie zwar nach Prioritäten geordnet, aber nicht wieder gestrichen werden.«

Während ich mich immer stärker auf meine Ziele konzentrierte, wie beispielsweise einen Familienausflug zum Haus meiner Urgroßmutter und nach Disneyland, zollte ich den Dingen, für die ich mein Geld ausgab, mehr Beachtung. Ein Zeitschriften-Abonnement würde erneuert werden müssen. Ich stand vor der Frage, ob ich das Geld für eine Reise oder eine Übernachtung ohne Schuldgefühle behalten oder ob ich das Magazin wirklich haben wollte. Ich begann *jeden* Kauf als eine Entscheidung zu betrachten. Dieses Bewußtsein verstärkte meine Energie und die Fähigkeit, zu handeln – mich für das zu entscheiden, was ich wirklich wollte. Meine neuen Entscheidungen führten dazu, daß ich keinen wertlosen Tand mehr kaufte und mehr Geld auf dem Konto hatte. Durch dieses Geld kamen wir jetzt besser über die Runden, ohne auf Kredit kaufen zu müssen. Und schließlich hörten wir ganz auf, die Karten zu benutzen.

Alan Cohen erklärt in seinem Buch *The Dragon Doesn't Live Here Anymore (Der Drache lebt nicht mehr hier)*, was sein Freund die »magischen zehn Prozent« nennt. Das sind jene »zehn Prozent mehr, die uns, wenn wir sie hätten, wirklich zufriedenstellen würden … das einzige Problem ist nur, daß es immer zehn Prozent *mehr* sind als das, was wir haben – ganz gleich, wieviel wir haben!« Denken Sie einmal darüber nach. Was gehörte Ihnen jetzt, obwohl es vor ein paar Jahren noch nicht einmal auf dem Markt war? Videorecorder? Whirlpool? CD-Player? Videokamera? Laptop-Computer? Und so weiter, und so weiter. Jeden Tag tauchen neue Ideen, neue Erfindungen auf. Und wenn wir uns nicht auf das konzentrieren, was wir wirklich wollen, haben wir im Handumdrehen den letzten Modeschrei gekauft oder einen Urlaub im neuesten Urlaubsparadies gebucht. Und das Musikinstrument, der Urlaub oder die vorzeitige Pensionierung, die Verwirklichung jener Träume, die wir ein Leben lang träumten, muß verschoben werden, weil wir kein Geld mehr haben.

Wenn wir unsere Ziele aktiv verfolgen, haben wir einen Grund, klügere Entscheidungen zu treffen – und wir tun es. Erstaunlich ist, daß wir durchweg weisere Entscheidungen treffen. Sehr oft hörte ich: »Mein ganzes Leben hat sich verändert! Besonders die Art, wie ich meine Zeit verbringe. Ich nehme mir immer mehr Zeit für Dinge, die ich gern mache.«

Kopf hoch, auch wenn es so aussehen mag, als würden Sie für immer in der Kreditfalle sitzen. Öffnen Sie die Augen und sehen Sie, wie viele Alternativen Sie in jeder Sekunde des Tages haben. Kleben Sie ein Schild auf Ihre Dream-Box und werfen Sie Ihr Geld hinein. Wenn Sie erst einmal einen Felsbrocken über den Klippenrand gerollt haben, gibt es kein Halten mehr – wenn Sie erst einmal anfangen haben, kann niemand Sie aufhalten!

»Aber, aber, aber …«, sagen Sie.

»Und was ist mit den achtzehn oder zweiundzwanzig Prozent Zinsen, die ich dann zahle?«

Genau das habe ich die ganzen Jahre auch gedacht. Und wissen Sie, was bei dem zehnjährigen Versuch, durch höhere Rückzahlungsbeträge die Schulden abzubauen und so hohe Zinsen zu vermeiden, herausgekommen ist? Wollen Sie wissen, wieviel ich wirklich dadurch sparte, wieviel Geld ich auf der Bank hatte? Null. *Nada*. Nichts. Durch die »Hauruck-und-vermeide-den-hohen-Zinssatz«-Methode habe ich nicht einen Penny gespart. Wieder einmal greift die von Finanzexperten verkündete Theorie im wirklichen Leben nicht. Wir sparen kein Geld, wenn wir es nicht wirklich sparen. Gespartes Geld heißt, reales Geld in der Hand oder auf dem Sparkonto. (Wenn Ihre Kreditkartengesellschaft Ihr Konto mit 21% belastet, sollten Sie ein paar Telefonanrufe tätigen und zu einer Gesellschaft überwechseln, die nur 5% bis 12% nimmt).

Denken Sie daran: Von Bedeutung ist nur, was funktioniert.

Wenn Sie es leid sind, kein Geld auf der Bank zu haben, wenn Sie es leid sind, von Schulden erdrückt zu werden, dann tun Sie etwas dagegen. Packen Sie die Gelegenheit beim Schopf, legen Sie ein Markstück hier, einen Fünfer da zurück – für sich.

Eines Abends, in einem Workshop – die übrigen Teilnehmer standen dem ganzen »Bezahle-den-Mindestbetrag«-Konzept ablehnend und kritisch gegenüber – berichtete Dan, was er zwischen den Workshops getan hatte: »Ich saß herum und bemitleidete mich selbst – bezahlte meine am Ende des Monats fällig werdenden Rechnungen – aber auf die Kreditkartenrechnungen nur den Mindestbetrag. Dabei hatte ich ein gutes und ein unangenehmes Gefühl. Letzteres wegen der hohen Zinsen und der Vorstellung, daß ich diese Schulden niemals loswerden würde.«

Ist Ihnen aufgefallen, daß Dan zwar erwähnte, er hätte sich dabei gut und schlecht gefühlt, sich dann jedoch mit dem Gefühl auseinandersetzte, das ihm vertrauter war, dem unangenehmen? Um sich mit den guten Gefühlen vertrauter zu machen, lassen Sie uns einen Blick auf all die positiven Auswirkungen von Dans Entscheidung werfen, den Mindestbetrag zu zahlen. Es folgen einige der zahllosen Vorteile, die es mit sich bringt, wenn Sie Ihre Abschlagszahlungen auf den Mindestbetrag senken.

Zehn entscheidende Vorteile, wenn Sie den Mindestbetrag auf Kreditschulden bezahlen

1. **»Es bleibt mehr Geld für mich übrig«** war Dans Antwort auf meine Frage, weshalb er bei seiner Entscheidung, nur den Mindestbetrag zu zahlen, ein gutes

Gefühl hatte. Genau. Das ist *der* Grund, weshalb wir nur den Mindestbetrag zahlen sollten – damit mehr Geld für uns übrigbleibt. Geld zu haben, bedeutet, die Wahl zu haben. Geld zu haben ist die einzige Möglichkeit, der Kreditfalle zu entkommen.

2. **Wir durchbrechen den Teufelskreis.** Wir treffen die mutige Entscheidung, uns vom Bequemen, Vertrauten abzuwenden und ins dunkle, unbekannte Wasser zu springen, indem wir nur den Mindestbetrag bezahlen.

Ob wir es zugeben oder nicht – unbewußt sind wir in Verhaltensmustern gefangen. Ich erinnere mich noch an Mr. Beasley, der mich in der sechsten Klasse unterrichtete. Er fragte uns, ob uns schon einmal aufgefallen sei, daß wir immer denselben Schuh immer zuerst anziehen. Ich war sicher, daß er unrecht hatte. Ich hob die Hand und erklärte, ich würde immer den Schuh anziehen, der am nächsten stand. Er lächelte und sagte, wir sollten es zu Hause selbst herausfinden. Verdammt. (Ich ziehe tatsächlich immer den linken Schuh zuerst an!) Nun, tatsächlich sind unsere Verhaltensweisen unbewußt und tief verwurzelt. Selbst, wenn sie nicht funktionieren, behalten wir sie bei, weil sie uns den Trost des Vertrauten bieten.

Den Teufelskreis, in dem man gerät, wenn man die Schulden so schnell wie möglich tilgen möchte, zu durchbrechen, stellt einen bedeutenden Schritt dar. Wir schwimmen gegen den Strom; stellen uns gegen das, was alle Fachleute sagen, was Eltern, Partner und Freunde uns raten. Zweifellos ist es ein Grund zu feiern, wenn Sie das erste Mal die schwere Entscheidung fällen, nur den Mindestbetrag zu bezahlen (aber auch alle weiteren Male!) Wir applaudierten Dan.

Dan fuhr fort: »Ich wollte Sie noch wissen lassen, daß ich wirklich versucht habe, negativ zu sein. Ich sagte mir immer wieder: ›Das ist nichts für dich; du hast viel zu sehr überzogen.‹ Aber der positive Teil war da. Ich legte mir sogar eine Liste auf den Schreibtisch, auf der stand: ›Ich weiß, daß ich eine billigere Autoversicherung bekommen kann. Wetten, daß ich eine günstigere Krankenversicherung bekomme, und daß ich den Zinssatz meiner Kreditkarte senken kann, indem ich zu einer anderen Gesellschaft überwechsle.‹«

3. **Eine positive Entscheidung erzeugt positive Energie.** Die Entscheidung, nur den Mindestbetrag zu zahlen, bedeutet, daß wir die Verantwortung für unser Geld und unser Leben übernehmen. Unser erster Schritt schafft Hoffnung – ein erhebendes, positives Gefühl.

4. **Wir erkennen neue Alternativen.** Wenn wir in einem Lebensbereich neue Alternativen sehen, überträgt sich das auf all unsere Lebensbereiche – wie beim Domino-Effekt.

5. **Die positive Entscheidung, Verantwortung für unser Geld und unser Leben zu übernehmen, beseitigt viele der negativen Gefühle, die wir in bezug auf Geld haben.** »Ich hatte mein Leben lang den Eindruck, daß Rechnungen zu bezahlen vor allem keinen Spaß machen sollte, genausowenig, wie zur Arbeit zu gehen«, sagte Sharon. »Ich bin mit dem Mythos aufgewachsen, das Leben solle keinen Spaß machen. Es sei besser, wenn es schmerzt, und wenn es sich unangenehm anfühlt, muß

es in Ordnung sein. Ich begann mich an einiges von dem zu erinnern, was meine Eltern mit ihrem Geld anstellten, als ich noch ein Kind war. Ich lernte nur durch das, was sie mir sagten – oder nicht sagten.«

Jetzt ist der richtige Zeitpunkt gekommen, einmal nachzuprüfen, was wir in den vergangenen Jahren getan haben, und vielleicht zum ersten Mal im Leben unsere eigene Methode des Umgangs mit dem Geld einzusetzen. Von dem Moment an, in dem wir uns zuerst bezahlen, macht das Schuldentilgen Spaß. Plötzlich gibt es einen positiven, aufmunternden Grund, zur Arbeit zu gehen, denn Arbeit bedeutet Geldverdienen, und Geldverdienen bedeutet, Träume zu verwirklichen.

6. **Wir übernehmen die Kontrolle.** Wenn wir die Treffer verkünden, die *wir* in unserem Leben gemacht haben, verbessert sich unserer Selbstwertgefühl, und wir sehen strahlender aus. Dadurch, daß wir aufhören, den Ball auf das Feld eines anderen zu werfen; daß wir sagen: »Ich werde mich selbst darum kümmern« und den Ball in unserem Feld halten, erzeugen wir ein Gefühl der Stärke, der Unabhängigkeit und sind stolz auf uns. »Die meiste Zeit über warten wir auf einen Ritter in schimmernder Rüstung«, sagte Grant. »Bei dieser Methode des Geldmanagements lösen wir unser Problem durch Alternativen, die wir uns selbst bieten. Das Konzept, sich selbst zu retten, unterscheidet sich grundlegend von anderen.« Sharon fügte hinzu: »Wenn ich Verantwortung für mich übernehme, besitze ich die Energie und die Kenntnis, um Verantwortung für andere zu übernehmen.«

7. **Die Zahlung des Mindestbetrags hält uns davon ab,**

unsere Kreditkarten zu benutzen. Lance drückte es sehr gut aus: »Es hat den Anschein, als ob man, wenn man nur die Mindestbeträge von zehn oder zwanzig Dollar zahlt, mehr Skrupel hätte, die Kreditkarte zu benutzen. Man weiß genau, daß man die Schulden niemals los wird, wenn man weiterhin die Karte benutzt. Als man den Kreditkartenunternehmen noch Beträge über 100 Dollar oder 200 Dollar schickten, machte es einem nichts aus, die Kreditkarte zu benutzen, da man der Meinung war, man würde die Schulden tilgen.«

8. **Wir verlagern unsere Energie auf die Gegenwart.** Wenn wir aufhören, auf Kredit zu kaufen und nur den Mindestbetrag auf unsere Kreditschulden zurückzahlen, leben wir in der Gegenwart. Wir verfügen über frischgewonnene Energie, mit deren Hilfe wir unsere Träume verwirklichen können.

9. **Wir haben die Schuldgefühle beseitigt.** Was, keine Schuldgefühle mehr? Kein Gefühl, von unverhältnismäßig großen Verpflichtungen erdrückt zu werden? Nicht mehr von Schulden besessen sein? Was für ein Konzept! Was für ein willkommenes Gefühl der Unabhängigkeit!

10. **Wir haben neue Prioritäten auf der Basis dessen gesetzt, was wir uns wirklich wünschen.** Kreditkartenrechnungen sind den gewichtigen Status nicht wert, den ich ihnen all die Jahre zugebilligt habe. Sie sind es nicht wert, daß man ihretwegen den Gürtel (den eigenen oder die aller Familienmitglieder) enger schnallt. Sie sind es nicht wert, daß wir ihretwegen unsere Lebensqualität ruinieren, weil wir glauben, es ginge uns besser, wenn

sie bezahlt sind. Tatsache ist, daß eine bezahlte Rechnung nur vorübergehende Erleichterung bringt. Schon bald muß der Wagen repariert werden, die Miete steigt, oder die Kinder brauchen neue Schuhe. Rechnungen wird es immer geben. Wenn wir sie ins richtige Verhältnis rücken, können wir die freiwerdende Energie auf die Verwirklichung unserer Träume verwenden.

Prüfen Sie es nach: zehn bedeutende Vorteile als Folge einer Wahl, einer Handlung, einer Entscheidung – der Entscheidung, nur den Mindestbetrag auf unsere Kreditkartenrechnungen zu bezahlen.

Bei einem Workshop fragte Bobby: »Haben Sie nicht eine kleine Tabelle oder etwas anderes, in dem das, was Sie sagten, erklärt ist? Letzte Woche versuchte ich nach dem Seminar, meiner Frau das Konzept zu erklären. Aber sie hat es mir nicht abgekauft. Sie hat sich den Zinssatz und die hohe Rechnung angeschaut und gesagt, es ergäbe keinen Sinn, nur den Mindestbetrag zu bezahlen. »Sie hat recht«, sagte ich zu Bobby. »Es ergibt auch keinen Sinn. Es wäre so, als versuche man jemandem zu erklären, wie es ist, wenn man sich verliebt. Wir halten bei einem äußerst schwierigen und gefühlsbeladenen Thema, dem Geldmanagement, nach einer logischen, einfachen Lösung à la $2 + 2 = 4$ Ausschau.« (Später hörte sich Bobbys Frau Tonbänder an, die im Workshop aufgenommen wurden. Drei Monate später schrieb er mir folgendes: »Wir haben es bei allen unseren Konten so gehalten, und es scheint zu funktionieren. Heather hat sich darauf gestürzt, wie ein Fisch ins Wasser. Vielen, vielen Dank.«

Hier noch ein paar Anmerkungen für jene, die eine gemeinsame Kasse führen. Zwei Menschen bedeuten immer zwei Philosophien oder zwei verschiedene Verfahrensweisen im Umgang mit dem Geld. Vielleicht fragen Sie sich, ob überhaupt eine Veränderung möglich ist, wenn Ihr Partner dieses Buch nicht liest oder dem ganzen Konzept ablehnend gegenübersteht. Ja, es ist möglich. Mein früherer Mann akzeptierte diese Methode der Geldverwaltung nie. Im Laufe der Jahre hörte ich von anderen, was sie sich alles einfallen ließen, um an Geld zur Verwirklichung ihrer Träume zu kommen – selbst angesichts eines ablehnenden oder kontrollierenden Partners.

Wenn Ihr Partner dazu neigt, jeden verfügbaren Penny auszugeben, könnten Sie das Geld auf ein Pensionskonto einzahlen. Höchstwahrscheinlich wird er es nicht antasten, weil es ausdrücklich für die Pension bestimmt ist. Ein weiterer Grund könnte die Geldeinbuße sein, die man zu gegenwärtigen hat, wenn man das Geld vorzeitig abheben will. Bei mir war es so, daß ich keine Energie mehr darauf verschwendete, meinen Partner vom Geldausgeben abzuhalten, sondern sie darauf richtete, Möglichkeiten zu erkunden, Geld auf die Bank zu bekommen. Werfen Sie nicht gleich die Flinte ins Korn, nur weil Ihr Partner nicht mitmacht. Seien Sie kreativ, finden Sie eine Möglichkeit, mit dem Sparen anzufangen.

Dan fragte: »Aber ist es nicht schrecklich, einfach nur zuzusehen, wie der Partner die Kreditkartenschulden immer höher und höher treibt?« Für mich war es keineswegs schrecklich. Als ich noch vergeblich versuchte, die Geldausgaben meines Mannes zu kontrollieren, war meine Energie gebunden, und es geschah nichts Positives. Doch mit dem Sparen stellte sich das befriedigende Gefühl zunehmender Sicherheit ein. In den zehn folgenden Jahren sparte unsere von einem Einkommen lebende vierköpfige Familie über 30 000 Dollar. Steuerfrei. (Die regelmäßigen monatlichen Einzahlungen und die Zinseszinsen ließ die Summe rapide wachsen. Im nächsten Kapitel sprechen wir über die Kraft, die in einer geringen Geldsumme steckt. Und sobald Sie einmal 50 000 DM gespart haben, wird sich die Summe auf Ihrem Sparkonto, auch wenn Sie keinen Pfennig mehr einzahlen, bei einem Zinssatz von vier Prozent jährlich um 2000 DM plus Zinseszins erhöhen – *von allein!*)

»Man muß einfach nur anfangen«, sagte Bobby. »Man kann die Rechnungen bezahlen und trotzdem leben, ohne der Sklave seines Scheckbuchs zu sein. Das heißt aber nicht, daß man sein Geld verantwortungslos vergeudet. Irgendwie habe ich das Gefühl, ich wäre verantwortungslos, wenn ich mich nicht abmühe und es nicht schmerzt.«

Genau. Bekam ich nicht das gleiche bei meinem Vorschlag zu hören, nur den Mindestbetrag zu bezahlen? »Aber das ist verantwortungslos!« Wieder einmal kam der Verstand zu einem falschen Schluß, weil er es versäumte, unsere Gefühle mit einzubeziehen.

Ein Jahr nach ihrer Teilnahme an meinem Workshop sprach ich mit Kate. Beachten Sie, wie die langfristige Lösung, den Mindestbetrag zu zahlen, Kate und ihrem Partner kurzfristig half. Obwohl sie immer noch Schulden haben, genießen sie das Leben jetzt mehr und haben das Gefühl, die Kontrolle darüber zu besitzen. Kate: »Wissen Sie, worüber Sie damals sprachen, das paßte genau auf uns. Einer von uns ging zur Schule, der andere nicht. Wie unsere finanzielle Situation auch war, es sah so aus, als hätten wir nie genug Geld. Und plötzlich war welches da! Nachdem wir zu Sparen angefangen hatten, stellten wir fest, daß wir genug Geld hatten, um die Rechnungen zu bezahlen *und* zu sparen – vorher dachten wir, das wäre nicht drin.

Wir haben gelernt, von dem Geld zu leben, das uns zur Verfügung steht, obwohl wir hoch verschuldet sind. Wir schulden zum Beispiel mehreren Kreditkartenunternehmen insgesamt 20 000 Dollar. Aber psychologisch hilft es uns, daß wir mehrere Sparkonten besitzen, von denen jedes einem anderen Zweck dient. Auf einem Konto sparen wir die Lebenshaltungskosten für wenigstens drei Monate an. Dann haben wir noch eins, eine langfristige Sparanlage. Auf dem anderen werden wir wahrscheinlich für ein Haus sparen. Und dann ist da noch eins für den Wagen – für alles, was mit dem Wagen zusammenhängt.«

Ich fragte Kate: »Weshalb fühlen Sie sich nicht durch den Schuldenberg erdrückt? Weshalb deprimiert er Sie nicht?«

»Ich glaube, das liegt vor allem an unseren Sparkonten. Wir zahlen die Schulden mit dem geringstmöglichen Betrag ab. (Wir mußten einen Kompromiß schließen, weil ich den absoluten Mindestbetrag zahlen wollte und mein Partner dagegen war.) Der andere Unterschied besteht darin, daß ich nach diesem Kurs anfing, mich umzuschauen. Beispielsweise wechselte ich zu Kreditkartengesellschaften mit einem niedrigeren Zinssatz, weil der bei einigen der alten Gesellschaften recht hoch war – die eine berechnete neunzehn Prozent Zinsen, die andere einundzwanzig. Wissen Sie, bei Anschaffungen leisteten wir unsere Anzahlungen und schauten nicht auf den Gesamtbetrag, weil er so erschreckend hoch war, besonders, wenn wir wieder einmal etwas auf Kredit gekauft hatten, weil wir nicht über die Runden kamen. Aber wenn wir jetzt eine Anzahlung machen, wissen wir, daß die Schulden irgendwann getilgt sind! Ich weiß jetzt genau, wieviel Schulden wir noch haben. Vorher wollte ich mir den Betrag nicht einmal anschauen. Aber ich bin aus der Verleugnungsphase raus; ich habe jetzt das Gefühl, als hätte ich ein Werkzeug in der Hand, mit dessen Hilfe ich den Schuldenberg abbauen kann. Heute sind wir zu einer Übereinkunft gelangt, und wir folgen gewissen Richtlinien. Wir beobachten, wie unsere Ersparnisse wachsen. Das ist echt aufregend. Wir haben uns ein Konto- und ein Hauptbuch gekauft und verfolgen, wie unsere Ersparnisse wachsen. Es macht wirklich Spaß, dabei zuzuschauen. Manchmal, wenn wir es uns leisten können, zahlen wir zwanzig Dollar zusätzlich ein.«

Die Idee, nur den Mindestbetrag zu bezahlen, funktioniert, weil wir beschließen, unsere Schulden als unwichtig und unsere eigene Bezahlung als wichtig zu betrachten. Es ist nicht leicht, dieses Konzept zu akzeptieren. Unser Verstand wird sich lange dagegen wehren, die Idee auszuprobieren. Aber jene, die Verantwortung übernehmen, die Schulden auf den Rücksitz hieven und ihre Träume und Ziele auf den Vordersitz legen, werden eine Veränderung erleben, die alle Lebensbereiche erfaßt.

Kommt Ihnen die folgende Situation nicht bekannt vor? Als Leslie mich um Hilfe bat, waren ihre größte Sorge die 7000 Dollar Schulden, mit der sie die MasterCard belastet hatte. Es war nicht einfach, sie dazu zu bringen, über ihr Leben und ihre Ziele zu sprechen, weil der Gedanke an die Schulden sie bedrückte. Schließlich brachte ich sie mit einiger Überredungskunst dazu, über sich selbst zu sprechen. Sie drückte ihre Zufriedenheit mit einem ruhigen, nach einer gewissen Routine verlaufenden Leben aus, das aus Arbeit und Verabredungen mit Freunden bestand, die man von Zeit zu Zeit zu einem Kinobesuch oder einem Essen traf. Obgleich Leslie es offensichtlich ehrlich meinte und offen über sich selbst sprach, konnte ich mich des Eindrucks nicht erwehren, daß da noch mehr war. Also stellte ich ihr weitere Fragen, um zu sehen, wohin sie führten.

Während sie sprach, begann sie zu lächeln. Sie wurde richtig lebhaft, als sie erkannte, wie sehr sie sich danach sehnte, ihre Freunde auf deren Wochenendtrips zu begleiten. Doch bevor die Begeisterung die Überhand gewann, erinnerte sie sich an ihre Kreditkartenschulden, und sie erklärte: »Ich kann mich erst entspannen und Spaß haben, wenn diese Schulden getilgt sind. Alles andere wäre verantwortungslos.«

Als ich ihr vorschlug, ihre Ziele aufzulisten, nannte sie die folgenden Konten:

Notfallkonto
Notfall-Zukunft-Konto
    (Arbeitslosigkeit, Wohnungswechsel)
Wochenendtrips-mit-Freunden-Konto
Wagenkonto
Weihnachtskonto

Dann schauten wir uns die Liste an. Ich wies sie darauf hin, daß vier von fünf Konten pflichtorientiert seien und daß es in ihrem Geldplan kaum etwas gab, auf das sie sich freuen konnte. Ich fragte: »Ist es möglich, daß die Liste anders aussähe, wenn Sie keine Kreditkartenschulden hätten?«

Leslie überlegte eine Weile. »Ich denke ja«, sagte sie schließlich. »Wenn ich keine 7000 Dollar Schulden hätte, könnte ich die Europareise in Erwägung ziehen, die ich immer schon einmal machen wollte.«

Eine weitere Überraschung! Am Anfang unserer Sitzung hatte Leslie noch behauptet, sie sei mit ihrem Leben zufrieden, und die hohen Kreditschulden seien ihr einziges Problem. Sie war sich nicht bewußt, daß sie sich in Wirklichkeit wünschte, ihre Freunde auf deren Wochenendtrips zu begleiten und nach Europa zu reisen. Die Wahrheit wurde von den Schulden überschattet.

Nach all den Jahren bin ich immer noch überrascht, welche Gewalt Schulden über uns haben können. Als ich Leslie fragte, ob sich ihr Geldplan ändern würde, wenn sie keine Kreditkartenschulden mehr hätte, erwartete ich offen gesagt, daß sie spontan mit: »Natürlich nicht« antworten würde. Ich bin immer wie in Ehrfurcht erstarrt, wenn ich die blendende Macht der Schulden sehe. Ich frage mich, ob sich in Leslies Kopf sinngemäß folgender Dialog abgespult hatte:

»Nun, was ist? Hätte ich andere Ziele, wenn es diese Schulden nicht gäbe?«

»Aber sie existieren. Und es sind nicht nur einfach Schulden, sondern extrem hohe Schulden – über 7000 Dollar!«

Pause. Zurück zur Frage.

»Was hat sie mich gerade gefragt? Ob ich *andere* Ziele hätte, wenn diese Schulden nicht wären? Was soll ich darauf antworten? Ich habe sie nun einmal.«

Pause.

»Mal sehen. Hätte ich andere Ziele oder Träume, die ich gern verwirklichen würde, wenn die Schulden mich nicht so sehr vereinnahmten? Oh. Einen Augenblick. Frankreich. Italien. Schweiz. Das hätte ich fast vergessen!«

Haben Sie die Schulden so sehr in Anspruch genommen, daß Sie nicht einmal mehr wissen, was Sie sich wirklich wünschen? Stehen Sie am Anfang der Brücke und reden sich ein: »Ich kann erst ans andere Ufer gehen, wenn die Schulden getilgt, die Rechnungen bezahlt sind?«

Entscheidend ist, daß in Leslies Leben der Schwung, die Aufregung, der Kick fehlte; ein Grund, aus dem Bett zu steigen und das Leben beim Schopf zu packen. Ich glaube, daß sie von dem gleichen »Ach-ich-Arme«-Syndrom befallen war, unter dem auch ich gelitten hatte. Und sie benutzte die gleiche destruktive Droge (Kreditkarten), um sich zu betäuben. Wenn wir unser Leben nicht regelmäßig mit einer Prise Spaß und Vorfreude würzen, sieht ein Tag wie der andere aus. Und wie werden wir mit der ganzen Plackerei fertig? Wir verwöhnen uns und bezahlen den Espresso, die neuen Kleider oder das Essen mit einem Freund, jene Dinge, mit denen wir unsere Langeweile lindern, mit unserer Kreditkarte.

Wie konnten Leslies Schulden auf 7000 Dollar ansteigen? Wie konnten Ihre, konnten meine Schulden in derart schwindelnde Höhen klettern? Nun, bei den meisten von uns stiegen sie, weil wir es so eilig hatten, sie zu tilgen.

Toms (fast) unglaubliche Geschichte

Eines Tages klingelt in meinem Büro das Telefon. Als ich den Hörer abnahm, hörte ich folgende aufregende Geschichte.

»Ich heiße Tom und besuchte vor anderthalb Jahren einen Ihrer Kurse. Seitdem habe ich über dreizehntausend Dollar gespart. Jetzt brauche ich wegen einer wichtige Entscheidung Ihre Hilfe.« (Er hatte in anderthalb Jahren 13 000 Dollar gespart? Ich war ganz Ohr.) Tom erklärte, er habe ein erstklassiges, am Ufer eines Sees gelegenes Grundstück gefunden, das zum Verkauf stand. Er war nicht sicher, ob er es erwerben sollte, und wollte mit mir darüber sprechen.

Wie Sie sich wahrscheinlich vorstellen können, lechzte ich danach, den Rest der Geschichte zu erfahren, also fragte ich ihn, wie seine finanzielle Situation ausgesehen habe, bevor er an meinem Workshop teilnahm. »Als ich mich für Ihren Workshop anmeldete, besaß ich keinerlei Ersparnisse und hatte mehrere tausend Dollar Kreditkartenschulden. Ich begann mit vier Konten, auf die ich jeweils fünf Dollar einzahlte; einen Monat später eröffnete ich weitere Fünf-Dollar-Konten. Ich habe ganz langsam angefangen. Ich hatte ein gutes Gefühl bei der Eröffnung dieser Konten, denn damit kam Ordnung in meine Geldangelegenheit. Fünfzehn oder zwanzig Jahre lang hatte ich nur ein Giro- und ein Sparkonto, und oft, sehr oft, überwies ich Geld vom

Sparkonto aufs Girokonto und umgekehrt. Wir kamen jeden Monat gerade eben über die Runden. So ging das lange Zeit. Es war ein schönes Gefühl, als ich diese Konten eröffnete. Dann fing ich an, Schecks über zwanzig und dreißig Dollar auszuschreiben und sie auf das eine oder andere Konto einzuzahlen. Die Prämien, die ich von meinem Arbeitgeber bekam, verteilte ich auf die Konten. Ungefähr sechs Monate nach Ihrem Workshop bekam ich eine zehnprozentigen Prämie, die ich ebenfalls sparte. Dann wurde mir klar, daß es mein dringendster Wunsch war, meinen Job zu kündigen, also kündigte ich und fing bei einer anderen Firma an. Jetzt zahle ich keine hohen Geldbeträge an all diese Kreditkartengesellschaften, sondern bezahle mich selbst.

Im Augenblick lege ich monatlich achthundert Dollar beiseite. Davon gehen rund vierhundert auf diese vier Konten, die für Reise, Weiterbildung, jetzige und künftige Notfälle gedacht sind. Und dann spare ich noch vierhundert Dollar für ein Haus.«

Hier unterbrach ich Tom. »Und was hatten Sie dabei für ein Gefühl?«

»Angenehm, wirklich angenehm. Es ist ein wirklich gutes Gefühl, all dieses Geld für die Dinge zu haben, an denen mir wirklich etwas liegt.«

Tom erklärte mir, der Besitzer des von ihm zum Kauf in Betracht gezogenen Grundstückes verlange 10 000 Dollar in bar und den Rest in monatlichen Zahlungen von 900 Dollar über fünf Jahre. Eine einfache Rechnung. Nach der Barzahlung blieben Tom noch 3000 Dollar. Da er bereits jeden Monat 800 Dollar auf seine Sparkonten überwies, wären die monatlichen Ratenzahlungen von 900 Dollar kein

Problem. Doch wie stets handelte es sich auch hier um eine emotionale Entscheidung. Wir diskutierten seine Werte, seine Wünsche und sprachen darüber, was ihm auf lange Sicht am meisten Befriedigung schenken würde. Am Ende unseres Telefonates kam Tom zu dem Schluß, daß er zu diesem Zeitpunkt sein Geld und seine Energie nicht für den Erwerb eines Grundstückes einsetzen wolle.

Nach diesem Gespräch war mir der Unterschied zwischen einer Tasche voller Geld und einer Tasche voller Kreditkarten klarer denn je. Toms Geld verlieh ihm die Macht der Wahl. Er konnte mit der Idee spielen, ein Grundstück zu kaufen, während die meisten von uns an dem »Zu-verkaufen«-Schild vorübergegangen wären, weil die Möglichkeit für uns gar nicht erst in Betracht gekommen wäre. Alle Kreditkarten auf der Welt hätten das Land nicht kaufen können. Aber Tom konnte wählen, denn er besaß Geld.

Fragen und Einwände zum »Mindestbetrag«-Konzept

❖ **Was ist mit den Zinsen?** Vergessen Sie nicht: Wir sparen keine Zinsen, wenn wir unsere Schulden so schnell wie möglich abbezahlen. Um wirklich Geld zu sparen, müssen wir es in einer Socke horten oder auf ein Sparkonto einzahlen. Unser wirkliches Problem ist nicht die Zinszahlung; sondern daß wir kein Geld auf der Bank haben.

Hier ein gute Nachricht: Wenn wir anfangen, nicht nur andere, sondern auch uns selbst zu bezahlen, werden unsere Ersparnisse Zinsen bringen und wir können die 12% Zinsen, mit der uns die Kreditgesellschaft belastet, mit den Zinsen verrechnen, die wir auf unser Gespartes bekommen. Wenn beispielsweise die gesparte Summe mit 3% Zinsen verzinst wird, und die Kreditkartengesell-schaft uns mit 12% belastet, beschenken wir uns nicht nur mit jenem Gefühl der Kraft, der Stärke, das sich einstellt, wenn man Ersparnisse sein eigen nennt, son-dern wir reduzieren die Zinsen auf 9%.

❖ **Aber dann werde ich diese Schulden niemals los.** Stimmt nicht. Wieder einmal kommt unser Verstand, in Panik geraten durch die unvertraute Methode, an die Kreditkartenschulden heranzugehen, zu einem übertrie-benen Schluß: »Aber dann werde ich diese Schulden niemals los.« Ein Gedanke, der Verzweiflung, Dringlich-keit und zahllose andere Gefühle auslöst. Tatsache ist, daß wir uns in der Vergangenheit entschieden haben, Dinge auf Kredit zu kaufen, die wir uns nicht leisten konnten. Jetzt müssen wir eine Methode finden, die uns hilft, mit der Lage fertig zu werden, in die wir uns selbst gebracht haben. Es ist an der Zeit, unseren Verstand mit Hilfe neuer Informationen umzuprogrammieren. Wenn wir unsere Kreditkarten nicht mehr benutzen und jeden Monat den Mindestbetrag zurückzahlen, werden die Schulden verschwinden. »Anfangs hörte sich die Idee, nur den Mindestbetrag zu zahlen, für mich verrückt an«, gestand Carl. »Doch dann wurde mir klar, daß ich da-durch monatlich mehr Geld zur Verfügung hätte; dann müßte ich nicht mehr auf Kredit kaufen. Es ist ein wun-derbares Gefühl, schuldenfrei zu sein.«

❖ **Sollte ich, wenn ich eine Gehaltserhöhung oder ein wenig Geld außer der Reihe erhalte, damit nicht zuerst die Schulden abtragen?** Vergessen Sie nicht: Sobald wir den Wunsch verspüren, unsere Schulden mit zusätzlichen Beträgen abzuzahlen, schnappt die Falle zu. Deshalb sollten wir uns fragen: »Wieviel Geld habe ich?« Bevor wir darangehen, unser schwer verdientes Geld aufzuteilen, sollten wir innehalten und eine Bestandsaufnahme machen. Haben wir genug Geld, um mit den täglichen Überraschungen fertig zu werden, zum Beispiel mit einer Wagenreparatur, einer Stereoanlage, die ihren Geist aufgegeben hat, Kindern, die das Geld für eine Schulveranstaltung brauchen, einer Zahnarzt- oder Arztrechnung? Befindet sich auf unserem Notfall-Zukunft-Konto (wird in Kapitel 6 erklärt) genügend Geld, falls jemand verletzt oder arbeitslos werden sollte? Und was ist mit unseren Träumen? Spüren wir das Kribbeln, die Vorfreude, die ihre Verwirklichung begleitet? Als der 14 Jahre alte Freund und Klassenkamerad meines Sohnes letzten Sommer starb, wurden wir wieder einmal daran erinnert, daß es nur das Jetzt gibt, und daß jeder Augenblick kostbar ist. Lassen Sie die Rechnungen auf kleiner Flamme köcheln, nicht das Leben.

❖ **Und was geschieht, wenn ich jeden Monat gewissenhaft meine Kreditkartenschulden abbezahle?** Auch hier gibt es kein richtig oder falsch. Wir gehen auf eine Art und Weise vor, die uns tief befriedigt und uns das Gefühl vermittelt, Kontrolle über unser Leben zu besitzen. In meinem Fall sah das so aus: Vor ein paar Jahren hatten mein Ex-Mann und ich noch zwei Einkommen, keine Kinder und eine monatliche Miete von 95 Dollar zu zahlen. Jeden Monat kauften wir Waren im Werte von mehreren hundert Dollar auf Kredit, einen Kredit, den ich mühelos abbezahlen konnte. Wir bezahlten mit dem Geld von heute die Käufe von gestern.

Unser Leben veränderte sich mit der Geburt unseres ersten Kindes: Wir kauften ein Haus und lebten nur von einem Einkommen. Aber unsere Kaufgewohnheiten änderten sich nicht. Wir lebten weiter auf Kredit. Doch jetzt war nicht genug Geld da, um die Schulden mit einem Schlag abzuzahlen. Folglich wuchs der Schuldenberg. Wäre es möglich, daß auch Sie nach ein paar Notfällen oder einer Veränderung Ihres Lebensstils Ihre Kreditschulden nicht mehr abbezahlen könnten? Und wollen wir wirklich mit dem Geld von heute die Käufe von gestern bezahlen?

❖ **Ich möchte aber meine Schulden abbezahlen; damit ich mit einem reinen Tisch anfangen kann.** Vorsicht. Was tun wir häufig, wenn wir wichtige Schreibarbeiten erledigen sollen? Wir verbringen eine Stunde damit, Ordnung zu schaffen, Briefe von Freunden zu beantworten (reinen Tisch zu machen) – und plötzlich ist es spät, wir sind müde und gehen ins Bett. Das Problem? Wir können nicht einschlafen. Statt zu tun, was getan werden mußte – einen wichtigen Brief schreiben, die Rechnungen bezahlen – haben wir uns selbst an der Nase herumgeführt und reinen Tisch gemacht.

Ich werde niemals vergessen, was Elaine auf meinem ersten Geld-Workshop sagte: »Wissen Sie, ich könnte ein paar Aktien verkaufen und damit meine Schulden abbezahlen, aber ich werde es nicht tun. Es käme einer Flucht in eine ›schnelle Lösung‹ gleich, und ich würde meine Lektion nicht lernen. Ich habe lange gebraucht, um diesen Schuldenberg aufzubauen. Ich möchte die monatliche Kreditkartenrechnung. Sie soll mich an die Falle erinnern, in die ich nie wieder tappen möchte.«

❖ **Sie sprechen ständig davon, wie wichtig es ist, sich gut zu fühlen. Nun, ich würde mich wirklich gut fühlen und sehr zufrieden sein, wenn ich diese verdammten Rechnungen vom Hals hätte!** Auch hier müssen wir die Dinge im richtigen Verhältnis sehen. Wenn wir einen Blick auf die Kreditkartenrechnung werfen, bleibt das Leben oft für einen Augenblick stehen, und wir sehen nichts außer der Gesamtschuld. Wenn wir uns nur auf diesen Betrag konzentrieren, zieht er uns wie ein Magnet an – er bekommt Gewalt über uns. Wir können nur noch daran denken, wie wir diese Schulden loswerden. Kreditschulden besitzen eine gewaltige Macht. Sie lassen uns jegliche Perspektive verlieren. Lynn schuldete einem Kreditkartenunternehmen nur noch 85 Dollar. Sie erklärte uns, wie gern sie die Restschuld getilgt hätte. Aber sie tat es nicht, weil sie sich davor fürchtete, vor den anderen Kursmitgliedern zugeben zu müssen, daß sie mehr als den Mindestbetrag zurückgezahlt hatte. »Und während ich noch überlegte, was ich machen soll, wurde mir klar, daß in sechs Wochen schon Weihnachten ist und ich keine Ersparnisse habe.«

Erheben Sie sich aus Ihrem »Schulden-abbezahlen«-Sessel und erkunden Sie Ihre Umgebung. Erinnern Sie sich daran, daß es noch etwas anderes im Leben gibt als

Schulden. Wollen Sie wirklich mit dem Geld, das Sie zum Kauf lebensnotwendiger Dinge und für Notfälle brauchen, Schulden abbezahlen?

❖ **Ich glaube, das Gefühl, die Kontrolle zu haben, wird sich erst einstellen, wenn meine Kreditschulden abbezahlt sind.** Melissa schrieb: »Ich fühle mich jetzt erleichterter und beschwingter, als ich es je für möglich gehalten habe. Ich dachte immer, das Gefühl, die Kontrolle zu besitzen, würde sich erst einstellen, wenn ich keine Schulden mehr habe. Ich habe immer in mich hineingelacht, wenn ich für meine Kreditkartengesellschaft einen Scheck über 15 Dollar ausschrieb. Früher kam ich mir so kindisch vor – jetzt spüre ich mein Alter.« Versuchen Sie einmal folgendes: Stellen Sie sich vor, Sie hätten drei Millionen Dollar. Genießen Sie nur für einen Augenblick das daraus resultierende Gefühl der Sicherheit. Sie müssen nicht mehr arbeiten gehen und können sich all das leisten, was Sie schon immer tun oder haben wollten. Denken Sie jetzt, mit drei Millionen Dollar bar auf der Hand, an Ihre Schulden. Was geschieht mit der Anspannung, dem Gefühl, sie so schnell wie möglich tilgen zu müssen? Dieses Beispiel mag extrem sein, aber es hilft uns, die Dinge in der richtigen Relation zu sehen. Zuerst müssen wir uns bezahlen und etwas Geld in die Hand bekommen. Sobald wir über Erspartes verfügen, verlieren die Schulden ihre Macht. Wir haben keine Eile mehr.

❖ **Was ist denn falsch daran, Kreditkarten mitzunehmen, wenn ich sie nicht benutze?** Hier geht es nicht um falsch oder richtig, sondern darum, was funktioniert. Nur

Sie allein wissen, ob Sie es schaffen, nicht auf Kredit zu kaufen, obwohl Sie es könnten. Entscheidend ist, daß wir aufhören, uns selbst etwas vorzumachen, und anfangen, eine Lösung zu suchen, die für uns funktioniert. Die meisten Hindernisse legen wir uns selbst in den Weg. Es ist an der Zeit, in den Spiegel zu schauen und uns die Wahrheit zu sagen. Kann ich Kreditkarten mitnehmen, ohne sie zu benutzen? Es geht darum, alles zu tun, um sicherzustellen, daß wir unsere Ziele erreichen. Für manche von uns bedeutet das: keine Kreditkarten zu haben oder mitzunehmen.

❖ **Aber wenn ich monatlich zusätzlich noch einen kleinen Betrag einzahle, um die Schulden abzubauen** … **vielleicht zehn oder zwanzig Dollar?** Und *wer* bekommt das zusätzliche Geld? Wenn wir so begierig darauf sind, unser schwer verdientes Geld loszuwerden, weshalb bezahlen wir uns nicht selbst damit? Und handelt es sich wirklich um Extrageld, das nicht für irgend etwas gebraucht wird oder gebraucht werden wird? Ist genügend Geld für familiäre Notfälle, Wagenreparaturen, Ferien, Hochzeitsgeschenke und die Wartung der Haushaltsgeräte da? Verfügen wir wirklich über Extrageld, oder haben uns die Schulden wieder einmal in ihrer Gewalt? Wir müssen sorgsam darauf achten, welche Wörter wir wählen – meinen wir wirklich, was wir sagen? Wie ist es Tom gelungen, in nur anderthalb Jahren 13 000 Dollar zu sparen? Er zahlte die Prämien auf seine Sparkonten ein, nicht auf die Schuldenkonten. Weshalb haben wir es so eilig, andere zu bezahlen? Behalten Sie das Geld. Behalten Sie es für sich. Behalten Sie es für

Ihre Träume, Notfälle, Kinder, Sicherheit, Rente. Die folgenden Fragen sollten Sie sich stets stellen, wenn es Sie drängt, zusätzlich Geld auf Ihr Schuldenkonto einzuzahlen: »Habe ich Ersparnisse, die sechs Gehältern entsprechen? Habe ich genügend Geld, um für alle Notfälle gewappnet zu sein? Verwirkliche ich meine Träume?« Erst wenn Sie jede dieser Fragen mit »Ja« beantworten können, werden Sie, falls Sie einmal über zusätzliches Geld verfügen, in der Lage sein, zu entscheiden, ob Sie damit Ihren Schuldenberg abtragen wollen.

Falls Sie versucht sind, mehr als den Mindestbetrag zurückzuzahlen, sollten Sie sich immer, immer, immer wieder fragen: »Wie hoch sind meine Ersparnisse? Habe ich genügend Geld, um die Rechnung zu bezahlen, wenn der Wagen morgen ein neues Getriebe braucht, wenn der Kühlschrank seinen Geist aufgibt und ein neuer gekauft werden muß, oder ich verletzt werde und die nächsten drei Monate lang nicht arbeiten kann?«

Die entscheidende Frage ist nicht: »Kann ich mehr als den Mindestbetrag bezahlen?«, sondern: »Wie hoch sind meine Ersparnisse?« Denken Sie immer daran: Geld ist mit Gefühlen befrachtet. Weshalb sind wir noch immer nicht Meister im Umgang mit Geld, obwohl es so viele Finanzberater gibt? Weil es beim Geldmanagement nicht um Zahlen geht. Hier geht es nicht um Schuldenfreiheit und Sparen, sondern darum, uns wieder auf unsere Werte zu konzentrieren. Umgang mit Geld bedeutet den Umgang mit unseren Gefühlen. Motivation. Umgang mit Geld heißt, das Unwichtige auszusondern und uns auf das zu konzentrieren, was wirklich von Bedeutung ist.

Hier geht es darum, einen Grund zu haben, aus dem Bett zu springen.

FAKT: Wenn Sie Ihre Kreditkarte nicht benutzen und monatlich den Mindestbetrag zahlen, werden Ihre Schulden getilgt. Garantiert.

FAKT: Konzentrieren Sie sich nicht auf die monatlichen Ratenzahlungen, sondern auf das, was Ihrem Leben Schwung verleiht. Tausende haben sich für dieses Konzept entschieden, obwohl wahrscheinlich nicht einer von ihnen daran glaubte, daß es funktioniert, als er zum ersten Mal davon hörte.

Bezahlen Sie alle Rechnungen an einem bestimmten Tag des Monats

Alle Rechnungen an einem einzigen Tag des Monats zu bezahlen, ist ein gewaltiges Instrument; und jene, die sich die Mühe machen zu lernen, wie man es benutzt, werden großen Gewinn davon haben.

Eines der größten Geschenke, die eine Firma ihren Angestellten machen kann, ist, sie nur einmal im Monat zu bezahlen.

Sie könnten einwenden:

»Ich kann unmöglich alle Rechnungen an einem Tag bezahlen, da ich wöchentlich bezahlt werde.«

»Ich arbeite auf Provisionsbasis, und meine Einkünfte variieren.«

»In meinem Geschäft bekomme ich in manchen Monaten dicke Schecks, und dann wieder überhaupt keine.«

»Meine Rechnungen treffen zu unterschiedlichen Zeiten ein. Ihre Methode wird nicht funktionieren.«

»Ich bezahle die Rechnungen, sobald sie eintreffen. Ich kann sie nicht herumliegen sehen.«

Kann nicht? Fast immer, wenn wir sagen, »ich kann nicht«, meinen wir in Wirklichkeit, »ich möchte nicht«. Es ist verständlich, daß wir die Zahlungen nicht einmal im Monat leisten wollen, weil es uns vermutlich unmöglich schien – bis jetzt.

Die Rechnungen nur einmal im Monat zu bezahlen, statt dann, wenn sie anfallen, ist so, als würden wir mit dem Flugzeug zu einen tausend Kilometer entfernt wohnenden, besten Freund fliegen, den wir bisher mit dem Planwagen besucht haben. Statt sich Tag für Tag vor der Post zu fürchten und den ganzen Monat lang den Geld-Hokuspokus aufzuführen, wird alles auf einmal erledigt. Wenn Sie sich einmal im Monat um Ihre Geldangelegenheiten kümmern, können Sie sich danach zurücklehnen und entspannen. Sie haben die Sache im Griff, haben sich zuerst bezahlt, indem Sie Geld für Ihre Ziele zurücklegten, und Sie haben Ihre Rechnungen bezahlt (sowie den Mindestbetrag auf Ihre Kreditschulden). Wie Sie in Kapitel 6 erfahren werden, steht Ihnen ein Energieschub bevor, wenn Sie sehen, wie die Summe auf Ihrem Sparkonto monatlich wächst und Sie Monat für Monat den bereits gesparten Gesamtbetrag in Ihren Master-Money-Plan eintragen. Sobald Sie gelernt haben, wie es geht, werden Sie verstehen, weshalb ich oft zu hören bekomme: »Ich hätte es nie für möglich gehalten,

Carol, aber Rechnungen zu bezahlen macht wirklich Spaß! Ich freue mich richtig darauf, mich selbst zu bezahlen und zuzuschauen, wie meine Träume wahr werden, und ich liebe es, zu sehen, wie meine Kreditschulden stetig abnehmen. Ich habe alles unter Kontrolle und brauche monatlich nur ein paar Stunden dafür.«

**Es gibt zwei grundlegende Methoden,
wie man die monatlichen Zahlungen
zu einem bestimmten Termin angeht.
Für welche Methode Sie sich entscheiden,
das hängt davon ab, wie
und wann Sie bezahlt werden.**

Zuerst möchte ich mich an jene wenden, die ihr Geld auf regulärer Basis erhalten, und bei denen die Höhe des Gehalts vorhersehbar ist. Dann werde ich das Konzept für all jene erörtern, die auf Provisionsbasis bezahlt werden, für sich selbst oder als Saisonarbeiter arbeiten, oder – aus welchen Gründen auch immer – über einen Geldbetrag verfügen, der von Monat zu Monat variiert.

Methode 1: Wenn Ihnen monatlich eine vorhersehbare Summe ausbezahlt wird.

Beginnen wir mit den Fakten. Addieren Sie die Beträge aller Einkünfte, die Sie im Laufe eines Monats erhalten.

Beispielsweise:

Am 1. des Monats	=	1350 DM
Am 15. des Monats	=	1350 DM
monatliches *Gesamt*einkommen:	=	2700 DM

Als nächstes schreiben Sie Ihr Gesamteinkommen auf ein Blatt und ziehen Sie davon jede einzelne Zahlung ab, und zwar in der Reihenfolge ihrer Priorität: zuerst unsere Ziele, dann die Miete und so weiter. Die Ratenzahlungen stehen dort, wo sie hingehören, am Ende der Liste.

Monatliches Gesamteinkommen	=	**2700 DM**
Meine Ziele	=	42 DM
Miete/monatl. Hypothekenrate	=	960 DM
Gesundheit/Arzt/Zahnarzt	=	100 DM
Heizung	=	110 DM
Strom	=	99 DM
Wasser/Abwasser/Müll	=	75 DM
Autoversicherung	=	98 DM
Telefon	=	82 DM
Schulden Kreditkarte 1 (Mindestrate)	=	85 DM
Schulden Kreditkarte 2 (Mindestrate)	=	48 DM
Schulden Kundenkreditkarte Kaufhaus (Mindestrate)	=	65 DM
Bestand	=	936 DM

Diese 936 DM sind die Summe, die Ihnen pro Monat zur Verfügung steht (für Lebensmittel, Kleidung, Vorräte …). Es ist ein mechanischer Haushaltsplan. Wenn wir die be-

kannten monatlichen Zahlungen vom Monatseinkommen abziehen, wissen wir genau, wieviel Geld uns für den Monat bleibt. Wir hören auf, uns selbst zu beruhigen: »Keine Angst, in den nächsten Tagen kommt noch ein Scheck«, dann haben wir schwarz auf weiß, was uns bleibt. Lebensmittel, Batterien, Benzin, Geburtstagsgeschenke, Kleidung, Shampoo, Hundefutter, Pfefferminzbonbons – setzen Sie die Liste fort – müssen von dem übriggebliebenen Geld bezahlt werden, denn das nächste Gehalt kommt erst in einem Monat.

Erleichterung und das Gefühl, alles unter Kontrolle zu haben, sind der Gewinn bei dieser Methode. Wir machen uns nicht mehr verrückt. Wir hören auf, Spielchen zu spielen. Denn wir haben es schwarz auf weiß. Wir ziehen die monatlichen Zahlungen vom Monatseinkommen ab und erhalten die Summe, die uns für den Monat zur Verfügung steht.

Wenn nicht alle Rechnungen
in derselben Woche eintreffen

Setzen Sie sich, egal, ob alle Rechnungen eingetroffen sind oder nicht, jeden Monat ungefähr um die gleiche Zeit mit Ihren Scheckbuch oder Ihren Überweisungsformularen an einen Tisch. Sie wissen, was Sie monatlich zu zahlen haben, und kennen die ungefähre Höhe Ihrer Schulden. Schreiben Sie Ihr monatliches Gesamteinkommen auf ein Blatt, führen Sie jede einzelne zu leistende Zahlung auf und ziehen Sie diese von der Gesamtsumme ab (wie im vorherigen Beispiel). Der verbleibende Restbetrag ist die Realität – die Summe, mit der Sie den Rest des Monats auskommen müssen. Viele stellen alle Schecks auf einmal aus, schicken sie aber erst ab, wenn die Gehaltszahlung eingetroffen ist. Obgleich eine Herausforderung, so ist es doch der Mühe wert, ein paar Monate lang mit Gehalt und Rechnungen herumzujonglieren; nur so lange, bis es Ihnen gelungen ist, so viel Geld anzusammeln, daß es ausreicht, alle Zahlungen auf einmal zu leisten. (Einige Personen gestanden mir, sie hätten sich Geld geliehen, um anfangen zu können.) Der Seelenfrieden, der in Sie einziehen wird, wenn Sie alle Zahlungen auf einmal leisten, ist die Mühe mehr als wert. (Falls eine oder zwei der monatlichen Rechnungen zu einem späteren Termin eintreffen sollten, rufen Sie an und bitten Sie das Unternehmen, die Rechnung in Zukunft zu einem anderen Datum zu verschicken.)

T. J. schrieb: »Ich bin ganz aufgeregt. Unser oberstes Ziel ist, nur einmal im Monat Rechnungen zu bezahlen. Wir haben in diesem Monat angefangen. Wir sammeln alle eingehenden Gehaltsschecks; und ich werde am ersten des nächsten Monats alle Rechnungen bezahlen. Ich benutze einen Teil unserer Steuerrückzahlung dafür, um uns in diesem Monat, in dem wir alle Gehaltsschecks sammeln, über die Runden zu bringen. Es gibt noch einige Bereiche, an denen wir arbeiten. Änderungen brauchen ihre Zeit. Ich habe nach dem ersten Besuch Ihres Kurses mehrere Jahre lang daran gearbeitet.«

Wenn wir sehen, wie wenig Geld unterm Strich übrigbleibt, sind wir gewöhnlich geneigt, unsere Ausgaben einer näheren Betrachtung zu unterziehen. Wir schauen uns die Rechnungen für das Kabelfernsehen, für Klubmitgliedschaften, Magazine, Zeitungen, das Handy, die Rücklage für einen neuen Wagen und so weiter an und fragen uns, ob wir unser Geld wirklich für diese Dinge ausgeben möchten. Falls uns der Geldmangel nicht gefällt, entschließen wir uns, etwas dagegen zu tun. Eines ist gewiß: Wenn wir aufhören, unsere Kreditkarten zu benutzen, werden die Kreditkartenschulden verschwinden. Und im Laufe der Zeit wird uns das Geld, mit dem wir das zu bezahlen pflegten, was wir in der Vergangenheit kauften, dann zur Verfügung stehen, wenn wir es brauchen, und es wird uns helfen, für morgen zu planen und zu sparen. Und im Falle der aufgeführten Kosten bleiben zusätzlich 198 DM übrig!

Ein weiterer Vorteil ist, daß die Kommunikation innerhalb der Familie in Schwung kommt und nicht mehr soviel Geld vergeudet wird, wenn wir nur einmal im Monat die Rechnungen und Raten bezahlen. Wenn ein Familienmitglied sich etwas kaufen möchte, können wir jetzt das Scheckbuch zücken und ihm die Summe unter dem Strich zeigen: »Wir haben nur noch vierundsechzig Dollar und erst in zehn Tagen Monatsende.« Damit ist der Fall klar. Das soll aber nicht heißen, daß man das Gefühl haben muß, etwas zu entbehren. Wenn Ihnen etwas wirklich wichtig ist, brauchen Sie nur eine neue Dream-Box zu etikettieren und auf die Verwirklichung Ihres Traumes sparen.

Ob wir alle Zahlungen an einem Tag leisten oder sie scheibchenweise über den Monat verteilen – die Kosten sind dieselben. Die Kosten, aber nicht unser Gefühl. Scheibchenweise zu zahlen, erfüllt uns mit Angst, Sorge und innerer Unruhe; alles auf einmal zu bezahlen, bedeutet, die Sache in den Griff zu bekommen. Und das Ergebnis? Zufriedenheit und Kontrolle.

Keine Schweißausbrüche, keine Panik. Alles ist unter Kontrolle. Es wurde sich um alles gekümmert.

Methode 2:   Wie Sie alle Zahlungen an einem bestimmten Tag im Monat leisten können, wenn Sie auf Kommissionsbasis bezahlt, für sich selbst oder als Saisonarbeiter arbeiten oder – aus welchem Grund auch immer – über einen Geldbetrag verfügen, der von Monat zu Monat variiert.

Nehmen Sie zuerst Ihr Scheckbuch und ein leeres Blatt Papier und stellen Sie eine Liste aller Zahlungen auf, die Sie monatlich leisten. Addieren Sie die einzelnen Posten. (Denken Sie daran, mit dem Betrag zu beginnen, den Sie sich selbst zahlen.) Diese Summe brauchen Sie jeden Monat allein, um die Rechnungen/Raten zu zahlen. Rechnen Sie jetzt die Beträge hinzu, die Sie gewöhnlich für Lebensmittel, Waschpulver und andere lebensnotwendige Dinge ausgeben (schätzen Sie, wenn Sie den genauen Betrag nicht kennen). Die Gesamtsumme zeigt Ihnen, wieviel Geld Sie monatlich brauchen, um die Grundkosten abzudecken. Sobald Sie wissen, wieviel Geld Sie im Monat brauchen, können Sie anfangen, sich ein monatliches Gehalt zu zahlen.

Angenommen, Sie arbeiten auf Kommission und verdienen in einem Monat 6243 DM und in den beiden folgenden Monaten keinen einzigen Pfennig. Nehmen wir zusätzlich einmal an, Sie haben festgestellt, daß Sie sich monatlich 1866 DM »Gehalt« zahlen müssen. Also überweisen Sie am

Zahltag genau 1866 DM von Ihrem Spar- auf Ihr Girokonto. Sie haben sich damit den Seelenfrieden geschenkt, die das Wissen mit sich bringt, daß Sie monatlich ein »Gehalt« in vorhersehbarer Höhe bekommen. Sie fühlen sich jeden Tag des Monats entspannt, haben das Gefühl, die Kontrolle zu besitzen, denn Sie wissen, daß sie nicht nur sich, sondern auch die Rechnungen/Raten bezahlt haben.

Ob Sie nun Tanzlehrer sind, der im Monat mehrere Schecks über geringe Beträge bekommt, oder Bauunternehmer, der periodisch mit hohen Summe zu tun hat, sie haben beide dasselbe Ziel: sich jeden Monat ein bestimmtes Grundgehalt zu zahlen.

Die Hauptvorteile
eines Zahlungsstichtermins

1. Rechnungen und Raten zu bezahlen macht Spaß, da wir uns auf den Tag freuen, an dem wir alle Geldangelegenheiten erledigen; auf den Tag, an dem wir uns selbst bezahlen und unseren Zielen einen Schritt näher kommen.

2. Wir haben automatische Kontrollen eingebaut: Wir überweisen uns unser monatliches »Gehalt«, bezahlen uns zuerst und zahlen nur den Mindestbetrag auf unsere Kreditschulden. Mit dem Rest müssen wir bis zum Monatsende auskommen.

3. Wenn wir die Ratenzahlungen ans Ende der Liste stellen, ist die Versuchung nicht so groß, mehr als den Mindestbetrag zu zahlen.

4. Wir sind viel mehr geneigt, unseren Verhältnissen entsprechend zu leben. Wir werden voraussichtlich kein

Geld vergeuden, indem wir uns selbst etwas vormachen und sagen: »Der nächste Scheck ist schon auf dem Weg.«

5. An einem Tag im Monat Geld zur Verwirklichung unserer Träume zurückzulegen – auf dem Master-Money-Plan zu sehen, wie unsere Ersparnisse wachsen, während unsere Kreditschuld abnimmt –, verleiht uns Auftrieb.

6. Seelenfrieden. Wenn wir gewohnheitsmäßig einmal im Monat uns selbst und unsere Rechnungen und Raten bezahlen, können wir danach entspannen. Die Rechnungen und Raten sind bezahlt, unsere Schulden schwinden dahin, und wir stehen kurz vor dem Ziel. Wir haben uns das kostenlose Geschenk gemacht, das stets dazu gehört, wenn wir Kontrolle über unser Leben und unser Geld haben – den Seelenfrieden.

Und wenn wir alles
bar bezahlen?

Die gleichen Vorschläge gelten, wenn Sie alles bar bezahlen. Legen Sie Geld beiseite, bis Sie genug gespart haben, um sich selbst und die monatlichen Rechnungen und Raten zu bezahlen. (Da Bargeld sehr verführerisch sein kann, sollten Sie Ihren Geist und Ihre Kreativität benutzen, sich davon abzuhalten, sich selbst ein »Darlehen« zu geben.)

Wenn Sie alles bar bezahlen, weil die Gläubiger die Hand auf Ihren Konten haben, wäre zu überlegen, ob nicht ein Freund oder Verwandter (jemand, dem Sie vollkommen vertrauen) für Sie ein Sparkonto eröffnen kann. Auf diese Weise können Ihre Wunschkonten Zinsen verdienen.

Was bringt die Ablösung
all meiner Schulden durch einen Gesamtkredit?

Die Entscheidung, ob Sie alle Schulden durch einen Gesamtkredit ablösen, sollte sorgsam bedacht werden. Entscheidend ist, was auf längere Sicht vorteilhafter für Sie ist. Eine der größten Gefahren dabei besteht darin, daß eine »leere« Kreditkarte sehr verführerisch ist. Wir machen einen Schaufensterbummel und denken: »Ach, was soll's, *eine* Belastung kann nicht schaden. Ich werde die Rechnung sofort nach dem Eintreffen bezahlen.« Und im Handumdrehen sitzen wir wieder in der Falle – ein Kreditkauf führt zum anderen. Und das Ende vom Lied: Wir zahlen nicht nur jeden Monat mit einer hohen Rate den Gesamtkredit ab, sondern auch noch die Raten für alle unsere Karten. Holly und Chris hatten 6000 Dollar geerbt und damit ihre Kreditkartenschulden getilgt. Sie erklärten, sie nähmen an meinem Workshop teil, weil sie ihre Kreditkarten bereits wieder bis zum Limit belastet hätten.

Banken und Kreditkartengesellschaften buhlen um unsere Zinszahlungen und zeigen stets die Vorteile eines einzigen Darlehens auf, das alle anderen Schulden ablöst. Mit der Post kam folgende Werbung: »Manchmal ist ein Kredit sinnvoller.« Sie sprechen davon, wie leicht es sei, nur einen Scheck auszuschreiben und wie sie sich »für Sie darum kümmern würden«. Klingt vertraut, nicht wahr? Der Ritter in schimmernder Rüstung erscheint mit einer schnellen Lösung, bereit, sich um uns zu kümmern und unsere Geldprobleme zu beseitigen.

Aber wir sind nicht mehr an einer schnellen Lösung interessiert, die genauso rasch wieder scheitert. Wir interessieren uns jetzt für eine langfristige, *dauerhafte* Lösung; eine Lösung, die uns ein für alle Male aus der Kreditkarten-Falle befreit. Als ich mich entschloß, nur noch den Mindestbetrag auf die Kredite zu bezahlen, hatten wir bei sieben verschiedenen Kreditkartengesellschaften Schulden. Unsere Liste sah so ähnlich aus wie die folgende:

Kreditkarte	Gesamtschuld	Mindest-betrag	Monate bis zur Tilgung
Major C.C.	$ 3600	$ 108	33
Major C.C.	$ 2700	$ 81	33
Kaufhaus	$ 1300	$ 80	16
Kaufhaus	$ 800	$ 80	10
Kaufhaus	$ 400	$ 20	20
Kaufhaus	$ 350	$ 50	7
Kaufhaus	$ 230	$ 40	6

Sobald wir aufhören, unsere Kreditkarten zu benutzen und anfangen, gewissenhaft den Mindestbetrag zu zahlen, geschieht folgendes: erstens, ein Mindestbetrag nach dem anderen fällt mit der Zeit fort, und uns bleibt mehr Geld; und zweitens, schneller als wir dachten, stellen sich unerwartete Gewinne ein, während wir unsere Kredite der Reihe nach tilgen. Im eben aufgeführten Beispiel wird das Kaufhausdarlehen von 230 Dollar in rund sechs Monaten getilgt sein; das bedeutet 40 Dollar mehr im Monat. Sobald ein Kredit abbezahlt ist, sollten wir das freiwerdende Geld mit Bedacht anlegen – vielleicht weitere zehn Dollar für unsere

Ziele zurücklegen und die verbleibenden dreißig Dollar auf dem Girokonto lassen, wo es uns hilft, über die Runden zu kommen, ohne daß wir wieder auf eine Kreditkarte zurückgreifen müssen. (Im Kapitel 4 erkläre ich, wie man sein Geld anlegt.)

Wenn wird unsere Schulden nur mit dem Mindestbetrag abzahlen (statt sie durch ein Gesamtdarlehen zu tilgen) bleiben uns mehr Möglichkeiten, mit unserem Geld zu arbeiten. Jedesmal, wenn ein weiterer Kredit getilgt ist, steht uns nicht nur mehr Geld zur Verfügung, sondern es ist auch eine weitere Möglichkeit, uns im Anlegen und Verwalten unseres Geldes zu üben. Wenn die Schulden nach und nach geringer, und die verfügbaren Geldbeträge größer werden, verändert sich unsere Einstellung. Nachdem wir im Laufe der Jahre langsam die Kontrolle verloren haben, nehmen wir uns jetzt die Zeit, sie wiederzuerlangen. Wir übernehmen die Verantwortung. Das bedeutet Ermächtigung, Befähigung.

Tips

❖ **Der Kontoauszug:** Sobald der Kontoauszug eintrifft, ist es mein Bestreben, innerhalb von zwei oder drei Tagen die einzelnen Posten nachzuprüfen, damit ich es nicht an dem Tag tun muß, an dem ich mich und die Rechnungen und Raten bezahle. Ich rechne nur nach, um sicherzugehen, daß weder mir noch der Bank ein Fehler unterlaufen ist. Sobald Sie Ihren Master-Money-Plan erstellt haben (Kapitel 6), werden Sie sich auf den Tag freuen, an dem Sie Ihre Rechnungen und Raten bezahlen, weil Sie dann beobachten können, wie die für Ihre Ziele gesparte Summe wächst, während Ihr Schuldenberg abgebaut wird. Es geht mir hierbei vor allem darum, die Pflicht, den Kontoauszug zu prüfen, nicht mit der Freude an unserem Fortschritt zu vermischen.

❖ **Bezahlen per Telefon.** Falls das Bezahlen per Telefon oder andere automatische Zahlungssysteme Sie reizen, sollten Sie sich näher damit befassen. Martha erklärte, für sie sei allein schon der Akt, sich mit dem Scheckbuch hinzusetzen, Schecks auszustellen und Briefmarken zu lecken, traumatisch und schier unerträglich. Sie hält das telefonische Bezahlen für eines der größten Geschenke, das sie sich gemacht habe. »Es ist innerhalb von Sekunden erledigt, sie haben rund um die Uhr geöffnet, und was diese Methode für meine geistige Gesundheit getan hat, ist nicht in Worte zu fassen.«

❖ **Prioritäten setzen:** Wenn Sie sich hinsetzen, um Ihre Rechnungen und Raten zu bezahlen, sollten Sie diese in der Reihenfolge ihrer Wichtigkeit ordnen. Sie selbst kommen natürlich zuerst. Und was kommt dann? Wahrscheinlich die Arzt- und Zahnarztrechnungen, gefolgt von der Miete oder Hypothekenrate, und so weiter. Und erst ganz zum Schluß kommen die Ratenzahlungen.

Ein großer Vorteil bei dieser Methode ist, daß es ein Kinderspiel sein wird, auf die Kreditkartenschulden nur den Mindestbetrag zu zahlen. Denn nachdem wir uns bezahlt und all die anderen Zahlungen geleistet haben, ist kaum noch Geld übrig, und die Versuchung, mehr als den Mindestbetrag zu zahlen, hat sich in Luft aufgelöst.

❖ **Ablegen:** Mit zum besten, was ich jemals getan habe, gehört, daß ich »offenstehende Rechnungen« auf einen

Aktendeckel schrieb. Sobald eine Rechnung eintrifft, lasse ich sie einfach in die Hängeakte fallen (die noch immer die erste Akte im Aktenschrank ist und es bleiben wird). Dann denke ich nicht mehr darüber nach, mache mir keine Sorgen, frage mich nicht mehr, was ich damit tun soll. Die Akte wird voller und voller, bis ich sie zwischen dem Fünften und Achten eines jeden Monats herausnehme, die Rechnungen nach ihrer Wichtigkeit ordne, mich selbst bezahle, die übrigen Zahlungen leiste und schließlich meinen Master-Money-Plan ausfülle (siehe Kapitel 6).

❖ **Wenn Sie nicht einmal den Mindestbetrag zurückzahlen können.** Wie ich von Angestellten in Kreditbüros und Inkasso-Firmen erfahren habe, geht es den Gläubigern vor allem darum, daß wir überhaupt etwas bezahlen. Sie raten, *niemals* alle Rechnungen in einen Hut zu werfen und nur ein paar herausziehen, sondern stets allen etwas zu bezahlen.

Falls Sie also in Schwierigkeiten stecken und nicht einmal den Mindestbetrag aufbringen können, sollten Sie jeder Kreditgesellschaft, mit der Sie zu tun haben, einen Brief schreiben, in dem Sie kurz erklären, daß Sie im Augenblick Probleme hätten, aber sich bemühen würden, alles wieder in den Griff zu bekommen. Doch bevor Sie diesen Schritt tun, sollten Sie erst einmal eine gründliche Bestandsaufnahme Ihrer finanziellen Lage machen. Falls Sie sich entschließen, diesen Brief zu schreiben, müssen Sie alles daransetzen, einen umfassenden Plan zu erstellen, der Ihre verfahrene finanzielle Situation wirklich in Ordnung bringt.

Nehmen wir einmal an, der Mindestbetrag wäre 85 DM monatlich. Die meisten von uns neigen in diesem Fall dazu, zu denken: »Wenn wir uns nur noch von Brot und Wasser ernähren und unsere einzige Unterhaltung das Kartenspiel ist, werden wir 70 DM zahlen können.« Vorsicht: Wenn Sie monatlich nur 15 DM weniger als den Mindestbetrag zurückzahlen, bleibt ihnen nicht genug Geld, um über die Runden zu kommen.

Vergessen Sie nicht: Wenn Sie der Kreditkarten-Falle entkommen wollen, brauchen Sie Geld, Geld, Geld. Unser Plan muß drei Dinge gewährleisten: erstens muß ihr Mindestbetrag so niedrig sein, daß Sie ihn aufbringen können; zweitens müssen Sie genügend Geld für die täglichen Ausgaben haben, damit Sie nicht länger auf die Kreditkarten zurückgreifen müssen, und drittens müssen Sie anfangen, Geld beiseite zu legen, damit Sie nie wieder in die Kreditfalle geraten.

Falls Sie sich entschließen, diesen Brief zu schreiben, sollten Sie darum bitten, die monatliche Zahlung von 85 auf 10 oder 15 DM zu senken (und natürlich dem Unternehmen versichern, daß Sie die Karte nicht mehr benutzen werden). Entscheidend ist, daß Sie realistisch bleiben. Wenn Sie aus einem Haus herauswollen, sollten Sie die Tür öffnen und nicht ein Fenster einschlagen.

Meine Freundin Marcia, deren Mann eine eigene Arztpraxis besitzt, sagte mir, daß sie jeden Montagmorgen all jene Patienten anriefe, die ihre Rechnung noch nicht bezahlt hätten. Kleinlaut gestand ich ihr, daß ich gerade meinem Zahnarzt einen Scheck über 5 Dollar geschickt hätte. »Wunderbar!« sagte Marcia. »Kein

Problem, solange die Patienten uns *überhaupt etwas* schicken.«

❖ **Behandeln Sie Ihre Kreditkartenschulden und den Kredit für Ihren Wagen gleich.** Ist Ihnen eigentlich schon einmal aufgefallen, daß Sie keine Schwierigkeiten haben, genau den Mindestbetrag auf Ihren Autokredit oder die Hypothek zu zahlen? Wir unterzeichnen einen Vertrag und erklären uns bereit, monatlich einen bestimmten Betrag zu zahlen, bis der Wagen oder das Haus abbezahlt ist. Probieren Sie einfach einmal aus, ob es hilft, wenn Sie den Kreditkartenschulden den gleichen Status zubilligen – zahlen Sie immer nur den Mindestbetrag.

❖ **Hören Sie auf, sich etwas vorzumachen.** Beth hatte insgesamt über 20 000 Dollar Kreditkartenschulden. Von ihrem Gehalt wurden alle Mindestbeträge bezahlt; sie und ihr Mann lebten von seinem Gehalt. In einer Privatsitzung bat ich Beth, sich zu überlegen, auf welche Kreditkarten sie verzichten könnte. Sie blätterte nervös durch den Stapel. »Nun«, sagte sie schließlich. »Ich glaube, auf die XY-Card. Wissen Sie, wir benutzen Sie kaum, außer für Dinge wie Reifen, einen neuen Boiler oder eine Waschmaschine.« Oje. Von all den Karten in dem riesigen Stapel sollte sie diese eine behalten. Die Kreditkarten der Kaufhäuser nützen uns wenig, wenn wir kein Geld mehr haben und einen neuen Heißwasser-Boiler brauchen, wenn unser Wagen repariert oder das Haus neu gedeckt werden muß. Während Sie auf Kreditkartenentzug sind und sich eigene Ersparnisse aufbauen, sollten Sie eine allgemeine Kreditkarte behalten, falls ein

Notfall eintrifft, bevor Sie genügend Geld gespart haben, um die Kosten zu decken.

Zusammenfassung

Weshalb sollten wir nur den Mindestbetrag zahlen, statt unsere Schulden so schnell wie möglich zu tilgen und die hohen finanziellen Belastungen loszuwerden? Vor allem aus zwei Gründen. Zum einen, um uns aus dem emotionalen Griff der Schulden zu befreien, indem wir ihnen auf unserer Prioritätenliste den letzten Platz zuweisen und sie so ihrer Bedeutung berauben. Zum zweiten, um dadurch Geld in die Hand zu bekommen, mit dem wir uns selbst bezahlen können. Nur den Mindestbetrag zu bezahlen ist ein riesiger Schritt aus der Kreditkarten-Falle in die Freiheit, die sich eröffnet, wenn man über Geld verfügt.

Fakt: Wenn Sie sich nicht mehr auf die Schulden konzentrieren und nur den Mindestbetrag bezahlen, wird der Kredit getilgt.

Fakt: Sie können es.

Fakt: Wenn Sie nur den Mindestbetrag zahlen, werden Sie aufhören wollen, die Karten zu benutzen und anfangen, in der Gegenwart zu leben.

Fakt: Indem Sie sich entschließen, nur den Mindestbetrag auf Ihre Kreditkartenschulden zu zahlen, geben Sie zu verstehen: »Meine Ziele und ich sind wichtiger als die Schulden.« Sie haben die Verantwortung übernommen.

Falls Sie doch mehr als den Mindestbetrag zahlen möchten, sollten sie sich die folgenden Fragen stellen:

1. Reichen meine Notfall-Ersparnisse aus, mit einer Reihe unerwarteter Ausgaben fertig zu werden?

2. Würde ich, wenn ich heute viel Geld in die Tilgung der Schulden stecke und morgen erfahre, daß ich nur noch sechs Wochen zu leben habe, mein Geld zurückhaben wollen?

3. Habe ich für künftige Notfälle wenigstens die sechs Gehältern entsprechende Summe zurückgelegt?

4. Habe ich meine Ziele erreicht? Lege ich monatlich soviel wie ich möchte für die Verwirklichung jener Abenteuer zurück, von denen ich stets geträumt habe?

Unsere Herausfordrung besteht darin, daß wir uns selbst herausfordern. Möchten Sie sich am Ende Ihres Lebens nur sagen: »Donnerwetter, wir haben all unsere Schulden abbezahlt«, oder möchten Sie sich voll Freude an Orte, die Sie besucht haben, und an gemeinsam gemachte Erfahrungen erinnern?

Nicht die Schulden sind das Problem; das wirkliche Problem ist unsere verzerrte Sicht. Wir richten unsere Energie auf das, was wirklich wichtig ist – was unserem Leben Sinn verleiht. Wir setzen unsere Ziele an die erste Stelle, während wir unsere Schulden abtragen. Und während wir die Kontrolle über unser Geld und unserer Leben beanspruchen, bewegen wir uns im Schneckentempo, indem wir nur den Mindestbetrag auf unsere Kreditschulden bezahlen, und unsere Energie, unsere Begeisterung und unser *Geld* auf das verwenden, was uns Lebenskraft verleiht.

Kapitel 4
Mit zehn Mark sind Sie dabei: Füttern Sie mehrere Sparkonten zugleich

Es geht nicht um das, was Ihnen geschieht,
sondern um das, was Sie damit machen.

W. Mitchell

Sparen ist langweilig.

Stellen Sie sich vor, Sie säßen mit Freunden zusammen, und einer von ihnen würde plötzlich aufspringen und sagen: »Ich hab's! Laßt uns sparen.« »*Was* sollen wir?« würden alle fragen, und jeder würde ihn für verrückt halten. Aber wenn er aufspringen und vorschlagen würde: »Laßt uns eine Hütte mieten«, wären wir begeistert. Wann? Wo? Am Meer oder in den Bergen? Und wir würden eifrig Geld zurücklegen, um unseren Traum zu verwirklichen – plötzlich ist Sparen aufregend.

Als ich mit achtzehn Jahren mein Elternhaus verließ, war mir klar, daß ich sparen sollte. Ich wußte auch, daß ich jeden Tag die Zähne mit Zahnseide reinigen, regelmäßig trainieren und viel Obst und Gemüse essen sollte. Sollte. Sollte. Sollte. Langweilig. Hin und wieder zahlte ich, vom schlechten Gewissen getrieben, etwas Geld auf ein Sparkonto ein. Aber da ich über keinen Geldplan verfügte, fiel es mir nicht schwer, es aus den unterschiedlichsten Gründen wieder abzuheben.

Was also macht aus dem langweiligen »Ich muß« sparen ein begeistertes »Ich will«? *Motivation.* Freude und Befriedigung beleben uns, wenn wir unsere Ziele verfolgen und unsere Träume wahr werden. Statt von Schuldgefühlen und Verpflichtungen niedergedrückt, werden wir von unserer Energie, unserer Konzentration auf das Ziel und unserer Entschlußkraft emporgehoben.

»Ich war schon oft begeistert«, werden Sie jetzt einwenden, »aber die Begeisterung hielt nie lange vor.« Das liegt vor allem daran, daß wir nicht genau wissen, was wir wollen. Wenn ich Sie zum Beispiel fragen würde: »Möchten Sie ein

Dessert?« würden Sie meine Frage wahrscheinlich folgendermaßen analysieren: »Möchte ich ein Dessert? Hmmm. Nun, ich habe zwar kaum noch Hunger, aber warum nicht? Hängt ganz davon ab, was es ist.« Danach werden Sie wahrscheinlich fragen: »Was für ein Dessert?« Die vage Frage, ob noch ein Dessert gewünscht wird, löst keine Gefühlsreaktion aus, sondern setzt nur Ihren Verstand in Gang, der das Angebot überprüft.

Vergleichen Sie jene nicht motivierende Frage mit dieser: »Wie wär's mit dem köstlichsten, wohlschmeckendsten und unwiderstehlichsten Schokoladendessert, das jemals kreiert wurde?« (Sie können Schokolade durch Zitrone, Himbeere oder was immer auch Ihr Lieblingsdessert sein mag, ersetzen.) Ihnen läuft das Wasser im Mund zusammen, Nase und Zunge warten, von der Vorstellung gepeinigt, begierig auf den himmlischen Duft und den herrlichen Geschmack.

Aus diesen beiden sehr unterschiedlichen Reaktionen können wir einiges lernen. Wichtig ist vor allem, daß wir unserem emotionalen Selbst etwas geben, auf das es reagieren kann. Hier noch ein weiteres Beispiel: »Ich spare für einen Urlaub.« Da das Wort »Urlaub« recht unbestimmt ist, spricht es nichts in unserem Inneren an, und unser Verstand reagiert einzig mit einem »Na und?«. Vergleichen Sie den vorigen Satz mit dem folgenden: »Ich fliege nach Frankreich, um mich an der Riviera zu entspannen, werde mich mit dem Eiffelturm fotografieren lassen und mich unter die Franzosen mischen.« Frankreich als präzises Reiseziel regt uns an, uns Bilder und Töne vorzustellen, und erfüllt uns mit Ungeduld und Vorfreude. Als mir klar wurde, wie

langweilig ich das Sparen gemacht hatte, verstand ich endlich, weshalb ich keine Ersparnisse besaß.

Auf einem Workshop erklärte Lynn einen »Trip durchs
Land« als ihr Ziel. Sie seufzte und gab dadurch zu verstehen, daß dieses Ziel sie nicht im mindesten begeisterte. Sie
sagte wiederholt: »Ich möchte den Trip wirklich machen,
aber ich habe keine Lust, dafür zu sparen.« Rund eine
Woche später rief Lynn mich an, um mir ihre Erfahrung
mitzuteilen, in der Hoffnung, daß sie vielleicht einem Leser
dieses Buches helfen könne. Lynn war schließlich bewußt
geworden, was die Worte ein »Trip durchs Land« in ihr
auslösten: lange Stunden im heißen Wohnwagen, Aufent-
halte in schmutzigen Bädern und schmierigen Fast-Food-
Buden. Sobald ihr bewußt geworden war, welche negativen
Gefühle die Worte »Trip durchs Land« in ihr auslösten, gab
sie ihrem Ziel einen Namen, der sie begeisterte und lockte:
»Grand Canyon«. Lynn erklärte, daß sie jetzt eine gänzlich
andere Einstellung dazu habe.

Seien Sie also präzise. Geben Sie Ihren Konten und Dream-
Boxes nicht nur einen Namen, sondern einen ganz bestimm-
ten Namen – also nicht »Spaß«, sondern »Reiten«, nicht
»Urlaub«, sondern »Schweizer Alpen«.

Wir sprechen hier über verteilen, verteilen, verteilen, und
über Genauigkeit. Wenn Sie Ihr Geld und Ihre Ziele in einen
Topf werfen, heißt es, sobald unerwartete Ausgaben auf uns
zukommen: auf Wiedersehen, ihr Träume.

Aber wenn wir unser Geld anlegen, um uns unsere Wünsche
zu erfüllen – Unterhaltung, Sicherheit, eine Reise (oder, um
genau zu sein: Skifahren, Notfall-Geld, und die Bahamas) –
und es auf verschiedene Sparkonten verteilen, wird uns

bewußt werden, daß es nicht nur einfach, sondern auch erregend ist, sich selbst zuerst zu bezahlen. Mit Spaß, Sicherheit und Motivation auf unserer Seite kann kaum noch etwas schiefgehen. Die Schulden werden, obwohl immer noch vorhanden, in den Hintergrund treten, und plötzlich stehen unsere lange erwarteten Ziele im Licht unseres neuen Bewußtseins.

Nun könnten Sie fragen: »Wie soll ich mit all diese Konten klarkommen? Ich hasse Schreibarbeit. Es wird bestimmt recht verwirrend werden.« Doch viele Konten sind weniger verwirrend als das, was die meisten von uns bislang getan haben. Und das beste ist: Sie machen Spaß.

Jahrelang besaß ich nur ein Sparkonto und ein Girokonto. Wenn der Kontoauszug des Sparkontos ein Guthaben von 91 Dollar anzeigte, teilte ich dieses Geld folgendermaßen auf: »Fünfundzwanzig Dollar für die Fahrt zum Familientreffen, fünfzig Dollar für die Tischsäge, und sechzehn Dollar für den Wochenendtrip ans Meer.« Dann mußte der Wagen repariert werden. Die Rechnung wurde mit dem Gesparten bezahlt. Auf Wiedersehen Familientreffen, Tischsäge und Reise an den Strand.

Wir Menschen sind emotionale Geschöpfe. Stehen auf dem Kontoauszug 130 DM, registriert unser Hirn nur 130 DM. Vielleicht denken wir noch: »Das sind fast 150 DM. Dann kann ich mir die Lampe kaufen, die ich gestern bei den Sonderangeboten gesehen habe.«

Verfügen wir aber über mehrere Sparkonten, stünden vielleicht nur 35 DM Guthaben auf dem Kontoauszug, und wir würden denken: »Das Familientreffen ist schon in fünf Monaten, und ich möchte es wirklich nicht versäumen.

Wenn ich die Flugkosten, Hotel, Essen und Sightseeing hiervon bezahlen will, wäre es besser, wenn ich noch etwas mehr Geld auf dieses Konto überweise, sonst kann ich es vergessen.«

Die meisten von uns genießen jeden Tag in ihren Küchen die Freuden des Verteilens. Wir haben unser Besteck in drei oder mehr Sektionen geteilt: Gabel, Messer und Löffel. Das ist weder kompliziert noch verwirrend, sondern erleichtert uns das Leben. Genau deshalb machen wir es auch. Und diese einfache Lösung funktioniert genausogut auch bei Geld.

Das Verteilen unseres Geldes schützt uns davor, uns selbst zu sabotieren. Es hält uns davon ab, mit dem Geld für den Traumurlaub die letzte Autoreparatur zu bezahlen. Schuhe und Socken liegen ja auch nicht in einer Schublade; und das Geld für den neuen CD-Player ist nicht im gleichen Topf wie das für Notfälle.

Wenn der Wagen gerade nachgesehen wurde, gut läuft und einen vollen Benzintank hat, sind wir voller Zuversicht, entspannt und bereit, loszufahren. Genauso machen wir es, wenn wir unser Geld auf mehrere Konten verteilen. Indem wir Geld für unsere Bedürfnisse zurücklegen, schenken wir uns die Befriedigung, für den Fall des Falles vorbereitet zu sein. Notfall-Geld, Schottland-Geld, Versicherungs-Geld. Familientreffen-Geld. Auto-Geld. Kino-Geld. Kinder-Geld. Sobald wir ein Verlangen oder einen Wunsch verspüren, kümmern wir uns darum und eröffnen speziell für dieses Ziel ein Konto. Keine Alpträume mehr, wenn die Steuern fällig werden, keine Panik mehr, wenn der Heizkessel seinen Geist aufgibt. Wir brauchen nicht mehr darauf zu warten, daß die Schulden getilgt sind, bevor wir diese spezielle Reise planen und unternehmen.

Tom (der Mann, der in anderthalb Jahren 13 000 Dollar sparte) erzählt seine Geschichte: »Ich begann mit vier Konten, auf die ich jeweils fünf Mark einzahlte; einen Monat später eröffnete ich weitere Fünf-Dollar-Konten. Ich hatte ein gutes Gefühl bei der Eröffnung dieser Konten; denn damit kam Ordnung in meine Geldangelegenheit.

Im Juni, wenn meine Tochter aus dem Kindergarten kommt, werde ich ein Konto für sie einrichten. Ich habe jetzt im ganzen etwa neun Konten. Ich kann meine Zukunft überschauen. Ein gutes Gefühl.«

Hier eine Bestandsaufnahme dessen, was geschieht, wenn wir Geld verteilen:

1. Wir haben in uns hineingehorcht, um herauszufinden, was wir wirklich wollen, und langten bei einem bestimmten Ziel an.

2. Wir haben die Initiative ergriffen und für jedes unserer Ziele ein Konto eröffnet (oder eine Dream-Box aufgestellt).

3. Wir haben das Geld, mit dem wir uns zuerst bezahlen, auf die für bestimmte Zwecke eingerichteten Konten verteilt.

4. Wir haben die Chancen, unsere verschiedenen Ziele zu erreichen, beträchtlich erhöht. Mit dem Geld, das wir für die lang erwartete Familienfeier sparten, werden wir kaum die fällige Rechnung für die Kühlschrankreparatur bezahlen.

5. Wir haben ein greifbares Ziel errichtet. Wir können

förmlich schmecken, sehen und spüren, daß etwas geschieht.

6. Wir sind entspannt und haben das Gefühl, die Kontrolle über unser Geld zu besitzen. Unsere Grundbedürfnisse sind durch unsere Konten abgedeckt (näheres in Kapitel 6). Wir haben das Fundament für einen guten Nachtschlaf gelegt.
7. Wir haben unsere Lebensqualität erhöht, indem wir Vorfreude, Spaß, Motivation und Sicherheit in unser Leben integrierten.
8. Wir haben Hoffnung hervorgerufen.

Als nächstes werden wir unsere Ziele in einen Aktionsplan integrieren. In Kapitel 6 werden Sie erfahren, wie man einen Plan erstellt, der einem hilft, Träume zu verwirklichen. Sie werden Ihre Freude daran haben, und Sie werden erfolgreich sein, denn dieser Plan fußt auf dem, woran Ihnen am meisten liegt.

Bonnie schrieb: »Des weiteren griff ich ihren Vorschlag auf, verschiedene Sparkonten einzurichten. Früher sind wir nur selten in Urlaub gefahren. Immer mußten wir Geld zusammenkratzen oder die Kreditkarten belasten. Jetzt habe ich ein gesondertes Sparkonto. Auf dieses Urlaubskonto überweise ich von jedem Scheck, den ich bekomme, etwas Geld. Diesen Sommer haben wir unseren ersten schuldenfreien Urlaub gemacht. Wir hatten viel Spaß – so müssen Ferien sein (der Urlaub war schon bezahlt, als wir wieder nach Hause fuhren)!

Ich lege auch Geld für Unterricht und Bücher zurück, um Kurse auf dem College besuchen zu können. Und ich habe

ein weiteres Konto, auf dem wir für die hohe, halbjähr-
lich anfallende Vermögenssteuer sparen. Wir haben auch
separate College-Konten für unsere drei Kinder eingerichtet, auf die wir kleinere Beträge einzahlen. Und die Kinder
lernen so, wie man Geld verwaltet! Ich habe vorher noch
nie einen Geldplan erstellt – o ja, ich habe es versucht, aber
es war immer so frustrierend, daß ich aufgab. Aber dieser Plan funktioniert von selbst, da alles, was nur ›hin
und wieder‹ auftaucht, durch die Sparkonten abgedeckt
wird!«

Wie viele Konten?

Im Augenblick besitzen Sie vielleicht ein Girokonto, mit
dem Sie alle im Haushalt anfallenden Geldangelegenheiten
regeln, ein Notfall-Sparkonto und einen etikettierten Behälter, in den Sie das Kleingeld für einen »unerhörten Abend
in der Stadt« sparen. Falls dem so ist, haben Sie Ihr Geld
bereits gedrittelt.
Vielleicht bekommen Sie in sechs Wochen überraschend
Geld in Form eines Rückvergütungsschecks, oder die Versicherung erstattet Ihnen Geld zurück. Dieses unerwartete
Geld könnte der Anlaß dazu sein, daß Sie ein Autokonto
eröffnen, um den Streß zu reduzieren, der immer dann
eintritt, wenn der TÜV und die Versicherung fällig werden.
Und wenn ich Sie dann in einem halben Jahr treffe, sagen
Sie vielleicht: »Hey, Carol, ich habe jetzt fünf Konten«, und
drei Jahre später höre ich möglicherweise: »Jetzt habe ich
neun Konten.« Sobald Sie die gewaltigen Vorteile des Tei-

lens einmal erlebt haben, werden Sie feststellen, daß Sie das Konzept immer bei Bedarf anwenden.

Sobald Ihnen klar wird, daß für manche Dinge scheinbar niemals genug Geld vorhanden ist, werden Sie ein Konto einrichten, um sich einen bestimmten Wunsch zu erfüllen oder auf eine mögliche Ausgabe vorbereitet zu sein. Es geht nicht darum, zu entscheiden, wie viele Konten man braucht, sondern darum, das Grübeln, Sorgen, Planen, Kalkulieren zu beenden und es einfach zu tun – anfangen, auf ein Ziel hin zu sparen. Ich bin einfach in das Zimmer meines Sohnes gegangen und habe angefangen, es zu streichen. So sollten wir es auch mit dem Einrichten mehrerer Konten machen. Einfach anfangen.

Werde ich, wenn ich das Geld auf mehrere Konten verteile, nicht weniger Zinsen bekommen, als wenn ich alles in einem Topf lasse?

Es hat den Anschein, als würden wir Zinsgelder verlieren, wenn wir eine große Geldsumme auf mehrere Konten verteilen, also wollen wir uns die Sache einmal genauer anschauen. Bei 500 DM und drei Prozent Zinsen wird das Konto 15 DM im Jahr bringen. Bei 100 DM und drei Prozent Zinsen wird das Konto jährlich drei DM einbringen. Folglich werden fünf verschiedene Konten mit einer Einlage von je 100 DM (Gesamtsumme 500 DM) jeweils drei DM einbringen (Gesamtsumme 15 DM). Wir werden so oder so 15 DM verdienen. Doch seien Sie auf der Hut. Vergewissern Sie sich, daß man Ihnen fürs Sparen keine

Gebühr berechnet. Die Institution, bei der Sie sparen, sollte *Ihnen* Zinsen für das Privileg zahlen, mit *Ihrem* Geld arbeiten zu dürfen.

Mit welchem Geld soll ich vier, sieben oder zwölf Konten einrichten?

Auf einem meiner Workshops sagte Gail am ersten Abend: »Oje, wenn ich es so mache, wie Sie vorschlagen, werde ich siebenundneunzig sein, bevor ich Europa sehe.« Zwei Gedanken scheinen unseren Verstand kurzzuschließen, wenn wir diese Vorschläge zum ersten Mal hören: Erstens: »Wie können ein paar Pennies jemals die Summe ergeben, die ich brauche, um mir meinem Wunsch zu erfüllen (»eine Reise nach Europa vor meinem siebenundneunzigsten Geburtstag«); und zweitens: »Mit welchem Geld soll ich diese Konten einrichten?«

Ich habe stets Schwierigkeiten, diesen Teil zu erklären, weil es sich hierbei um etwas handelt, das einfach geschieht. Es ist, als stünde man im Regen – man wird naß. Mein Freund Brian brachte seine Dream-Box mit, um mir zu zeigen, welche Fortschritte er bereits gemacht hat. Er und sein fünfjähriger Sohn sparen auf einen Flug mit dem Wasserflugzeug zu den San Juan Islands. In der Dream-Box befand sich ein 100-Dollar-Schein. Sie hatten das Kleingeld zusammengerollt und waren auf 97 Dollar gekommen. Nur noch drei Dollar, und sie hätten hundert Dollar. Was taten sie also? Sie ahnen es. Sie nahmen drei Dollar aus der allgemeinen Kasse, um einen knisternd neuen 100-Dollar-Schein zu erhalten, der sie zu weiterem Sparen anspornte.

Ein großartiges Beispiel dafür, wie erfinderisch wir werden, wenn wir motiviert sind. Obwohl Brian und sein Sohn Wechselgeld sparten, um ihr Ziel zu erreichen, war die Gesamtsumme von siebenundneunzig Dollar so nahe an jenen ungeheuren, lockenden hundert Dollar, daß sie keine Schwierigkeiten hatten, die fehlenden drei Dollar aus einer anderen Geldquelle zu besorgen, um so den Flug mit dem Wasserflugzeug total anzukurbeln. Sobald Sie sich einmal auf ein Ziel fixiert haben, werden Sie Mittel und Wege finden, an das Geld zu kommen, das Ihren Traum verwirklicht. Ein Zeitschriften-Abo muß erneuert werden, und Sie wägen ab – noch mehr Zeitschriften oder mehr Geld für ein Unterwasser-Atemgerät? Je länger Sie im Regen stehen, desto nasser werden Sie; je länger Sie Ihr Geld verteilen, desto mehr Möglichkeiten werden Sie entdecken, an zusätzliches Geld zur Verwirklichung Ihrer Ziele zu kommen. Und woher kommt das Geld? Erstens von unseren täglichen Entscheidungen, und zweitens, von den Geldspielen, die wir spielen (siehe Kapitel 5). Was wollen wir eigentlich damit sagen, wenn wir ein paar Münzen in den Hut eines Straßenmusikanten oder eines Bettlers werfen? Auf einer Ebene scheint uns bewußt zu sein, daß ein paar Münzen, von vielen Menschen gegeben, sich am Ende zu einem Betrag summieren, der ausreicht, diesem Menschen aus der gröbsten Not zu helfen. Jetzt ist es an der Zeit, dieses Prinzip auf uns anzuwenden und uns herauszuhelfen.

In der zweiten Kurswoche erklärte Gail: »Ich habe darüber Witze gemacht und gesagt, daß ich siebenundneunzig Jahre alt sein würde, bevor ich genügend Kleingeld für eine Reise nach Europa gesammelt hätte. Aber vorher habe ich überhaupt nicht gespart. Also wäre ich gestorben, ohne Europa gesehen zu haben! Jetzt besteht wenigstens eine Chance, dorthin zu kommen. Wissen Sie, ich will schon so lange nach Europa, aber ich habe noch nie etwas unternommen, um es zu schaffen. Ich habe mir immer einfach vorgestellt, wenn die Schulden getilgt sind, wenn ich damit fertig bin, wenn die Kinder erwachsen sind, dann würde … Nun, Sie kennen das ja …«

In welcher Lage Sie sich zur Zeit auch befinden mögen – fangen Sie an. Sie könnten einfach so lange Ihr Wechselgeld in einen Socken werfen, bis genug für ein Essen darin ist. Wählen Sie etwas, worauf Sie sich wirklich freuen, und legen Sie Geld dafür zurück. Wenn Sie erst einmal erlebt haben, wie es ist, ein Ziel zu erreichen, wird der Erfolg Sie zum nächsten und übernächsten tragen.

Achten Sie einmal auf das,
was Sie sagen
Aus purer Gewohnheit benutzen wir vielleicht unbewußt alte, vertraute Worte, die nicht länger unsere wirklichen Empfindungen ausdrücken. Manchmal höre ich in einem Workshop jemanden sagen: »Ich verzichte auf immer mehr.« Und wenn ich die Gruppe frage, ob es hierbei wirklich um »Verzicht« geht, wird ihr sofort klar, daß es nicht so ist. Wir »verzichten« nicht länger, sondern treffen bedeutende Entscheidungen. Wir sagen, ich wäre gern am Meer; ich würde gern früh in den Ruhestand gehen; ich habe mich entschieden, eine neue Stereoanlage zu kaufen. Unser Blickwinkel hat sich verlagert. Wir bemitleiden uns nicht mehr selbst, wenn wir beschließen, den Artikel, der uns ins

Auge sticht, nicht zu kaufen. Statt dessen sagen wir: »Ich habe mich entschieden, diese 4,75 DM auf mein Sparkonto einzuzahlen, um mir davon etwas zu kaufen, das ich wirklich möchte.« Und wir halten das Geld von dem übrigen getrennt, bis es auf dem richtigen Konto landet. Die alte Einstellung des »Ach, ich Arme (Armer), ich kann während des Films kein Popcorn genießen« wurde durch einen »Ich möchte vor dem Film eine Kleinigkeit essen, damit ich die 4 DM, die ich sonst für Popcorn ausgegeben hätte, auf mein ›Französische-Riviera‹-Konto einzahlen kann.« Wir verzichten nicht auf Popcorn, sondern leisten uns einen erstklassigen Urlaub!

Wie verteilt man
fünf Dollar?
Als meine Großmutter noch lebte, schickte sie mir jedes Jahr mit der Geburtstagskarte einen nagelneuen Fünf-Dollar-Schein. Als Erwachsene steckte ich den Schein in meine Brieftasche und gab ihn für Lebensmittel, Benzin oder einen Haushaltsartikel aus. Es fiel mir stets schwer, mich bei meiner Großmutter schriftlich zu bedanken, da ich ihr Geschenk nicht für mich verwendet hatte. Ich hatte nie das Gefühl, schreiben zu müssen: »Liebe Großmutter, danke, daß du mir geholfen hast, meine Familie zu ernähren.«
Als mir schließlich das Konzept des Verteilens klar wurde, begann ich mich über mein Fünf-Dollar-Geburtstagsgeschenk zu freuen. Ich genoß zu sehen, was ich alles damit erreichen konnte. Beispielsweise:

2,00 Dollar für ein auswärtiges Essen
(Salat oder Sandwiches)
2,00 Dollar für neue Ohrringe
1,00 Dollar in die Familienkasse

oder

3,50 Dollar für einen Film
1,50 Dollar in die Familienkasse

Als ich noch verheiratet war, bekamen wir gewöhnlich jedes Jahr eine Einkommensteuerrückerstattung. Während ich auf den Scheck wartete, war ich voller Vorfreude und erklärte meinen Mitmenschen: »In diesem Jahr bekommen wir vom Staat fünfhundert Dollar wieder!«

Schließlich kam der Scheck. Und es dauerte nicht lange, dann setzte ich mich mit den Rechnungen an einen Tisch und warf die 500 Dollar zu dem Stapel. Die Kreditkartengesamtschuld würde geringfügig sinken – von 3754,23 Dollar auf 3254,23 Dollar. Wochen der Vorfreude, und in einem Augenblick war alles vorbei. Und was, wenn ich am nächsten Tag einen 70 Dollar teuren Ersatzschlauch für den Staubsauger brauchte? Ich würde ihn natürlich mit der Kreditkarte bezahlen. Da ich nichts von der Einkommensteuerrückerstattung zurückbehalten hatte, blieb mir keine andere Wahl. Ich mußte den Schlauch auf Kredit kaufen. Das war der selbstzerstörerische Teufelskreis, in dem ich über zehn Jahre gefangen war.

Dann trat eine dramatische Wende ein. Sobald mir das Konzept des Verteilens klargeworden war, ging ich anders an die Steuerrückzahlung heran. Während ich auf den Scheck wartete, machte ich Pläne, wie ich die 500 Dollar anlegen würde. Eines Abends könnte die Liste folgendermaßen ausgesehen haben:

100 Dollar	Notfallreserve-Konto
100 Dollar	Reise nach Disneyland und zu Großmutters Haus
25 Dollar	Neuer-Teppich-Konto
30 Dollar	Kinder »Jetzt«-Konto
45 Dollar	abends Ausgehen mit Familie
50 Dollar	Weihnachtskonto
50 Dollar	in die Familienkasse, um den Druck zu lindern
105 Dollar	neue Kleidung

Ich fühlte mich um einiges besser. Das Verteilen des Geldes, um kommenden Bedürfnissen begegnen zu können, vermittelte mir ein unglaubliches Gefühl von Frieden und Kontrolle. Ich fühlte mich tausendmal besser als früher, als ich zusehen mußte, wie das Geld in einem Stapel von Rechnungen unterging. Ich stellte fest, daß ich den 500-Dollar-Verteilungsplan auf dem Papier mehrere Male umstellen mußte, ehe ich zufrieden war. Während ich plante und Prioritäten setzte, fügte ich Kategorien hinzu oder strich sie. Und wenn der Scheck endlich eintraf, hatte ich mich bereits für einen Plan entschieden, der mir äußerst befriedigend erschien.

Tim schrieb: »Im nächsten Monat bekommen wir unsere jährliche Prämie. Wir werden das Geld einteilen und für unterschiedliche Ziele zurücklegen, um endlich einmal anzufangen. Nur 485 Dollar der annähernd 6000 Dollar werden auf die Bezahlung von Rechnungen verwendet. Wie positiv! Hurra!«

Wenn Sie also das nächste Mal unerwartet Geld bekommen, ob zum Geburtstag, durch Garagen-Verkauf, einen Rückvergütungsscheck oder eine Steuerrückzahlung, durch Möbel- oder Wagenverkauf, eine Erbschaft oder durch eine Darlehenserstattung, rühren Sie es nicht an, sondern nehmen Sie sich sofort ein Stück Papier und beginnen Sie das Geld so aufzuteilen, wie es Ihnen am besten, befriedigendsten erscheint. Was bei fünf Dollar funktioniert, funktioniert auch bei 500 Dollar – Geld aufzuteilen, um damit allen Bedürfnissen und Wünsche nachkommen zu können, ist eine sehr befriedigende Methode.

Die Macht des großen Geldes

Was würden die meisten von uns tun, wenn Sie plötzlich 1000 oder 25 000 DM zur Verfügung hätten? *Sie ausgeben.* Wenn Sie die folgende Geschichte gelesen und einen Blick auf die beiden Tabellen geworfen haben, werden Sie möglicherweise Ihre Meinung ändern.

Vor rund 25 Jahren erbten Freunde von mir 35 000 Dollar. Sie erhielten das Geld kurz nach der Geburt ihres ersten Kindes und taten das, was viele von uns tun würden – sie kauften ein Haus.

Aber was wäre geschehen, wenn sie nur 1000 Dollar zurückbehalten und angelegt hätten. (Die Zahlungen für das Haus wären im Monat nur ein paar Dollar höher gewesen.)

Das folgende Beispiel spiegelt die Zinsraten wider, die meinen Freunden in den vergangenen 25 Jahren zu Gebote gestanden hätten:

		10 Jahre	15 Jahre	25 Jahre	40 Jahre
Bei 6%	$ 1000	$ 1819	$ 2454	**$ 4 465**	$ 10 954
Bei 12%	$ 1000	$ 3300	$ 5600	**$ 19 788**	**$ 118 645**

Wenn sie mit 1000 Dollar aus der Erbschaft ein Sparkonto eröffnet und in den vergangenen 25 Jahren im Schnitt sechs Prozent Zinsen auf die Summe bekommen hätten, stünden ihnen heute 4465 Dollar zur Verfügung. Doch wenn sie sich in den 25 Jahren darum gekümmert hätten, stets die höchstmögliche »sichere« Zinsrate zu bekommen – in den USA durchschnittlich zwölf Prozent –, wären aus den tausend Dollar bis heute bereits 19 788 Dollar geworden. Das heißt, ihnen stünden heute fast 20 000 Dollar zur Verfügung, nur weil sie sich darum kümmerten, stets die höchstmöglichen Zinsen zu bekommen.

Aber was wäre, wenn sie das Haus mit 10 000 Dollar angezahlt und die verbleibenden 25 000 Dollar des ererbten Geldes auf einem zinsbringenden Konto angelegt hätten?

		10 Jahre	15 Jahre	25 Jahre	40 Jahre
Bei 6%	$ 25 000	$ 45 475	$ 61 350	**$ 111 625**	$ 273 850
Bei 12%	$ 25 000	$ 82 500	$ 140 000	**$ 494 700**	**$ 2 966 125**

Erstaunlich, nicht wahr? Wenn sie vor 25 Jahren 25 000 Dollar auf die Bank gebracht hätten, besäßen sie heute 111 625 Dollar. Keine allmonatliche Geldknappheit, keine Sorgen – *sondern mehr als das Vierfache des angelegten*

Betrages. Das geschieht, wenn wir eine große Summe sparen, statt sie auszugeben. Und wenn sie darauf geachtet hätten, stets die höchstmöglichen Bankzinsen zu bekommen, würden sie heute über rund 500 000 genau: (494 700 Dollar) verfügen. Wenn sie diese 500 000 Dollar heute auf die Bank bringen würden, bekämen meine Freunde bei nur vier Prozent Zinsen jährlich 20 000 Dollar gutgeschrieben – und zwar für den Rest ihres Lebens. (Als ich zu sparen begann, zahlte ich monatlich 100 Dollar auf Depotschein-Sparkonten ein, die 15% und 16% Zinsen brachten. Da ich noch lernte, erkannte ich nicht, wie wichtig es war, ein Zehnjahres-Zertifikat zu zeichnen, das mir für die nächsten zehn Jahren 15% und 16% Zinsen garantiert hätte. Immerhin legte ich mein Geld für zweieinhalb Jahre fest an!)

Marlow, ein Immoblienmakler, schrieb: »Ich gerate immer wieder an Menschen, die gerade ein Haus verkauft haben und den gesamten Erlös in eine neues Haus stecken wollen. Ich wußte stets, daß das Wahnsinn war, konnte aber nicht erklären, weshalb – mir schienen keinen guten Gründe einzufallen, die dagegen sprachen. Doch mit der Information, die ich durch Ihren Workshop bekam, und den Tabellen, die Sie lieferten, bin ich in der Lage, die Menschen davor zu bewahren, einen großen finanziellen Fehler zu machen.«

Zusammenfassung

Geld zu verteilen ist eine der besten Methoden, die ich kenne, um das Leben amüsanter zu gestalten und gleichzeitig seine Ziele zu erreichen. Wir sind entspannt in dem Wissen, daß wir auf Notfälle vorbereitet sind, und energiegeladen und voller Vorfreude, während wir erleben, wie unsere Träume wahr werden.

Denken Sie immer daran, wie wichtig es ist, genau zu sein. Wenn wir sagen: »Geld sparen« oder »auf den Urlaub sparen«, ergibt das nur eine vage, unbestimmte Vorstellung; kaum etwas, mit dem man arbeiten kann. Aber wenn wir das nichtssagende Wort »Urlaub« durch Aspen, Bermuda, Griechenland, Afrika oder Neuseeland ersetzen, werden wir munter. Jetzt haben wir einen Grund zum Sparen; plötzlich möchten wir alles Geld sparen, dessen wir habhaft werden können.

In dem Augenblick, in dem wir Geld auf ein zinsbringendes Konto einzahlen, beginnt es von allein zu wachsen und sich zu vermehren. Bevor Sie einen großen Geldbetrag ausgeben, sollten Sie sich fragen: »Wie lange würde ich brauchen, um diese Summe zu sparen? Wieviel Zinserträge werde ich verlieren, wenn ich die Summe ausgebe, statt sie zu sparen?« Für die meisten von uns sind große Geldsummen schier unerreichbar. Falls also ein großer Betrag in Ihren Händen landen sollte – *halten Sie ihn fest.*

Kapitel 5
Mythen,
Geldspiele und mehr

*Sag ihnen, sie sollen es genießen, solange
Sie es noch können. Nicht so wie wir. Wenn
man über achtzig ist, hat man Geld, kann
aber nichts mehr damit anfangen.*

Katherine Keeffe Johnson

Eine eindeutige Definition für den Begriff »Mythos« gibt es nicht. Ich bezeichne alles als einen Mythos, was wir für wahr halten. Ich hing beispielsweise jahrelang dem Mythos an, daß jeder Mensch nur ein Sparkonto hat. Es kam mir nie in den Sinn, mehrere Sparkonten zu eröffnen. Ich glaubte, jeder habe nur ein Giro- und ein Sparkonto.

Mythen

Ich hoffe, Sie werden, indem Sie die folgenden Mythen untersuchen, weitere Verhaltensmuster in Frage stellen und entdecken, wo Sie aus einer reinen »Annahme« heraus handelten. Ich lade Sie ein, Ihre Gedanken, Gefühle und Meinungen über diese und alle anderen Mythen in Ihrem Leben noch einmal zu überdenken und herauszufinden, ob Ihnen vielleicht Alternativen einfallen werden, die Sie noch nie zuvor in Erwägung gezogen haben. (Ich kann mich noch daran erinnern, wie ich eine Kommode in den Hauseingang stellte, was mir nicht leicht fiel, da ich dem Mythos anhing, eine Kommode gehöre ins Schlafzimmer. Aber die Kommode machte sich dort gut, und ich hatte ein Platzproblem gelöst.) Lassen Sie sich beim Erkunden Zeit. Werden Sie von Mythen beherrscht, oder erwägen Sie sorgsam, was Sie im Leben am meisten schätzen und handeln dementsprechend? (Wir sind aufgefordert, die Steine umzudrehen – hinter der Annahme nach dem zu suchen, was das beste für uns ist.) Wir alle verdienen Lebensqualität und Zufriedenheit. Aber beides fällt nicht vom Himmel. Wir müssen uns dafür entscheiden.

Mythos Nummer 1:
Ein eigenes Haus

Sobald ich erwachsen war, hörte ich von allen Seiten:
»Wann wirst du dir ein Haus kaufen? Ein eigenes Haus ist
die beste Investition, die du machen kannst. Du wirst doch
dein Geld nicht für die Miete hinauswerfen, oder?« Ich kann
mich an keinerlei Diskussionen über die Vor- und Nachteile
von Kaufen oder Mieten erinnern. Es wurde *vorausgesetzt,*
daß man ein Haus kaufte. Der Mythos war folgender: »Du
wirst erwachsen, bekommst einen guten Job, heiratest,
kaufst ein Haus und kriegst Kinder.« Es ging nicht darum,
ob ich ein Haus kaufen würde, sondern *wann* ich es kaufen
würde.

Viele der Informationen, die wir im Laufe unseres Lebens
bekommen, sind ähnlich. Wir tun, was alle tun, und verhalten uns so, als gebe es nichts anderes. Doch leider stellen
wir das Gelernte höchstwahrscheinlich nicht in Frage, sobald wir einmal konditioniert sind. »Die Idee, Vorurteile wie
›Ich muß ein Haus besitzen‹ anzufechten, war für mich
revolutionär und unglaublich befreiend«, sagte Marina.

In der heutigen wirtschaftlichen und gesellschaftlichen Situation und in Anbetracht unserer Individualität können wir
nicht voraussetzen, daß der Kauf eines Hauses der »richtige« Weg ist. Ich erinnere mich noch gut an Marty, die auf
einem Workshop gestand: »Wir, mein Mann und ich, besaßen nur sechs Monate lang ein eigenes Haus. Dann ver-
kauften wir es. Wir arbeiteten beide sehr lange, stritten uns
ständig und hatten nie Zeit, entspannt mit unserem kleinen
Sohn zu spielen. Wir dachten, wir hätten das Haus für ihn
gekauft, bis uns klar wurde, daß für ihn weder Zeit noch

Energie übrigblieb. Unser ganzes Leben dreht sich nur noch darum, wie wir genügend Geld aufbringen konnten, nicht nur für das Haus, sondern auch zum Leben.«

Wie oft wird die Lebensqualität der Familie durch den Druck zerstört, den hohe Zahlungen auf das Haus mit sich bringen (nicht zu vergessen die Kosten für ein neues Dach, für die Behebung von Installationsproblemen, für Gartenarbeit, Schädlingsbekämpfung, Heizkesselreparaturen, Steuern)?

Die Frage, ob wir besser ein Haus kaufen oder mieten, stellen wir uns immer wieder. Mit unseren Bedürfnissen ändert sich auch die Form der Unterkunft, die wir brauchen. Wir möchten – ausgehend von unserem Lebensstil, unserer finanziellen Lage und unseren Werten – herausfinden, was das beste für uns ist. Am Anfang hielten viele Teilnehmer meiner Geld-Workshops einen Kauf in Anbetracht ihrer finanziellen Situation auch nicht im entferntesten für möglich. Als ich mich zwei Jahre nach dem Besuch meines Workshops mit der 56 Jahre alten Mary unterhielt, gestand sie mir: »Bevor ich an Ihrem Workshop teilnahm, fühlte ich mich meinen Schulden verpflichtet und gefangen. Das Leben sah recht trübe aus. Aber dann stellten Sie die Frage, die mich tief beeindruckte: ›Wovon träumen Sie? Falls ein eigenes Haus für Sie wichtig ist, okay, konzentrieren Sie sich darauf. Wenn Sie lieber reisen und nicht so viel für eine Unterkunft ausgeben möchten, konzentrieren Sie sich darauf. Finden Sie heraus, was wirklich wichtig für Sie ist.‹ Ich lebte damals im Erdgeschoß eines hübschen Hauses in einer freundlichen Umgebung, aber ich wollte nicht bis zu meinem Lebensende dort bleiben. Einen Kauf zog ich nicht einmal in Erwägung. Damals dachte ich: ›Ohne zwei Einkommen kannst du in dieser Stadt nichts kaufen. Du bist dazu verurteilt, immer zur Miete zu wohnen.‹ Jedenfalls kam es mir damals so vor.

Wie der Zufall so spielt, erwähnte ich einmal im Laufe einer Unterhaltung: ›Oh, wie gern würde ich mir ein Haus oder eine Wohnung kaufen, aber ich kann es nicht‹, und bekam zur Antwort, daß da gerade eine wirklich schöne Stadtwohnung greifbar sei. Und preiswert dazu. Ich schaute mich um, setzte mir ein Ziel und begann zu sparen. Ich lernte, vom Gehalt erst mich und dann erst die Rechnungen zu bezahlen. Mit dem Rest mußte ich bis zum Monatsende auskommen. Es dauerte nicht lange, da hatte ich bereits 1000 Dollar gespart; und ich sagte mir: ›Das ist wirklich aufregend!‹

Nach anderthalb Jahren hatte ich ungefähr 10 000 Dollar zurückgelegt. Am 19. diesen Monats ziehe ich in meine Eigentumswohnung. Ich bin jetzt 56 Jahre alt. Als ich hierherkam, sah alles trübe und hoffnungslos aus. Selbst als ich vor zwei Jahren Ihren Workshop besuchte, erschien es mir kaum möglich, dieses Ziel zu erreichen. Es war nicht leicht, das kann ich Ihnen versichern. Doch zu sehen, daß mein Traum wahr werden konnte, gab mir Hoffnung. Und ich knauserte nicht. Ich hätte wahrscheinlich mehr sparen können, aber ich hab's mit dem Bargeld. Immer, wenn ich mir etwas kaufte, bezahlte ich bar.«

Bevor wir Zehntausende von Dollar in den Kauf eines Hauses investieren oder die Vorstellung von den »eigenen vier Wänden« verwerfen, sollten wir uns folgende Frage stellen: »Welche Art von Unterkunft entspricht meinen/unseren momentanen Bedürfnissen am besten?«

Valerie sagte es gerade heraus: »Ein Kollege von mir hob mit Einwilligung seiner Frau 10 000 Dollar von ihrem IRA-Konto ab, um damit ein Haus anzuzahlen. Früher unternahmen sie amüsante Skiausflüge; jetzt ist er völlig gestreßt. Ein Zahltag ist so schlimm wie der andere: Warten auf den Scheck, Angst vor den geschätzten Steuern, und die Sorge, wovon man die Hypothekenrate bezahlen soll. Früher bezahlte er 450 Dollar an Miete; heute hat er eine monatliche Hypothekenbelastung von über 1200 Dollar, plus zwei Autoraten, plus einem Baby. Ich schaue ihn an und denke: ›Gut, daß du es nicht so gemacht hast.‹« Eine traurige, aber allzu vertraute Situation: die Lebensqualität dreier Menschen löst sich auf, weil ein Haus abbezahlt werden muß.

Ich möchte Sie bitten, sorgsam abzuschätzen, welche Unterkunft Ihren emotionalen und finanziellen Bedürfnissen entspricht – nicht nur jetzt, sondern während Ihres Lebens. Ein Freund erwähnte heute, daß er härter und länger arbeiten will, um nach der Scheidung das Haus halten zu können. Mein Herz wurde schwer, während er sich auf Überstunden und zunehmenden Streß fixierte – nur, um Hausbesitzer zu sein –, und das zu einer Zeit, wo er unbedingt seinen emotionalen und finanziellen Druck lindern sollte.

Karren platzte beim zweiten Geld-Seminar mit der Nachricht heraus, sie habe ein Apartment gemietet, das monatlich 200 Dollar weniger als geplant koste – und das nur dank unserem Gespräch. Vor dem Kurs durchforstete sie alle Anzeigen in dem Preisspektrum, das sie sich auf Grund ihres Gehaltes leisten zu können glaubte. Nach dem Kurs suchte sie nach Apartments, die die von ihr gewünschte

Lebensqualität aufwiesen. Karren stehen jetzt monatlich nicht nur 200 Dollar mehr zur Verfügung (oder 2400 Dollar im Jahr!), die sie sparen und auf ihre Ziele verteilen kann, sondern sie hat noch etwas anderes gewonnen: »Mein neues Apartment ist ein wenig kleiner als das letzte, aber ich habe jetzt eine herzzerreißende 180-Grad-Sicht aufs Wasser!«

Immer wieder höre ich: »Ich wünschte, einer von uns könnte zu Hause bei den Kindern bleiben. Aber wir müssen beide arbeiten, um über die Runden zu kommen.« Diese Aussage ist meistens eher ein Mythos als eine Tatsache. Vor Jahren las ich, daß die ersten 10 000 Dollar plus, die von dem zweiten arbeitenden Elternteil verdient werden, für Kinderpflege, Transport, Arbeitskleidung, höhere Lebensmittelrechnungen (abgepackte Mahlzeiten, teure Luxuslebensmittel, regelmäßig essen gehen, zur Entspannung), höhere Arztrechnungen wegen zunehmendem Streß, und so weiter, ausgegeben werden. Zu oft glauben wir, mehr Geld nach Hause zu bringen, wenn wir in Wirklichkeit mehr Schulden und größeren Streß erzeugen und die Zeit abnimmt, in der wir uns entspannt mit der Familie beschäftigen.

T. J. und ihr Mann leben bewußt für das, was sie am meisten schätzen: »John und ich haben uns immer wieder darüber unterhalten, wieviel Geld wir brauchen, um ein sorgenfreies Leben zu führen. John war rund zwei Jahre lang Hausmann; wir unterrichten unsere beiden Töchter zu Hause. Ich bin Krankenschwester und mache pro Woche zwei Abendschichten (also im ganzen 32 Stunden). Im Augenblick kommen wir uns reich vor!«

Was möchten Sie wirklich? Vier Tage pro Woche arbeiten? Zu Hause bei Ihren Kindern bleiben? Mehr Zeit zum Ent-

spannen haben? Frei sein von Hausinstandhaltungsver-
pflichtungen? Einen Raum, nur für Sie allein? Sobald Sie
wissen, was Sie wirklich möchten, können Sie nach einer
Möglichkeit suchen, Ihren Traum zu verwirklichen. Mir
schenkt das Wissen, daß ich dem Zusammensein mit meinen Kindern Priorität gegeben habe, tiefe Befriedigung.

Es gibt so viele Streitpunkte, wenn es um die Vor- und
Nachteile von Kaufen oder Mieten geht. Sehr oft basiert der
professionelle Rat, den man uns gibt, auf langfristigen
Wertzunahmen. Dieser Ansatz mag auf dem Papier ein-
drucksvoll aussehen, aber er ignoriert die emotionalen Bedürfnisse, die das Leben jetzt, heute, befriedigend und
erfreulich machen. Extra- oder Doppelzahlungen sind ein
gutes Beispiel dafür. Natürlich ist das Haus schneller abbezahlt, wenn wir mehr zahlen; möglicherweise werden die
Zinszahlungen dadurch sogar um Zehntausende von Dollar
reduziert. Aber wo bleibt in der Zwischenzeit die Lebensqualität? Was mich betrifft – ich brauche das Geld heute.
Für mich steht momentan an erster Stelle, genügend Geld-
mittel zu haben, um mich und meine beiden Söhne im
Teenager-Alter angemessen versorgen zu können, und
nicht, mein Haus schneller abzubezahlen.

Und so entschied sich Patti, nachdem sie ihren Papierplan
in Frage stellte: »Wir sind davon abgekommen, Extrazah-
lungen auf das Haus zu leisten. Wir werden unser Geld
sparen und aufteilen, um das Leben mehr zu genießen. Wir
halten an, um an den Rosen zu riechen, bevor der Winter
unseres Lebens kommt und sie verblüht sind.«

Wir sind aufgefordert, den Weg in Frage zu stellen, auf dem
wir uns befinden. Nur weil eine Entscheidung damals, als

wir sie trafen, richtig zu sein schien, muß sie nicht auch heute die beste sein. Nur allzuoft glauben wir, wir müßten, sobald wir einmal eine Entscheidung getroffen haben, daran festhalten. Das trifft nicht zu. Auf kurze und lange Sicht mag die lohnendste Entscheidung jene sein, seine Meinung zu ändern.

Mythos Nummer 2:
Mit 65 in den Ruhestand
Weshalb arbeiten die meisten Menschen mit 65 Jahren und darüber hinaus noch ganztags? Weil sie nicht genügend Geld haben, um früher in Pension zu gehen. Tatsache ist, daß der Ruhestand nichts mit dem Alter zu tun hat, sondern mit finanzieller Unabhängigkeit. Ist Geld vorhanden, kann man wählen, wo man, wann man und ob man überhaupt arbeiten möchte.

Für mich war es eine unglaubliche Erkenntnis, daß *ich* beschließen kann, wann ich in den »Ruhestand« trete. (Mit »Ruhestand« meine ich, genug Geld zu haben, um entscheiden zu können, ob ich weiter arbeite oder nicht.) Wir alle haben Orte, die wir besuchen, Dinge, die wir tun, Menschen, mit denen wir Kontakt aufnehmen, Hobbys, denen wir nachgehen möchten – das alles könnten wir tun, wenn wir nicht jeden Tag arbeiten müßten, um über die Runden zu kommen. Welches Alter ist also das Pensionsalter? Das Alter, für das *wir* uns entscheiden. Wir brauchen nur das Geld beiseite zu legen, mit dem wir uns die Freiheit der Wahl kaufen können.

182

Mythos Nummer 3:
Eine Familie, zwei Autos

Wenn das Gespräch auf Autos kommt, hört man immer wieder, daß sie im Grunde nur Mittel seien, um uns von hier nach da zu bringen. Aber die Werbung hat viele von uns zu dem Glauben verführt, das Metallgebilde mit Motor dort draußen vor der Tür würde unsere Persönlichkeit widerspiegeln. Selbstbild, Status, Stolz, Glamour, Prestige, Macht sind mit dem Gefährt verwoben, das uns zum Lebensmittelladen transportiert. Wir sollten uns dieses Phänomens bewußt sein, um sicherzustellen, daß unsere Entscheidung auf dem beruht, was wir wirklich wollen, und nicht auf dem, was wir unserer Meinung nach tun sollten, damit die anderen uns Beifall zollen.

Auf meinen Workshops frage ich die Teilnehmer, wie sie zum Versammlungsort gekommen wären, wenn ihnen kein Wagen zu Verfügung gestanden hätte. In Seattle antworteten die meisten, in diesem Fall wären sie zu Fuß gegangen, mit dem Rad oder per Anhalter gefahren oder hätten einen Stadtbus genommen. Doch kaum jemand erwähnte die wahrscheinlichsten Verkehrsmittel für dieses Gebiet: Taxi, Carpool und Mietwagen.

»Einen Wagen mieten? Ein Taxi nehmen? Das kann ich mir nicht leisten«, bekomme ich für gewöhnlich zu hören. Kurz nach der Teilnahme an einem meiner Geld-Workshops erhielt ich einen Brief von Noni: »Ich frage mich, ob ich meine Gläubiger anrufen und sie um eine einmonatige Prolongation bitten soll. Ich fürchte mich davor, aber es würde uns sehr helfen. Ich habe uns noch nicht einmal zuerst bezahlt, weil dafür kein Geld da ist.«

Ihre finanzielle Lage schien hoffnungslos zu sein. Ein Anruf bei Noni enthüllte, daß sie zwei Neuwagen abzubezahlen hatten, der eine schlug mit monatlich 378 Dollar zu Buche, der andere mit 319 Dollar. Unglaublich! Monat für Monat warfen sie rund 700 Dollar aus dem Fenster! Ist es da ein Wunder, daß kein Geld für Lebensmittel und Glühbirnen vorhanden war, geschweige denn, um sich selbst zuerst zu bezahlen?

Noch mehr als die Methoden, durch die Menschen immer tiefer in Schulden geraten, überrascht mich das Denken, das sie in der Falle festhält. Bei unserem Gespräch erklärte Noni, es sei unsinnig, ihren Wagen zu diesem Zeitpunkt zu verkaufen, da nur noch 14 Raten fällig wären. Nur? Automatisch begann ich zu rechnen: 378 Dollar multipliziert mit 14 – das ergab 5292 Dollar, die noch zu zahlen wären. Und das für einen Wagen! Schwer, sich vorzustellen, wie eine Familie einzig wegen der Rate für das Auto noch 14 Monate lang darum kämpft, über die Runden zu kommen. (Nachdem ich Nonis Geschichte gehört hatte, liebte ich meinen 1981er, 2200 Dollar billigen, im Verbrauch noch relativ sparsamen Wagen mehr denn je.) Falls Noni ihr Auto verkaufen würde, könnte sie sich von dem Erlös nicht nur einen ausgezeichneten Gebrauchtwagen leisten, sondern hätte möglicherweise sogar noch Geld übrig und die nächsten 14 Monate monatlich 378 Dollar mehr in der Familienkasse. Wie würden Sie sich entscheiden?

Seltsam ist, daß so viele Menschen glauben, sich kein Taxi oder einen Mietwagen »leisten« zu können. Wie oft im Laufe des Monats könnte sich Noni einen Gebrauchtwagen mieten oder ein Taxi nehmen, bevor sie auch nur annähernd die Ratenhöhe erreicht – zu der ja noch die Kosten für die Steuer, die Versicherung, für neue Reifen, Reparaturen und TÜV hinzugerechnet werden müssen. (Ich zahle 12 Dollar pro Tag, wenn ich einen Gebrauchtwagen miete.)

Judy sagte: »Ich war rund ein Jahr lang ohne Wagen und bin gut zurechtgekommen. Wenn ich am Wochenende irgendwohin mußte, mietete ich einen Wagen. Ich entschied mich, meine American-Express-Karte damit zu belasten, da sie die Haftpflicht abdecken würde, falls etwas passierte und ich eine detaillierte Rechnung bekäme. Der Gesamtjahresbetrag für die Mietwagen belief sich auf 383 Dollar.

Dann wurde meine Tochter siebzehn und wollte einen Wagen, weil all ihre Freunde einen hatten. Als sie einen zweiten Job bekam, gab ich nach. Als ich den Wagen abholte, brauchte er als erstes ein Nummernschild. Damit war ich schon einmal 100 Dollar los. Weil meine Tochter noch keine achtzehn war, kostete die Versicherung rund 600 Dollar. Allein für das Abholen des Wagens gab ich vermutlich 800 Dollar aus – nicht einberechnet die kommenden Kosten für Unterhalt, Benzin und so weiter. Hätte ich es nicht selbst erlebt, würde ich es nicht glauben. Ohne Auto war das Leben nicht nur um einiges billiger, sondern ich konnte es auch besser planen. Wenn ich Einkäufe zu machen hatte, mietete ich einen Wagen; oder ich ging zu Fuß zum Lebensmittelladen und fuhr mit dem Taxi nach Hause. Mein Leben war viel angenehmer. Ich hatte Geld für andere Dinge; Geld, das jetzt der Wagen fraß. Er ärgerte mich gewaltig.«

Ich betrachte mich wirklich als glücklich, daß wir in den ersten achtzehn Jahren meiner Ehe nur einen Wagen besaßen. (Dann schenkten meine Eltern uns ihren Wagen und kauften sich ein neueres Modell.) Dadurch hatte ich Gelegenheit, die Freiheit zu erleben, kein Auto zur Verfügung zu haben. Waren meine Kinder krank, fuhr ich mit dem Taxi zum Krankenhaus. Ich war nie gebunden. Falls ich einmal im Druck war, liehen mir meine wunderbaren Nachbarn ihren Wagen oder Truck. Es gab immer eine Möglichkeit, dahin zu gelangen, wo ich hinmußte. Sehr viele Menschen behaupten: »Oh, ich könnte ohne mein Auto nicht leben.« Das liegt häufig nur daran, daß sie keine Vorstellung von der Freiheit haben, die ihnen ohne Wagen zuteil würde. Wenn Ihnen die Briefmarken oder die Batterien ausgehen, verwenden Sie Ihre kostbare Zeit, Energie und das teure Benzin nicht darauf, wegen des fehlenden Artikels ins Auto zu steigen und ihn zu kaufen, sondern Sie lehnen sich entspannt zurück und planen. Sie wissen, daß Sie am Mittwoch einen Wagen mieten, also werden Sie an diesem Tag Ihre Besorgungen machen. Denken Sie an jene Zeiten, als Sie keinen Wagen besaßen oder Ihr Wagen in der Werkstatt war. Sobald Sie sich einmal damit abgefunden hatten, zu Hause zu bleiben, erlebten Sie sehr wahrscheinlich ein Stück Freiheit.

»Mein Bewußtsein wurde durch unser Gespräch über die tatsächlichen Kosten eines (Zweit-)Wagens und anderer Annehmlichkeiten geschärft«, sagte Ellen. »Die Kosten für Besitz und Betrieb eines Wagens sind heutzutage erschreckend hoch (nicht zu vergessen der Schaden, den er in der Umwelt anrichtet).« Sehr oft ist das Auto die Hauptursache für die Spannung in unserem Leben. Besitz und Unterhalt eines Wagens fressen Geld; Geld, mit dem man ansonsten lebensnotwendige Dinge und Spaß bezahlt hätte.

Nur allzu oft fahren wir täglich hin und her, von hier nach dort und wieder zurück, nur weil wir es können. Ellen fuhr fort: »Ich überlege, ob das bißchen Luxus den fortlaufenden teuren Unterhalt wirklich wert ist.«

Versuchen Sie in den nächsten Wochen, einmal auf Distanz zu gehen und sich selbst zu beobachten. Was fällt Ihnen auf? Planen Sie sorgsam und entscheiden Sie bewußt, wie Sie Ihre Zeit, Energie und Ihr Geld verwenden, um von einem Ort zum anderen zu kommen?

Mythos Nummer 4:
Schicksal – ich komme nie auf einen grünen Zweig
Vor Jahren fühlte ich mich innerlich zerrissen. Ein Teil meines Verstandes sagte: »Du lebst in den Vereinigten Staaten von Amerika, Carol. Du kannst hinziehen, wo es dir gefällt. Du kannst tun, was du willst. Du kannst ein Geschäft eröffnen; du kannst dich um die Präsidentschaft bewerben.« Ein Teil von mir war offen für die unbegrenzten Möglichkeiten; der andere jammerte: »Ich Arme, das ist mein Schicksal. Ich werde mein Leben lang versuchen, über die Runden zu kommen.« Und was ist mit Ihnen? Was denken Sie? Hat ein Teil von Ihnen bereits aufgegeben? Oder sind Sie zu dem Schluß gekommen, daß Sie für Ihre finanzielle Lage und Ihr Leben verantwortlich sind, und beides nach Ihrem Belieben gestalten können?

Wie Sie (fast) spielend einfach zu Geld kommen

Wahrscheinlich haben Sie sich gefragt, woher Sie das Geld zur Verwirklichung Ihrer Träume nehmen sollen. Es folgen 26 Geldspiele, die Ihnen bei der Wunscherfüllung helfen werden. Jedes dieser Spiele wird Sie anspornen und Ihnen eine amüsante oder kreative Methode in die Hand geben, Geld für Ihre Ziele lockerzumachen. Wie Lynn werden Sie, nachdem Sie ein paar dieser Spiele ausprobiert haben, sagen: »Jetzt kommt das Geld zu mir.«

1. **Dream-Box-Spiel.** Dies ist das bei weitem beliebteste und erfolgreichste Spiel. Es wurde in Kapitel 1 ausführlich beschrieben.

2. **Gefundenes Geld oder das Extrageld-Spiel.** Die Idee zu diesem Spiel kam mir, als ich verzweifelt versuchte, eine Möglichkeit zu finden, mit meinen (damals noch kleinen) Kindern nach Disneyland zu reisen. Ich weiß noch, wie ich 35 Dollar vom Weihnachtsgeld auf ein Disneyland-Konto überwies. Neun Monate später waren immer noch 35 Dollar auf dem Konto (nun, mit Zinsen ein wenig mehr). Ich war frustriert. Ich sah keine Möglichkeit, noch mehr Geld von meinem monatlichen Einkommen abzuzweigen. Schließlich begann ich, jede Münze, die ich »fand«, zu sammeln und auf das Disney-Konto einzuzahlen. »Gefundenes Geld« oder »Extra-Geld« war unter anderem Geld, das man zum Geburtstag oder einen anderen Feiertag geschenkt bekam, oder Rückzahlungen, Coupons, Automatenrückgaben, Pfandflaschengeld, kurz gesagt, jedes Geldstück, zu dem ich unerwartet kam. Neun Mo-

nate nach Beginn des »Gefundenes-Geld«-Spiels luden wir unser Gepäck in den Wagen und fuhren nach Disneyland.

3. **Das Entscheidungsspiel.** Dieses Spiel fiel mir ein, als mir klar wurde, daß ich, wenn ich täglich nur 3 Dollar sparen würde, nach einem Jahr bereits 1095 Dollar hätte. Die Erkenntnis hatte zur Folge, daß ich Kleinigkeiten, die ich in Geschäften sah (Ohrringe, Nippes, Spielzeug für die Kinder, einen Snack – Dinge, die ich früher bedenkenlos gekauft hätte), jetzt als 1000-Dollar-Artikel betrachtete.

Und so wurde das Entscheidungsspiel geboren. Wenn ich jetzt einen kleinen, belanglosen Artikel kaufen möchte, frage ich mich: »Hätte ich gern dieses Ding, oder möchte ich das Geld lieber in meine Dream-Box werfen, um mein Ziel schneller zu erreichen?« Und das Wunderbare daran ist: Ich habe weder Schuldgefühle, noch kommt es mir so vor, als müsse ich etwas entbehren, wenn ich den Artikel links liegen lasse – tatsächlich ist es amüsant und aufregend, sich bewußt dafür zu entscheiden, das Geld in die Dream-Box zu werfen, um es für etwas zu sparen, was man wirklich möchte.

Matt sagte, er habe vor dreieinhalb Jahren aufgehört, sich seinen Lunch zu kaufen (der täglich mit 4 Dollar zu Buche schlug), um zur Verbesserung der finanziellen Lage beizutragen. Er war wütend und kam sich betrogen vor, weil sich durch sein Opfer weder der seiner Familie monatlich zur Verfügung stehende Geldbetrag erhöht noch die Lebensqualität verbessert hatte. Er saß in meinem Workshop, rechnete und kam zu dem

Ergebnis, daß dreieinhalb Jahre ohne gekauften Lunch (4 Dollar multipliziert mit 5 Wochentagen multipliziert mit 50 Wochen) einen Betrag von 3500 Dollar ergaben! Matt hatte sich zwar entschieden, keinen Lunch mehr zu kaufen, aber vergessen, die 4 Dollar zu sparen. Man spart erst Geld, wenn man spart. Der Schlüssel zum Erfolg liegt darin, wie wir uns fühlen. Bei dem neuen »Ich-habe-ein-großartiges-Gefühl-in-bezug-auf-Gel d«-Ansatz verabschieden wir uns von den negativen Gefühlen, die »Aufgeben« und »Verzichten« begleiten, und belohnen uns für unsere Entscheidungen.

4. **Das Geldautomatspiel.** Patricia sagte, früher hätte sie jeden Freitagabend am Geldautomat 20 Dollar abgehoben, um sie mit ihren Freunden auszugeben. Den Brauch behielt sie bei, nur ist es jetzt ihr Ziel, am Ende des Abends für ihre Dream-Box noch soviel Geld wie möglich übrig zu haben.

5. **Überstunden machen für ein Ziel.** Wie anders wir an Überstunden herangehen, wieviel energiegeladener wir sind, wenn wir wissen, daß unser Überstundengeld nicht zur Tilgung der Schulden, sondern zur Verwirklichung unseres Wunsches verwandt wird!

6. **Extraarbeit für unsere Ziele oder Geldverdienen mit unseren Hobbys.** Sobald Sie einmal angefangen haben, Ihre Träume und Ziele zu registrieren, werden Sie immer mehr Möglichkeiten erkunden wollen, wie Sie sie verwirklichen können. Ich trug jeden Mittwochmorgen die lokalen Gemeindenachrichten aus, um mir ein zweisitziges Sofa zu kaufen. Welche zusätzlichen Verdienstmöglichkeiten fallen ihnen ein?

7. **Das Zwei-Girokonten-Spiel.** Ein großartiges Spiel für all jene, die es hassen, die Zahlen im Scheckbuchregister mit jenen auf dem Kontoauszug abzustimmen. Dave erklärte, wie er es macht: »Ich arbeite drei Monate lang ausschließlich mit einem Girokonto, dann benutze ich es überhaupt nicht mehr. Und wenn alle von mir ausgestellten Schecks von der Bank eingelöst sind, weiß ich, wieviel Geld ich auf dem Konto habe. In der Zwischenzeit benutze ich mein zweites Konto, wiederum drei Monate lang.« Nicht schlecht. Bei dieser Methode wird nicht nur die Sorge und das Schuldgefühl, keine Bilanz gemacht zu haben, beseitigt, sondern sie liefert auch eine neue Einkunftsquelle für unsere Zicle, da auf dem Konto immer Extrageld sein muß, um Rückbuchungen zu verhindern. Nach den drei Monaten können wir, sobald alle Schecks von der Bank beglichen wurden, das sich bis dahin angesammelte »Extra«-Geld direkt in die Verwirklichung eines unserer Ziele stecken.

8. **Das Mitunterzeichnerkonto-Spiel.** Als ich meine jüngste Schwester Shari besuchte, erklärte sie mir, daß sie gern ein wenig Hilfe beim Sparen hätte. Also gingen wir zur Bank und baten um die Eröffnung eines Mitunterzeichnerkontos. Die junge Angestellte holte freudestrahlend alle notwendigen Formulare und begann, uns Fragen zu stellen. Als ich ihr meine Adresse nannte (ich wohne über 540 Kilometer von Shari entfernt), wich ihr Lächeln einem bestürzten Gesichtsausdruck. Sie sagte zu meiner Schwester: »Oh, ich glaube nicht, daß Sie ein Mitunterzeichnerkonto möchten; denn ohne die

Unterschrift Ihrer Schwester können Sie kein Geld abheben.« Meine Schwester nickte, während sie bis über beide Ohren grinste: »Ich weiß.« Dieses Spiel bedingt die Mithilfe eines Freundes oder Verwandten.

9. **Das Darlehenskonto-Spiel.** Manchmal wird bei der Gewährung eines Darlehens ein Sparkonto eröffnet, um die Zahlungstransaktionen zu erleichtern. Wenn wir das Geld einzahlen, um die Darlehensrate abzudecken, geben wir noch ein paar Dollar über den notwendigen Betrag hinaus dazu. Das so gesparte Geld wächst (mit Zinsen) während der Laufzeit des Darlehens stetig – wieder eine Methode, heimlich Geld abzuzweigen, um sein Ziel zu erreichen.

10. **Das Prozent-Spiel.** Prozente bei der Verteilung Ihres Geldes zu benutzen, ist eine lustige und sehr befriedigende Methode. Statt monatlich einen bestimmten Betrag einzuzahlen, sollten Sie anteilig sparen. Sie könnten 60% des »gefundenen« Geldes auf Ihr Urlaubskonto und 40% auf Ihr Notfallkonto einzahlen. Oder Sie könnten, statt jeden Monat 30 DM auf das Neue-Möbel-Konto zu deponieren, ein Prozent von jedem Gehalt einzahlen. Das Prozentspiel ist eine sehr effektive und befriedigende Lösung für Freiberufler, Saisonarbeiter oder jeden, der auf Provisionsbasis arbeitet. Spielen Sie mit der Vorstellung und erleben Sie, welche kreativen Ideen Ihnen dazu einfallen; Ideen, die Ihnen helfen, Ihrem Ziel ein wenig näher zu kommen.

11. **Das Neue-Alternative-Spiel.** Achten Sie auf jede Gelegenheit, die Ihnen in bezug auf ihr Geld neue Alternativen bietet. Wenn es gilt, ein Zeitschriften-Abo oder

die Mitgliedschaft zu verlängern oder aber zu sparen, könnten Sie sich für die Alternative entscheiden, es lieber für Ihre Ziele zu verwenden. Es liegt an Ihnen.

12. **Das Reinleg/Rausnehm-Spiel.** Meinem Sohn ist folgendes Spiel eingefallen: »Kaufen Sie wie gewohnt ein«, rät er. »Legen Sie all die Artikel in den Einkaufswagen, die Sie normalerweise kaufen. Doch bevor Sie zur Kasse gehen, sollten Sie sich einen Augenblick Zeit nehmen, um die Wagenladung zu überprüfen. Falls Sie zu dem Schluß kommen, einen bestimmten Artikel nicht zu brauchen, stellen Sie ihn wieder zurück. Nehmen Sie *gleichzeitig* den Betrag, den Sie ausgegeben *hätten,* aus Ihrer Geldbörse und stecken Sie ihn in die Tasche, denn es ist Geld für Ihre Träume.«

13. **Das Kleingeld-Verteil-Spiel.** Sie haben es geahnt, nicht wahr? Markstücke für ein Ziel, Fünfzig-Pfennig-Stücke für ein anderes, Groschen und so weiter für ein drittes und viertes – oder welche Mischung auch immer Ihnen zusagt.

14. **Das Wäschespiel.** Bei diesem Spiel erreichen Sie Ihr Ziel durch das Geld, das Sie beim Wäschesortieren finden. Nach der Geburt ihres Sohnes warf eine Frau das gesamte »Taschengeld« in einen Schirm, der neben der Waschmaschine stand. Bei seiner Hochzeit überreichte sie ihrem Sohn das gesparte Geld.

15. **Freundschaftlicher Wettbewerb.** Vielleicht möchten Sie jetzt, wo Sie in den Startlöchern hocken, Ihre Effektivität und Motivation durch den Wettbewerb mit einem Kollegen oder Freund erhöhen. Das Wissen, an jedem Zahltag einem »Fortschrittsvergleich« ausge-

setzt zu sein, könnte Sie beide anspornen, ihr Ziel noch schneller zu erreichen.

16. **Stellen Sie Ihre Dream-Box an einen gut sichtbaren Platz.** Sie könnten überrascht sein, wie bereitwillig Verwandte und Freunde sich mit ihrem Wechselgeld an diesem Spiel beteiligen, um Ihnen bei der Verwirklichung Ihres Zieles zu helfen. Sie können es ihnen leichter machen, wenn Sie Ihre etikettierte Dream-Box an einen auffälligen Platz stellen. (Vergessen Sie nicht: Kleingeld sammelt sich schnell an – eine kleine Papierrolle voller Fünfzig-Pfennig-Stücke entspricht 10 DM. Sichern Sie sich ab, indem Sie das Geld regelmäßig einrollen und auf Ihr Konto einzahlen, wo es Zinsen bringt.)

17. **Nehmen Sie eine gute Angewohnheit an (oder schaffen Sie eine schlechte Angewohnheit ab).** Dieses Spiel bietet Ihnen die Möglichkeit, sich auf die Schultern zu klopfen. Vielleicht hören Sie mit dem Fluchen, Rauchen oder Trinken auf. Belohnen Sie sich jedesmal, wenn Sie sich für eine Alternative entscheiden (in dem Sie beispielsweise eine Mark für Ihr Ziel zurücklegen). Oder klopfen Sie sich symbolisch selbst auf die Schulter, indem Sie sich für jeden Erfolg ein wenig Geld schenken, wenn Sie gesündere Gewohnheiten wie zum Beispiel zwanzig Minuten spazierengehen oder mehr Gemüse essen annehmen. In einem meiner Kurse sagte Debbie: »Ich hörte immer wieder, ich solle mich selbst mit neuen Kleidern belohnen, weil ich mit dem Rauchen aufgehört habe. Aber ich wußte nicht, woher ich das Geld dafür nehmen sollte. Jetzt weiß ich es!«

18. **Kleines für Großes.** Vor Jahren waren in den Abend-
    nachrichten ein Mann und eine Frau zu sehen, die einen
    roten Kinderwagen hinter sich herzogen, in dem sich
    Centstücke im Werte von über 2000 Dollar befanden,
    mit denen sie ein Haus anzahlen wollten. Laura schlug
    vor, daß wir in den nächsten Jahren, während wir
    unsere Sicherheitskonten auf- und ausbauen und die
    Kontrolle über unser Geld erlangen, gut all unsere
    Pennies für eine Investition sparen könnten. Über die
    Jahre gesparte Centstücke sind ideal für die erste Spe-
    kulation auf dem Aktienmarkt. (Und wenn wir das Geld
    verlieren sollten, wird der Verlust uns wahrscheinlich
    nicht den Schlaf rauben.)

19. **Das Warte-noch-ein-Weilchen-Spiel.** Manchmal,
    wenn ich in einem Geschäft bin, muß ich unbedingt
    einen bestimmten Artikel haben. Um herauszufinden,
    ob ich eine kluge Entscheidung getroffen oder nur
    einem Kaufimpuls nachgegeben habe, lasse ich den
    Gegenstand im Einkaufsbeutel und lege ihn an eine gut
    sichtbare Stelle. In den nächsten Tagen geschieht fol-
    gendes: Entweder ich bin froh über den gekauften
    Gegenstand und nehme ihn aus dem Einkaufsbeutel,
    oder mir wird klar, daß ich den Artikel eigentlich gar
    nicht brauche, sondern das Geld möchte. Dann bringe
    ich ihn wieder zurück.

    Das Warte-noch-ein-Weilchen-Spiel wende ich auch
    an, wenn ich in der Zeitung ein Sonderangebot sehe.
    Statt in den Wagen zu springen und zum Geschäft zu
    rasen, befestige ich die Anzeige am Kühlschrank und
    warte. Gewöhnlich wird mir nach drei Tagen klar, daß

ich diesen Artikel nicht unbedingt haben muß. Dann werfe ich die Anzeige in den Recycling-Beutel.

20. **Das Gegenstück-Spiel.** Dieses Spiel hat so viele Varianten, wie Ihnen einfallen. Mary Ann sagte: »Ich kam zu dem Schluß, daß für mich eine Haushälterin der Luxus überhaupt wäre, und daß ich, wenn ich monatlich einen bestimmten Betrag für eine Haushälterin ausgeben konnte, auch in der Lage sein sollte, zumindest den gleichen Betrag zu sparen. Ich brauchte rund sechs Monate, bis es so weit war – aber ich habe es geschafft.«

    Dieses Spiel können Sie auch mit Ihren Kindern spielen. Ich weiß noch, wie mein Sohn wollte, daß ich ihm den neuesten Schrei auf dem Spielemarkt kaufte, den »alle« anderen Kids bereits besaßen. Unbeeindruckt vom Spiel oder seinem Preis (fast 100 Dollar), beschied ich ihm, daß ich es nicht kaufen würde. Schließlich schlossen wir ein Abkommen. Wenn er die Hälfte sparte, würde ich den Rest dazutun. Das spornte ihn ungeheuer an, und im Handumdrehen hatte er das Spiel.

21. **Verdoppelungstag.** Dieses Spiel verdanke ich einem Vater, Teilnehmer an einem meiner Workshops, der an einem beliebigen Monatstag seinen Kindern verkündet: »Heute ist Verdoppelungstag.« Dann zeigen sie ihm ihre Ersparnisse, und er verdoppelt den Betrag. Was für ein großartiger Spar-Ansporn für ein Kind.

22. **Das beste Spiel von allen.** Überzeugen Sie sich davon, daß Ihr schwerverdientes Geld sorgsam und bewußt auf die Verwirklichung dessen verwandt wird, was Sie am meisten schätzen.

Zur Erinnerung: Wechselgeld sammelt sich schnell an. Eine Erdnußdose oder ein Mayonnaiseglas können leicht 100 Mark oder mehr enthalten. Sie werden das Kleingeld alle paar Wochen zählen und einrollen wollen, um sich über den neuen Betrag zu freuen und zu sehen, wie Ihr Ziel immer näher rückt. Bringen Sie die Rollen zur Bank oder Sparkasse, wo Ihr Geld nicht nur sicherer deponiert ist als zu Hause, sondern auch noch Zinsen bringt.

Einkaufstips

❖ **Wie viele Stunden?** Bevor wir unser Geld ausgeben, sollten wir uns fragen: »Wie viele Stunden mußte ich arbeiten, um mir dieses Teil kaufen zu können?« Oder: »Wäre ich bereit, einen halben Tag (oder wieviel Zeit auch immer) zu arbeiten, wenn ich dafür diesen Artikel als Belohnung bekäme?«

❖ **Seien Sie sorgenfrei.** Machen Sie hin und wieder einen Schaufensterbummel ohne Bargeld, ohne Schecks, ohne Kreditkarten. Achten Sie dabei auf die Gedanken und Gefühle. Möglicherweise machen Sie eine überraschende Erfahrung. Da Sie nichts von dem Angebotenen kaufen können, könnten Sie sich »frei« fühlen, herumzustöbern, zu entspannen und sich vielleicht der Menschen, Plätze und Dinge bewußt werden, die Ihnen vorher nie aufgefallen sind.

❖ **Eile mit Weile.** Bemerken wir, daß wir keine Batterien mehr haben, eine Glühbirne brauchen oder die Lebensmittel knapp werden, stürzen wir oft ohne nachzudenken aus dem Haus, um das Fehlende zu besorgen. Eine großartige Methode, den Streß zu reduzieren und den Betrag im Geldbeutel zu erhöhen, ist, sich abzuregen und die Einkäufe ruhig zu *planen.* Als Richtlinie könnte dienen, daß wenigstens drei Besorgungen zu machen sind oder mindestens fünf Artikel fehlen müssen, bevor Sie ein Geschäft aufsuchen. (Diese kluge Entscheidung bereichert unser Leben; wir verbringen mehr Zeit damit, stehen zu bleiben und an den Blumen zu riechen.)

❖ **Seien Sie kreativ.** Normalerweise warten wir, bis die Umstände uns zwingen, kreativ zu sein (so, als würden wir bei einem Picknick ohne Besteck auftauchen oder während eines Stromausfalls eine Mahlzeit vorbereiten). Jetzt können wir *beschließen,* kreativ zu sein. Statt Zeit und Geld auf den Kauf eines jeden kleinen Luxusartikels zu verschwenden, könnten wir uns entscheiden, Zeit und Geld auf unsere wirklichen Wünsche und Ziele zu verwenden. Sie könnten beispielsweise zu dem Schluß kommen, daß Ihre Gewohnheit, beim Wäschewaschen Weichspüler zu benutzen, Luxus ist – also nehmen Sie das Geld und legen es statt dessen für ein Ziel an.

❖ **Von Sonderangebot zu Sonderangebot kaufen.** Unser Ziel ist, von einem Sonderangebotsartikel so viel zu kaufen, daß wir damit auskommen, bis er wieder im Sonderangebot ist. Anfangs wird es so aussehen, als könnten wir uns das nicht leisten. Aber es ist machbar, weil Sie in einer Woche zwar acht Dosen gefrorenen Orangensaft kaufen, aber weder Oliven noch Tomatensoße. In der nächsten Woche ist die Tomatensoße im Sonderangebot, von der wir einen Vorrat kaufen, mit dem

wir rund sechs Wochen oder bis zum nächsten Sonderangebot auskommen. Statt ein wenig von allem zu teuren
Preisen zu kaufen, kaufen wir so viel von dem Sonderangebot, wie wir brauchen, bis es wieder im Sonderangebot ist. Der Vorteil? Durch den Kauf von Sonderangeboten können wir unsere Lebensmittelrechnung um 30%
reduzieren. Mit anderen Worten, wenn wir bisher monatlich 450 DM für Lebensmittel ausgaben, könnten wir
dank dieser Methode die Kosten auf 315 DM senken –
das bedeutet monatlich 135 DM, die uns zur Verwirklichung unserer Träume zur Verfügung stehen.

❖ **Sie sitzen beim Kauf am längeren Hebel.** Vergessen
Sie nicht: Bei jedem Kauf (besonders dann, wenn es sich
um größere Artikel wie Möbel oder Arbeitsgeräten handelt), sitzen Sie am längeren Hebel, denn der Verkäufer
möchte, daß Sie ihm etwas abkaufen. Oft können wir den
Ladenpreis um zehn bis zwanzig Prozent drücken, wenn
wir dem Verkäufer anbieten, das gewünschte Teil sofort
und bar zu bezahlen. Falls er nicht an einer Preissenkung
für den Artikel interessiert sein sollte, fragen Sie ihn,
welche anderen Vorteile ein Kauf für Sie hätte (bei einem
Computer beispielsweise ein Transportbehälter und
Software). Viele Läden bieten »neunzig Tage wie Barzahlung« als Zahlungsziel an (das heißt, wenn Sie die
Ware innerhalb von drei Monaten – neunzig Tagen –
vollständig bezahlen, werden Ihnen keine Zinsen berechnet).
Handeln Sie: Gestern sah ich in einem Geschäft ein
Sonderangebot von wunderschönen Bilderrahmen, aber
der einzig noch vorhandene war das Ausstellungsstück,

das ein paar winzige Kratzer aufwies. Ich bat den Verkäufer, den Ladeninhaber zu fragen, ob er den Sonderangebotspreis noch um drei Dollar senken würde. Er tat es. Vergessen Sie nicht: Die Person mit dem Geld sitzt am längeren Hebel – und diese Person sind *Sie*.

❖ **Muß es neu sein?** Oft erhalten wir für unser Geld viel mehr, als wir es zu hoffen wagten, wenn wir Artikel aus zweiter Hand kaufen. Haben Sie die Secondhand-Sport- und -Musikläden schon entdeckt? Wie ist es mit Auktionen, Zeitungsanzeigen und Garagenverkäufen? Welche Möglichkeiten haben Sie, für Ihr Geld soviel wie möglich zu bekommen?

❖ **Allein der Gedanke zählt.** Geburtstage, Feiertage, Jahrestage, Hochzeiten – wie leicht vergessen wir, daß es sich hierbei um Liebesfeiern handelt, daß allein der Gedanke und nicht Größe oder Preis des Geschenkes zählt. Vor dem Einkaufen sollten wir innehalten und uns fragen, ob wir aus dem Herzen heraus handeln? Schenken wir von Herzen? Sind wir sicher, daß der Preis und die Anzahl der von uns gewählten Geschenke nicht unseren und den Bedürfnissen unserer Familie schadet? Handeln wir ohne Schuldgefühle; oder schenken wir, um etwas zu beweisen oder jemand zu beeindrucken? Und wir sollten daran denken, daß Geschenke eine simple Geste der Liebe und Zuneigung sind (ein Geschenk, das nicht von Herzen kommt, ist möglicherweise gar kein Geschenk).

❖ **Eine Geschenkidee.** Mir kam zu Ohren, wie ein junger Mann einen Tag nach der Teilnahme an meinem Geld-Workshop den Geburtstag seiner Freundin feierte. Er kaufte ihr je eine ihrer Lieblingsblumen – eine Rose und eine Orchidee – und schenkte ihr fünf Dollar zur Eröffnung eines Kontos!

Versicherungstips

Das Thema Versicherungen ist sehr umfangreich. Ich möchte Sie deshalb einfach nur bitten, sich Ihre Bedürfnisse und den Umfang des Versicherungsschutzes auf der Police für medizinische Versorgung, Invalidität, Auto, Haus, Hausrat und Leben einmal genau und kritisch anzuschauen.

Unsere Bedürfnisse ändern sich ständig. Deshalb sollten Sie sich immer, wenn eine Police verlängert werden muß, ein paar Minuten Zeit nehmen, um Ihre Bedürfnisse neu zu überdenken. Würde Ihre Krankenversicherungspolice hinreichende Deckung bieten, falls Sie Ihren Rücken verletzt hätten oder täglich Medikamente und Körpertherapie brauchten? (Denken Sie immer daran: das Großgedruckte bekommen Sie, das Kleingedruckte wird Ihnen genommen.) Ist Ihr Hausrat (Möbel, Schmuck, Geräte, Kleider) angemessen abgedeckt? Falls ja, haben Sie den Wiederbeschaffungswert spezifiziert für den Fall, daß etwas gestohlen oder zerstört wird; oder deckt die Versicherung nur den gegenwärtigen (benutzten) Wert ab? Und wie ist es mit Ihrer Lebensversicherung? Brauchen Sie überhaupt eine? Eine Risiko-Lebensversicherung ist jedenfalls eine Todesversicherung – Geld, das nach Ihrem Tod ein anderer bekommt). Haben Sie herumtelefoniert und die Prämien für die Autoversicherung verglichen, um Nutzen aus Preisen für sichere

Fahrer und anderen Vorteilen zu ziehen? Haben Sie sich – besonders, wenn Sie selbständig sind – schon einmal gefragt: »Habe ich eine angemessene Invaliditätsversicherung für den Fall, daß ich nicht mehr arbeiten kann?«

Vermutlich können Sie sich telefonisch am besten über Versicherungen informieren. Falls Ihnen keine Fragen mehr einfallen, stellen Sie diese: »Was von dem, das ich wissen möchte, habe ich Sie noch nicht gefragt?« Welche Fragen wichtig sind und welche Versicherungen für Sie sinnvoll sein können, erfahren Sie aus den einschlägigen kritischen Versicherungsratgebern (z. B. von Hans-Dieter Meyer, »Ratgeber Versicherung«, Wilhelm Heyne Verlag, München 1996; Rolf Klein, »ECON Handbuch Vorsorge und Versicherung«, ECON-Taschenbuchverlag, Düsseldorf 1995; und Jürgen Gaulke, »Kursbuch Versicherung«, Fischer Taschenbuch-Verlag, Frankfurt a. M. 1992).

Zusammenfassung

Vergessen Sie nicht, Ihre Annahmen in Frage zu stellen. Jetzt ist der Zeitpunkt, Gewohnheiten und Verhaltensmuster neu zu bewerten. Bei genauer Betrachtung könnten Sie ungeahnte Alternativen entdecken.

Sie werden – während Ihr Geldplan wächst und expandiert – immer wieder auf dieses Kapitel, das sie gerade gelesen haben, zurückkommen und sich Anregungen holen wollen. Nehmen Sie die vorgeschlagenen Ideen als Sprungbrett. Ihnen werden garantiert clevere Methoden einfallen, wie Sie Geld für Ihre Träume sparen können.

Kapitel 6
Planen
Sie Ihr Glück

*Hindernisse sind die entsetzlichen Dinge,
die Sie sehen, wenn Sie den Blick von Ihren
Zielen wenden.*

Henry Ford

Nach meinen Beobachtungen fürchten sich viele Menschen entsetzlich davor, Pläne zu machen. Oft konstruiert unser Verstand, noch bevor wir einen Plan schmieden können, einen Zaun aus kunstvoll durchdachten, logischen Gründen, weshalb dieser Plan nicht funktionieren wird. Doch der wirkliche Grund, weshalb wir nicht weitermachen, ist wahrscheinlich die Angst. Hier ein Beispiel: Die Vorstellung vom Urlaub in der Karibik klingt verlockend – kristallklares Wasser, das zum Tauchen in die Ehrfurcht einflößende Unterwasserwelt einlädt, entspannte Tage im besänftigenden Sonnenschein, Abenteuer, gutes Essen, Spaß. Und eines Tages fragt uns ein Freund: »Wann hörst du auf, davon zu schwärmen, und fährst hin?« Und sofort wartet unser Verstand mit einer langen Liste von Hindernissen auf: »Oh, jetzt ist nicht der richtige Zeitpunkt … und außerdem habe ich schon meinen ganzen Urlaub verbraucht … und wahrscheinlich ist es überhaupt nicht … und es ist zu verrückt … und es kostet bestimmt viel mehr, als ich für einen Urlaub ausgeben will … und im neuen Jahr muß ich das Dach neu decken lassen und …«

Hinter dieser langen Liste verbirgt sich allzuoft Angst. Diese Angst kann verschiedene Ursachen haben. Es kann die Angst vor Enttäuschung sein. Was ist, wenn wir Pläne geschmiedet haben, und in letzter Minute geschieht etwas, das unsere Pläne über den Haufen wirft? (Streik der Fluglinie, Krankheit, Probleme bei der Arbeit.) Viele von uns sind von ihren Eltern, von Verwandten, vom Wetter, von Freunden, oder von Vorgesetzten so enttäuscht worden, daß sie nicht einmal mehr Pläne schmieden, um sich vor einer weiteren Enttäuschung zu schützen. Oder wir haben Angst wegen unseres Äußeren, unseres Gewichtes, weil uns »anständige« Urlaubskleidung für die Karibik fehlt, oder wir fürchten uns vor Flugzeugen, Schiffen, dem Verlassen des Landes, neuen Orten, allzuweit von unserem Hausarzt entfernt zu sein und so weiter.

Worauf ich hinaus will? Ich möchte, daß Sie, wenn Sie merken, wie Sie sich gegen die Vorstellung sträuben, einen Plan zu schmieden, innehalten und sich fragen, weshalb. Was blockiert Sie? Was hält Sie davon ab, einen Plan zu machen, mit dem Sie Ihre Träume verwirklichen können, der Ihnen das beruhigende Gefühl schenken kann, Kontrolle über Ihr Geld zu haben? Entweder Sie schaffen das Hindernis aus dem Weg, das Ihrem Fortschritt im Weg steht, oder Sie steuern direkt auf die Angst zu und beginnen zu planen, wie Mary es tat: »Am Ende Ihres Workshops mußten wir einen Plan vorlegen. Dafür bin ich dankbar. Einen Plan für mich zu erstellen, zwang mich, stehenzubleiben, genau hinzuschauen. Ich konnte nicht davonlaufen. Ich dachte: ›Mensch, ich glaube, ich könnte anfangen, ein wenig zu sparen.‹ Also entschied ich mich dafür und hielt mich daran. Ich mußte Geld von meinem Gehalt abzweigen, und legte von jedem Scheck einen kleinen Betrag, 25 Dollar oder so, zurück.«

Ein erfolgreicher Geldplan muß amüsant sein und Ihre Wünsche zum Inhalt haben. Als erstes sollten Sie sich dazu fragen, was Sie am meisten motiviert. Für Tony war es ein rotes Mountainbike; für Mary Wanderstiefel; für die 57 Jahre alte Elaine Ruhestandsgeld und für Kay und Bob eine romantische Reise nach Schottland. Im Laufe der Zeit werden Sie Ihren Geldplan immer wieder überprüfen und ausweiten, bis er umfassend ist. Doch am Anfang sollte er so einfach und motivierend sein, daß Sie garantiert Erfolg haben.

Fragen Sie sich: »Was würde meine Lebensqualität erhöhen? Die Antwort könnte beispielsweise Geld sein, um jemanden anzuheuern, der auf Ihr Kind aufpaßt, damit Sie ein wenig Zeit für sich selbst haben; Geld, um ohne Schuldgefühle ein Kleidungsstück kaufen oder ein Wochenende an einem anderen Ort verbringen können, um sich einmal richtig auszuruhen und zu entspannen. Überlegen Sie sich, welcher Wunsch Priorität hat. Vielleicht fällt es Ihnen schwer, herauszufinden, was Sie sich wirklich wünschen – wie Leslie, die nur noch an ihre 7000-Dollar-MasterCard-Schulden denken konnte.

Für die meisten von uns wären es zwei Dinge, die die Lebensqualität entscheidend verbessern würden: erstens das zutiefst befriedigende Wissen, daß wir für die Verwirklichung unserer Träume sparen, und zweitens die Sicherheit, die das Wissen verleiht, genügend Geld zu haben, um den gegenwärtigen Notfällen und den künftigen Bedürfnissen zu begegnen.

Falls Sie glauben, die Bezahlung einer Rechnung würde Ihre Lebensqualität merklich ändern – *Vorsicht*. Das ist nur ein Ablenkungsmanöver Ihres Verstandes. Natürlich wäre es besser, wenn die Rechnungen bezahlt wären. Aber das Bezahlen einer Rechnung schafft nur vorübergehende Erleichterung, verglichen mit dem tiefen und beständigen Gefühl der Kontrolle, Macht und Sicherheit, das einem verfügbares Geld schenkt. Verfügbares Geld bedeutet Alternativen, und Alternativen bedeuten Kontrolle. Der Mangel an Schulden wird niemals mit der Macht konkurrieren können, die Wahl (sprich Geld) zu haben.

Ich möchte Ihnen helfen, nicht mehr an die Schulden zu denken. Stellen Sie sich vor, Ihr Traum würde wahr – Sie haben keine Schulden mehr. Und jetzt? Was fehlt Ihnen noch? Auf was würden Sie sich freuen, was würde Ihnen einen Kick versetzen? Was halten Sie davon, für einen Spaß oder einen Ausflug zu sparen? Aber vielleicht gehören Spaß und Extravaganz zu Ihrem Alltag, und Sie sehnen sich nach der Sicherheit, die verfügbares Geld vermittelt?

Lesen Sie, was Ellen tat, um herauszufinden, was sie im Augenblick am meisten motivierte. »Ich machte eine Liste all der Dinge, die ich gern tun wollte. Ich schrieb erst die kleinen, dann die größeren Ziele auf. Ich überlegte, welche Ziele mir besonders am Herzen lagen. Dann entschied ich mich für eins: ein Wochenende, fern von Zuhause.« Eine großartige Idee. Schreiben Sie alles auf, was Ihnen in den Sinn kommt. Zensieren Sie sich nicht. Lassen Sie Ihre Ideen ungehindert fließen. Nach ein paar Tagen werden Sie wahrscheinlich feststellen, daß ein oder zwei Ziele Sie ein wenig stärker reizen als die anderen. Hören Sie auf diese Anziehung, analysieren Sie sie nicht. Ob Ihr Ziel nun »unvernünftig« oder praktisch ist: *Vertrauen Sie auf sich.* Wenn es Sie mit Vorfreude erfüllt, sollten Sie es anstreben.

Wenn ich in meinen Workshops den Teilnehmern beim Erstellen eines Plans helfe, bin ich immer wieder überrascht, wieviel Negatives sich in die Pläne einschleicht. Nur weil ich darüber gesprochen habe, Geld für einen Notfall zu sparen oder für Wagenreparaturen beiseite zu legen, meinen manche, sie müßten beides in ihren ersten Plan einbringen. Falsch. In Ihren ersten Plan gehören nur jene Ziele, die Sie am stärksten motivieren; Ziele, bei denen es Ihnen in den Fingern juckt.

Es gibt keine guten, schlechten, richtigen oder falschen Pläne – es gibt nur *Ihren* Plan; einen Plan, der Ihnen hilft, Ihre Träume zu verwirklichen. Mary sprach von dem Verlangen, sich ein Heim, ein Zuhause zu kaufen, um sich sicher zu fühlen, während sie sich dem Ruhestand nähert. Für Mary war es wichtig, einen Platz zu haben, der ihr gehörte. Dieses Ziel motivierte sie am stärksten. Einen anderen könnte die Vorstellung, ein Haus oder eine Wohnung zu besitzen, stören, weil er im Ruhestand nicht mit Instandhaltungskosten und Steuern belastet werden möchte – Wohneigentum zu besitzen könnte das letzte sein, das er sich wünscht. Ihre Aufgabe ist es, zu entscheiden, was *Sie* möchten.

Sich wirklich darüber klarzuwerden, was einen im Augenblick am stärksten motiviert, ist wahrscheinlich der heikelste und kritischste Teil beim Erstellen eines erfolgreichen Sparplanes. Lassen Sie sich dazu Zeit. Konzentrieren Sie sich. Unterscheiden Sie sorgsam zwischen dem, was Sie wirklich möchten, und dem, was Sie meinen, Sie sollten es sich wünschen. Es ist an der Zeit, sich von den Vorstellungen der anderen zu lösen und *Ihrer inneren Weisheit zu vertrauen.*

Nachfolgend eine Liste mit Zielen, die Sie sich anschauen sollten, wenn Sie Ihren Master-Money-Plan im Laufe der Monate erweitern. Sie ist keine Anfängerliste, sondern eine vollständige Übersicht über das, was ein Geldplan beinhalten kann, der sich über eine bestimmte Zeit entwickelt und einzig als Richtlinie gedacht. Nur *Sie* können *Ihren* Plan erstellen.

Als erstes eine Liste mit Ideen für Kategorien. Für jede Kategorie gibt es ein eigenes Sparkonto oder eine eigene Dream-Box. Jeden Monat wird als *erstes* vom Gehalt Geld abgezweigt und auf jedes Ziel verteilt (oder regelmäßig Wechselgeld in die Dream-Boxen geworfen).

1. Finanzielle-Unabhängigkeit-Konto
2. Notfallkonto
3. Notfall Zukunft
4. Kinder Gegenwart
5. Kinder Zukunft
6. Kurzfristiges Ziel
7. Mittelfristiges Ziel
8. Langfristiges Ziel
9. Wagenkonto
10. Steuerkonto
11. Feiertagskonto
12. Spenden/Kirche
13. Investmentkonto
14., 15. … Gartenarbeiten, Schule, Holzarbeiten, Musikstunden usw.

1. **Finanzielle-Unabhängigkeit-Konto.** Wenn sich auf diesem Konto im Laufe der Jahre Geld ansammelt, werden Sie immer häufiger ruhig schlafen. Ihre Ersparnisse sind das einzige Geld, auf das Sie zählen können. Indem Sie regelmäßig sparen und dadurch große Geldsummen ansammeln (denken Sie nur an die 200 000 Dollar, die

ich in Kapitel 2 erwähnte), beschenken Sie sich mit einem ungeheuren Gefühl der Sicherheit und letztlich mit der Freiheit, die finanzielle Unabhängigkeit vermittelt. Zum »Finanzielle-Unabhängigkeit«-Geld gehören alle Anlagen mit geringem Risiko, die Sie verwalten und die einzig für Ihre sichere Zukunft bestimmt sind.

2. **Notfallkonto.** Für viele von uns gehört dieses Konto zu den ersten und wichtigsten, denn es bietet die Sicherheit, an denen es vielen von uns mangelt. An dieses Reservekonto gehen wir, wenn wir in Schwierigkeiten stecken. Es geht darum, jeden Monat einen kleinen Geldbetrag zu sparen, damit wir, wenn ein Notfall eintrifft (ein neuer Reifen, eine Arzt- oder Klempnerrechnung), Geld zur Verfügung haben, das es unnötig macht, auf unsere Kreditkarten zurückzugreifen.

3. **Notfall Zukunft.** Dieses Konto garantiert Ihnen einen guten Schlaf. Ziel ist es, einen Geldbetrag zu sparen, der sechs Monatsgehältern entspricht. Die Ersparnisse schenken Ihnen einen ruhigen Schlaf, denn Sie wissen, daß Sie auf ernste Notfälle wie Arbeitslosigkeit, oder Verdienstausfälle durch längere Krankheit und Operationen vorbereitet sind.

4. **Kinder Gegenwart.** Mit diesem Konto sind Sie auf die großen Ausgaben vorbereitet, die auftauchen, wenn man Kinder großzieht; Ausgaben wie neue Betten, Fahrräder, Sommerlager, Zahnklammern, Musikinstrumente. Ein Konto für all Ihre Kinder funktioniert gut, da dieses Konto kein Geschenk für jedes einzelne Kind darstellt, sondern eher dazu dient, die Bedürfnisse Ihrer Kinder zu befriedigen.

5. **Kinder Zukunft.** Dieses Konto könnte dazu dienen, spätere Collegeausgaben zu decken oder Ihren Kindern helfen, in ein Geschäft zu investieren, wenn sie erwachsen sind.

6. **Kurzfristiges Ziel.** Ein besonders anfangs sehr wichtiges Konto. Um begeistert und motiviert zu bleiben, müssen wir schon früh Erfolg haben, der sich regelmäßig wiederholt. Zu den kurzfristigen Zielen könnten Kleidung, ein kleiner Einrichtungsgegenstand, Wochenendausflüge, Theaterkarten, Sportereignisse, Schmuck und so weiter gehören.

7. **Mittelfristiges Ziel.** Es kann ein paar Monate oder ein paar Jahre dauern, bis Sie Ihr gestecktes Ziel endlich erreichen – zum Beispiel Zimmerumgestaltung, Video-Camcorder, Fernreise, Whirlpool, Computer.

8. **Langfristiges Ziel.** Die Ersparnisse auf diesem Konto sind für jene Träume und Ziele bestimmt, die weiter unten stehen, beispielsweise für den Kauf eines Sommerhauses, die Eröffnung eines Geschäftes, für ein Jahr unbezahlten Urlaub oder eine sechsmonatige Reise.

9. **Wagenkonto.** Ein Wagenkonto kann unsere Angst vor unerwarteten Reparaturrechnungen, den Kosten für neue Reifen, Steuer und Versicherung enorm mindern.

10. **Steuerkonto.** Mit diesem Konto im Rücken können Sie entspannen in dem Wissen, auf die jährliche Vermögens-, Gewerbe- oder Einkommensteuer vorbereitet zu sein.

11. **Feiertagkonto.** Für Weihnachten, Ostern, Muttertag, Valentinstag usw. Die im Laufe des Jahres angesam-

melten Ersparnisse bedeuten das Ende der Feiertagsbe-
lastung und den Beginn von schuldgefühlfreien Feiern.

12. **Spenden/Kirche.** Meistens brauchte ich das gespende-
te Geld eigentlich für mich und meine Familie. Da wir
immer so gerade eben über die Runden kamen, hätten
ein oder zwei große finanzielle Notfälle uns selbst zu
Hilfebedürftigen gemacht. Schließlich beschloß ich,
mich beim Spenden so lange zurückzuhalten, bis ich
mir eine finanzielle Basis geschaffen hatte. Mit einem
gesonderten Spendenkonto können Sie sicherstellen,
daß Ihre Spenden nicht von Schuldgefühlen begleitet
werden.

13. **Investmentkonto.** Ein *kleiner,* monatlich auf das Investmentkonto eingezahlter Betrag, der mit den Jahren
langsam größer wird, während Sie Ihre Geldangelegenheiten ins reine bringen. Und wenn Sie finanziell
gefestigt genug sind, um Risiken einzugehen, verfügen
Sie über ein wenig Geld, um damit zu spielen (sprich:
es anzulegen).

14., 15. … **und so weiter** sind jene Konten, die Sie eröffnen werden, um Ihre Bedürfnisse zu befriedigen –
Konten, die Ihnen helfen, Ihre Ziele zu erreichen.

Die aufgeführten Kategorien sollen Ihnen eine Vorstellung
davon vermitteln, wie man die Grundbedürfnisse abdecken
kann. Jedesmal, wenn wir ein Konto eröffnen, um ein
Bedürfnis oder einen Wunsch zu befriedigen, überreichen
wir uns unglaubliche Geschenke – die Geschenke der freu-
digen Erwartung und der Kontrolle über unser Leben.
Und so benutzte Kathy eines ihrer Zielkonten, um zu erfah-

ren, wie es ist, die Kontrolle zu besitzen: »Nachdem ich die wirklichen Kosten meines Urlaubs errechnet habe, spare ich monatlich ein Zwölftel meines Gehaltes. Es gefällt mir, daß ich bereits für meine nächste Reise sparen kann, sobald ich in diesem Jahr aus dem Urlaub komme.« Wenn Sie für spezielle, nur einmal im Jahr vorkommende Gelegenheiten sparen, verscheuchen Sie unnötige Ängste und schlafen nachts gut, in dem Bewußtsein, vorbereitet zu sein.

Mary Ann sagte: »Alle Arbeitskollegen jammern, wenn Weihnachten näherrückt: ›Nur noch zwei Gehaltsschecks bis Weihnachten.‹ Ich brauche mir wegen Weihnachten keine Sorgen zu machen. Weihnachten ist für mich keine große Sache, weil ich das ganze Jahr daran denke und bereits Sachen gekauft habe. Ich habe auf Sonderangebote geachtet und Geschenke mit dem Geld gekauft, das mir zur Verfügung stand. Ich stürze mich wegen Weihnachten nicht in Schulden.«

Was ist der Unterschied zwischen einem Tagtraum und einem Ziel? Ein Tagtraum ist ein zielloser Gedanke, während Ziele klar umrissen und erreichbar sind. Wenn wir uns ein Ziel setzen, bestimmen wir selbst die Ziellinie; eine Linie, die wir sehen können. Sie fordert uns heraus, lockt uns. Das ist der Unterschied zwischen gedankenlosem Kleingeldsammeln und dem Sparen in der etikettierten Dream-Box. Der Tagtraum entwickelt sich nie, doch ein Ziel stellt einen bestimmten Punkt dar, auf den wir bis uns zur Ziellinie konzentrieren.

Wie oft haben wir am Monatsanfang eine größere Summe auf unser Sparkonto überwiesen, nur, um sie am Monatsende wieder abzuheben? Die meisten von uns sind so begierig darauf, mit ihren Geldangelegenheiten ins reine zu kommen, daß sie einen hochfliegenden Plan aushecken, der unmöglich verwirklicht werden kann. Aber diesmal läuft es anders. Diesmal wird Ihr Plan realistisch und amüsant sein. Keine sich selbst sabotierenden, grandiosen, unmöglich auszuführenden Pläne mehr. Wie sagte Jim: »Genau daran bin ich früher immer gescheitert, an diesen Zielen, die unmöglich zu erreichen waren.«

Nachfolgend ein Beispiel, wie Ihr erster, auf drei Monate bezogener Master-Money-Plan aussehen könnte:

Notfallkonto	10 DM monatlich
Kinokonto	Dream-Box

Bei diesem Plan wird das Geld folgendermaßen verteilt: Erstens vom Gehalt werden monatlich als erstes 10 DM abgezweigt und auf ein Notfallkonto eingezahlt, und zweitens wird alles Kleingeld gesammelt, in die Dream-Box geworfen und für einen von Schuldgefühlen freien Kinobesuch gespart. Mit Notfall meine ich unerwartete Ausgaben. Ich habe mit dem Geld auf meinem Notfallkonto Heizkesselreparaturen, neue Reifen und die Kanalreinigung bezahlt, oder meinen Kindern (am gleichen Tag) Schuhe gekauft. Ich versuche, mein Notfallkonto nicht anzurühren, damit sich Geld ansammeln kann; aber wenn ich einmal dringend Geld brauche, dann hebe ich es von diesem und *nicht* von meinem Hawaiikonto ab.

Der vorgenannte Plan ist meiner Meinung nach realistisch, motivierend, und es ist fast sicher, daß wir ihn realisieren können. Jedesmal, wenn wir Geld in die Dream-Box werfen, sind wir aufgeregt und fragen uns voller Vorfreude, welchen Film wir uns anschauen und welchen Freund wir einladen werden, uns zu begleiten. Gleichzeitig sehen wir zu, wie die Summe auf unserem Notfallkonto wächst – 10 DM, 20 DM, 50 DM. Und da wir möchten, daß die Summe weiter wächst, tun wir unser Möglichstes, um sie nicht anzurühren. Wir sind auf dem Weg.

Wenn wir einen Plan erstellen und nach ihm handeln, haben wir einen Impuls, eine Triebkraft erzeugt. Was diesen Plan von den anderen Plänen, die wir in der Vergangenheit ausprobierten, unterscheidet, ist seine Durchführbarkeit. Wir bestimmen das Tempo – wie die Schildkröte. Wir haben einen realistischen, ausgewogenen Plan erstellt, den wir verwirklichen können. Diesmal kann uns nichts und niemand aufhalten.

Welchen Plan Sie für sich auch entwerfen mögen, ich möchte Ihnen vorschlagen, ihn erst einmal drei Monate durchzuführen und ihn sich dann noch einmal anzuschauen. Am Ende der drei Monate werden Sie sich auf die Schultern klopfen und etwas Ähnliches sagen wie: »War das leicht. Ich habe jetzt 20 DM auf dem Notfallkonto und war sechsmal im Kino!« Dann werden Sie wahrscheinlich ein neues Konto eröffnen – um mit dem gesparten Geld möglicherweise die immer wieder anfallenden Kosten für das Auto zu decken. Und über kurz oder lang werden Sie eine weitere Dream-Box etikettieren und ein neues Spiel spielen. Vielleicht ist diesmal die Reise nach Australien, von der Sie schon immer träumten, Ihr Ziel. Zu Beginn des vierten Monats könnte Ihr Plan wie folgt aussehen:

Notfallkonto	20 DM (monatlich)
Wagenkonto	15 DM (monatlich)
Kino	Dream-Box
Australien	Das Extrageld-Spiel (Kapitel 5)

Auch der neue Plan muß sich drei Monate lang bewähren. Es ist ein vernünftiger, realistischer Plan, der sich sehr wahrscheinlich verwirklichen läßt. Bei den meisten von uns besteht die größte Gefahr darin, daß wir zu grandiose Pläne machen. Wir führen sechs oder sieben Ziele auf und versuchen, auf jedes Konto 50 DM einzuzahlen, in dem verzweifelten Bemühen, die verlorene Zeit aufzuholen. Das ist unrealistisch. Das ist zu viel, zu schnell. Da wir es uns nicht leisten können, eine derartige hohe Summe auf sechs verschiedene Konten einzuzahlen, schlägt unser Plan fehl.

Aber diesmal nicht. Der von Ihnen erstellte Plan wird erfolgreich sein, denn Sie beginnen klein und realistisch. Überlegen Sie: Wie lange sind Sie ohne einen durchführbaren Plan gewesen? Wie lange schon haben Sie das Gefühl, keine Kontrolle mehr über Ihr Geld zu besitzen? Bei den meisten wird die Antwort »schon immer« oder »solange ich denken kann« lauten. Statt diese Möglichkeit, schließlich doch noch unsere Träume zu verwirklichen, zu verwerfen, werden wir langsam anfangen und unbeirrbar weitergehen. Stellen Sie sich vor, wie Sie in nur drei Monaten einen Blick zurück werfen und sagen: »Ich habe es getan! Meine Ersparnisse wachsen, und meine Träume werden wahr. Endlich habe ich die Kontrolle.«

Jedem, der einen ähnlichen Plan wie den zuvor erwähnten erstellt, ist der Erfolg faktisch garantiert. Wichtig ist, daß

Sie Ihren Plan alle drei Monate einer Neubewertung unterziehen. Nach einem Vierteljahr überprüfen Sie

1. ob die von Ihnen gewählten Ziele für Sie immer noch an erster Stelle stehen;
2. eröffnen Sie weitere Konten (oder stellen Sie zusätzliche Dream-Boxes auf);
3. ändern Sie, falls nötig, den Betrag, den Sie auf die verschiedenen Konten einzahlen, und
4. zweigen Sie mehr Geld ab, um Ihre Träume zu verwirklichen – *falls es realistisch ist.* Wenn Sie nach Ihrem Geldplan handeln, werden Sie jeden Tag voll freudiger Erwartung sein. Ihre Ersparnisse wachsen, Sie erreichen Ihre Ziele und werden zunehmend zufriedener. Es ist jene Zufriedenheit, die sich stets einstellt, wenn man sein Leben im Griff hat.

Die fünf Gebote für die Erstellung eines Geldplanes

1. Wählen Sie Ziele, die Ihnen **Spaß machen** und Sie **motivieren.**
2. **Fangen Sie an.**
3. **Fangen Sie klein an.** (Denken Sie daran: Es ist besser, sofort anzufangen, das Richtige zu tun, als zu warten, bis man glaubt, es richtig tun zu können.)
4. **Seien Sie realistisch.** (Jeden Monat 10 DM zu sparen und das ein Jahr lang, ist hundert Prozent besser, als heute 100 DM auf ein Konto einzuzahlen, in Geldnot zu geraten und den Betrag wieder abzuheben.)

5. **Halten Sie an Ihrem Plan fest, was immer auch geschehen mag.** (Befolgen Sie diesen Plan drei Monate lang. Danach bewerten Sie ihn neu, fügen gegebenenfalls neue Ziele hinzu, modifizieren ihn und nehmen Änderungen vor. Richten Sie sich in den nächsten drei Monaten nach dem korrigierten Plan – und so weiter, und so weiter.)

»Für mich ist es das Größte, daß ich mich jetzt besser fühle, weil ich einen Plan für mein Geld besitze«, schreibt Dave. »Ich habe mehrere Sparkonten eröffnet – jedes zu einem speziellen Zweck. Jetzt kann ich in Notfällen oder bei unerwarteten Ausgaben die Kosten begleichen, ohne unter Druck zu geraten.«

Eine herzerwärmende Geschichte über das Anfangen und das Realistischsein erzählte Dawn, die noch junge Mutter eines zweijährigen Sohnes. Frisch geschieden, macht sie gerade einen Bankrott durch. Sie schrieb mir: »Mein Sohn Brandon ißt für sein Leben gern das Kindermenü eines Fast-Food-Restaurants. Also gehen wir, wenn genug Kleingeld im Topf ist, dorthin, um ein Festessen zu veranstalten. Das macht enorm viel Spaß!«

Ich bitte die Teilnehmer meiner Workshops oft, anonym einen Fragebogen auszufüllen, in dem es um ihre finanzielle Situation geht. Ahnen Sie, welches der *eine* gemeinsame Nenner ist? *Der Mangel an Ersparnissen.* Die meisten Menschen haben nicht genügend Geld, um in ein und demselben Monat eine große Autoreparaturrechnung zu begleichen und einen neuen Kühlschrank zu kaufen.

Aber die Lösung des Problems besteht *nicht* darin, mit

einem ernsthaften Sparprogramm zu beginnen. Ich habe es versucht. Sie haben es versucht. Es hat nicht funktioniert. Sie sollten eine erprobte Methode ausprobieren. Wenn Sie auf dem Baseballfeld zum ersten Mal einen Homerun landen, geschieht zweierlei: Sie lieben Baseball und Sie haben das Gefühl, erfolgreich zu sein. Genau das sollen unsere Pläne bewirken: sie sollen uns Erfolg bringen, und ihre Durchführung soll Spaß machen und uns motivieren.

Als erstes sollten Sie aufschreiben, was Sie zur Zeit am meisten motiviert. (Für mich ist es die Reise mit meinen Kindern nach Washington, D.C.) Wenn wir unsere Aufmerksamkeit nur auf eine motivierende Idee richten, konzentrieren wir unsere Energie. Und diese Konzentration erhöht unsere Erfolgschancen erheblich. (Wir landen höchstwahrscheinlich einen Treffer, wenn wir uns auf den Ball konzentrieren und nicht auf die Fans, unsere Tagesform oder den Trainer.)

Falls Sie bereits voller Erwartung eine Dose oder ein Glas etikettiert haben und das Dream-Box-Spiel spielen, seit Sie im ersten Kapitel davon lasen, kennen Sie die wunderbare Begeisterung und die Vorfreude, die sich einstellt, wenn man einen Plan ausführt. Falls nicht, möchte ich Sie ermuntern, noch eine Weile die Belohnungen des Dream-Box-Spieles zu genießen, bevor Sie einen Geldplan erstellen.

Mary, Herausgeberin und freiberufliche Journalistin, schrieb mir am Ende eines Geld-Workshops: »Ich bin in meinen Lebenszielen sicherer geworden und besitze nun das Gefühl, mehr Macht zu haben, da ich jeden Tag zwischen einem Gebäck oder Stiefeln, zwischen einem Becher Joghurt oder Europa wählen kann. Ich weiß, daß ich mich auf Einkäufe freuen kann, die Spaß machen, und nicht so schnell wie möglich meine Kreditschulden tilgen muß.« Hier Marys ursprünglicher Geldplan für drei Monate:

Wanderstiefel	Dream-Box-Spiel
Notfallkonto	30 Dollar monatlich
Europa	zehn Prozent des freiberuflich verdienten Geldes und alle Steuerrückzahlungen
Computer	10 Dollar monatlich

Und so sah Marys Master-Money-Plan nach einem Jahr aus:

Wanderstiefel	Dream-Box-Spiel. Mary erklärte, daß sie, obwohl sie ihr Ziel bereits vor langer Zeit erreichte, immer noch von der »Wanderstiefel«-Kasse spreche. Im Moment spart sie das Wechselgeld für eine wasserdichte Outdoor-Jacke.
Notfallkonto	30 Dollar monatlich (auf diesem Konto hatten sich bis zu dem Tag, an dem ich mit Mary sprach, 651 Dollar angesammelt. Sie erklärte mir, sie habe ein ungutes Gefühl dabei, da sie gern immer über 1000 Dollar auf dem Konto hätte. Als ich sie fragte, wieviel Ersparnisse für Notfälle sie gehabt habe, als sie meinen Kurs verließ, antwortete sie lachend: »Null!« Sie verriet mir, daß sie alle »Überraschungs«-Gelder auf dieses

Konto einzahle. »Wenn zum Beispiel jemand, der mir Geld schuldet, plötzlich in der Lage ist, es mir zurückzuzahlen!« Denken Sie immer daran: Das Notfallkonto ist das einzige Konto, von dem Sie ohne Gewissensbisse Geld abheben können, wenn unvorhergesehene Kosten auftauchen.

Europakonto Die Quelle zur Bestückung dieses Kontos wechselt. Mary erklärte, sie würde jeden Monat die Hälfte einer Hypothekenzahlung für das Haus bekommen, das sie und ihr Ex-Mann verkauft hatten. »Meinem Partner David und mir wurde klar, daß wir viel schneller als geglaubt reisen könnten, wenn wir dieses zusätzliche Geld auf unser Europakonto überweisen würden. Vor dieser Erkenntnis rann es uns immer zwischen den Fingern hindurch!«

Computerkonto 10 Dollar monatlich: »Vor der Teilnahme an Ihrem Kurs besaß ich nur ein Konto, das ich für alles benutzte. Auf diesem Konto befand sich bereits ein geringer Geldbetrag. Wir nannten es »Computerkonto«. Wir haben im letzten März einen Computer gekauft. Jetzt zahlen wir beide monatlich zehn Dollar auf das Konto ein. Von dem gesparten Geld werden Computerartikel wie Software gekauft und Programme aktualisiert.«

Wochenendspaß Wir haben dieses Konto vor rund vier Monaten eröffnet. Es ist unser Geld für Wochenendtrips. David zahlt jeden Monat 10 Dollar ein, ich unregelmäßig. Wenn wir richtig gestreßt sind und das Gefühl haben, ein wenig Spaß zu brauchen, zahlt jeder von uns 30 oder sogar 60 Dollar ein.«

Mary machte noch eine, wie sie es nannte, sehr »qualitative« Bemerkung über die große Veränderung im Leben ihrer beiden Söhne. »Ich habe zwei Söhne, einundzwanzig und dreiundzwanzig Jahre alt. Ich sagte ihnen, daß sich durch das, was ich bei Ihnen gelernt habe, wirklich etwas in meinem Kopf verändert hätte. Am nächsten Tag fragte einer meiner Söhne: ›Wovon willst du im Oktober nach Europa reisen? Du bist doch gar nicht daran gewöhnt, Geld zu haben.‹ ›Nun, erinnerst du dich noch an unser Gespräch, in dem ich dir erklärt habe, daß ich in bezug auf Geld ein neues Leben anfange?‹ Danach wollte er mehr darüber wissen.«

Es folgt der von Caroline erstellte Master-Money-Plan. Beachten Sie, wie Caroline dafür sorgte, Konten für gegenwärtige und künftige Notfälle anzulegen, und zusätzlich mit den drei persönlichen »Spaß«-Konten erwartungsvolle Vorfreude in ihr Leben brachte. Carolines Plan ist gut abgerundet und wird sich höchstwahrscheinlich als äußerst befriedigend erweisen. Ein derart motivierender Plan muß fast zwangsläufig zum Erfolg führen.

Drei-Monats-Plan

Notfallkonto	40 Dollar
Notfall Zukunft	10 Dollar
Segeln/Radfahren	15 Dollar
Europa	30 Dollar
Computer/Schule	5 Dollar

Am verwirrendsten sei gewesen herauszufinden, was das Beste für sie war, schreibt Caroline. »Doch jetzt, wo mein Plan schwarz auf weiß vor mir liegt, scheinen meine Ziele viel erreichbarer zu sein. Ich fühle mich befreiter, weil ich das Geld jetzt für mich ausgeben kann, statt für Dinge, an denen mir nichts liegt. Die Vorstellung, Geld für Notfälle zu haben, stimmt mich sehr zuversichtlich. Ich habe das Gefühl, daß ich mir, wenn ich mich nach einem neuen Job umschaue oder mich entschließe, wieder zur Schule zu gehen, um Geld keine Sorgen zu machen brauche.«
Als nächstes wollen wir uns Connies Drei-Monats-Plan anschauen. Es ist leicht zu erkennen, daß Connies Plan auf dem basiert, was ihr am Herzen liegt. Er ist realistisch, ausgewogen und motivierend – und höchstwahrscheinlich zu verwirklichen.

Schule	20 Dollar
Notfallkonto	20 Dollar
Meine Schwester in Israel besuchen	10 Dollar
Neue Steppdecke	Dream-Box-Spiel

Beachten Sie, welche Priorität, welches Gewicht Connie ihren Zielen gab. Obwohl ich eine lange Liste mit Zielvorschlägen vorgelegt hatte – darunter finanzielle Unabhängigkeit, Steuern, Notfall Zukunft und Wagenkonto –, erstellte Connie einen sorgsam ausgewogenen Plan, der auf ihren gegenwärtigen Bedürfnissen und Zielen beruhte. Doch das Wichtigste ist, daß Connie ihre Chancen, in den ersten drei Monaten mit ihrem Plan erfolgreich zu sein, sehr stark erhöhte, indem sie die Ziele, die sie momentan am meisten motivieren, erkannte, akzeptierte und in ihren Plan integrierte. Ich kann es nicht oft genug betonen: Wenn Sie einen Plan erstellen, der ihnen zusagt und leicht zu verwirklichen ist, kann ich Ihnen faktisch garantieren, daß nichts und niemand Sie aufhalten kann. Sobald Sie einmal am Erfolg gekostet haben, werden Sie ein anderer Mensch sein. Welche Hindernisse das Leben Ihnen auch in den Weg legen mag, Sie werden ganz sicher sein, damit fertig werden zu können. Vicki vermittelte dieses Wissen in ihrem Brief: »Manchmal hatte ich das Gefühl, als würde meine Welt zusammenbrechen. Ich glaube, der Gedanke, daß wenigstens ein Bereich meines Lebens (die Finanzen) beständig und stabil war, beruhigte mich. Das Erreichte und die positiven Veränderungen, die ich gemacht hatte, vermittelten mir ein gutes Gefühl.«

Als Julie rückfällig wurde, konnte sie sich selbst wieder fangen: »Nach einer Weile fing der Kreditkarten-Irrsinn wieder an. Ich hatte das Konzept begriffen, mich zuerst zu bezahlen, und war von meinem ursprünglichen Vorhaben, 50 Dollar im Monat zu sparen, abgegangen, und sparte jetzt 300 Dollar monatlich. Da fragte ich mich: ›Was stimmt hier nicht? Weshalb benutze ich noch Kreditkarten, wenn ich monatlich 300 Dollar sparen kann?‹ Es war so einfach, und Kleider sind so verdammt teuer. Innerhalb von drei oder vier Monaten trieb ich meine Konten wieder in die roten Zahlen. Als ich die Kontrolle verlor, betrachtete ich meine Situation und sagte: ›Weißt Du, das ist wirklich blöd. Weshalb machst du das?‹ und der Gesundungsprozeß begann.«

Diese Geldplan-Beispiele sollen Ihnen eine Vorstellung davon vermitteln, wie Sie anfangen können. Als nächstes möchte ich Ihnen, als zusätzlichen Anreiz, eine Geldtabelle vorlegen. Diese Tabelle hat mich stark beeindruckt. Sie vermittelte mir jene Perspektive und Begeisterung, die ich brauchte, um an meinem Plan festzuhalten.

Stellen Sie sich vor, Sie hätten gerade Nachwuchs bekommen und beschlossen, für die Zukunft des Kindes zu sparen. Wir beginnen mit 100 DM monatlich und behalten diesen Betrag bei, bis unser Kind 18 Jahre alt ist. Ein Blick auf den Kontostand verrät uns, daß wir im Laufe der Zeit über 30 000 DM (genauer gesagt 31 664 DM) gespart haben.

Nach 18 Jahren beginnen wir, 100 DM abzuheben, statt sie einzuzahlen und schicken sie unserem Kind, das auf dem College ist oder versucht, sich zu etablieren. Wir heben 18 Jahre lang monatlich 100 DM ab und schicken sie unserem Kind. Nach diesen 18 Jahren zeigt der Kontostand, daß sich unsere Ersparnisse, obwohl wir jeden Monat 100 DM abgehoben haben, auf 33 373 DM belaufen – das sind 1709 DM mehr als vor 18 Jahren!

Die ersten 18 Jahre – Sie sparen monatlich 100 DM

Jahr	jährlicher Sparbetrag	Zinsen	Gesamtbetrag
		in DM	
1	1200	26	1226
2	1200	77	2503
3	1200	128	3831
4	1200	182	5213
5	1200	239	6652
6	1200	297	8149
7	1200	359	9708
8	1200	421	11329
9	1200	488	13017
10	1200	557	14774
11	1200	628	16602
12	1200	703	18505
13	1200	780	20485
14	1200	861	22546
15	1200	945	24691
16	1200	1032	26923
17	1200	1124	29247
18	1200	1217	31664

Um zu sehen, wie das möglich ist, lassen Sie uns einen Blick auf die dritte Spalte der zweiten Geldtabelle werfen, aus der das Zinswachstum ersichtlich wird. Im ersten Jahr nach dem 18. Geburtstag unseres Kindes haben wir 1200 DM abgehoben, während uns 1266 DM gutgeschrieben wurden. Im 18. Jahr haben wir 1330 DM Zinsen erhalten, obwohl wir 1200 DM abgehoben und nichts eingezahlt haben. Wenn es uns gelungen wäre, während der beiden achtzehnjährigen Perioden durchschnittlich nur ein Prozent mehr Zinsen zu bekommen (fünf statt vier Prozent) hätten wir sogar 51 022 statt 33 373 DM gespart – also 17 649 DM mehr. Sie hätten nicht nur Ihrem Kind geholfen, sondern darüber hinaus noch Ersparnisse von 51 022 DM!

Die Tabelle auf Seite 229 vermittelt uns eine lebhafte Vorstellung davon, weshalb wir erstens sofort anfangen; zweitens regelmäßig Geld einzahlen und drittens eine große Geldsumme besitzen möchten, die für uns arbeitet. Und so setzte Val dies in die Praxis um: »Ich begann fünf Jahre, bevor ich wirklich fuhr, für eine Europareise zu sparen. Der kleine Betrag, den ich monatlich vom meinem Gehalt abzweigte, war nach fünf Jahren zu einer beträchtlichen Summe angewachsen. Am meisten Spaß machte es mir, daß ich von den Zinserträgen beinahe mein Flugticket bezahlen konnte! Ihre Zinseszinsen-Tabelle veranlaßte mich auch dazu, für den Ruhestand zu sparen. Es ist aufregend, zu beobachten, wie der Kontostand von allein wächst!«

Eines meiner Lieblingszitate stammt von dem Autoren Rusty Berkus: »Vielleicht haben Sie den Traum eines anderen gelebt und nicht Ihren eigenen.« Und wie ist es mit Ihnen? Haben Sie den Traum eines anderen gelebt? Als Joy zu mir

Die zweiten 18 Jahre – Sie *heben* monatlich DM 100 *ab*

Jahr	jährlicher Abhebungsbetrag	Zinsen	Gesamtbetrag
		in DM	
1	1200	1266	31730
2	1200	1269	31799
3	1200	1272	31871
4	1200	1275	31946
5	1200	1278	32024
6	1200	1281	32105
7	1200	1284	32189
8	1200	1288	32277
9	1200	1291	32368
10	1200	1295	32463
11	1200	1299	32562
12	1200	1303	32665
13	1200	1307	32772
14	1200	1311	32883
15	1200	1315	32998
16	1200	1320	33118
17	1200	1325	33243
18	1200	1330	33373

Bitte beachten Sie, daß dieser Entwurf auf einem Jahreszins von 4% beruht.

kam, um sich beraten zu lassen, versuchte sie gerade, aus einer destruktiven Beziehung auszubrechen. Während unseres Gespräches erklärte sie: »Ich habe die letzten 30 Jahre damit verbracht, andere mit *Zielen* zu versorgen!« Genauso ist es mir gegangen. Ich hatte mich nie ernsthaft mit meinen Träumen beschäftigt, geschweige denn versucht, sie zu verwirklichen. Als Kind wünschte ich mir jeden Tag, Glück in unser angespanntes, gestörtes Familienleben zu bringen. Als Erwachsene setzte ich meine Mission fort und versuchte über 18 Jahre lang, meinen Mann glücklich zu machen. Beide Versuche schlugen fehl. Erst als ich meine Energie auf jemanden richtete, über dessen Glück ich die Kontrolle besaß – auf mich selbst –, änderte sich mein Leben. Die Tür zu meinen Träumen zu öffnen und mir selbst zu erlauben, sie zu verwirklichen, veränderte den Lauf meines Lebens.

»Mir ist die Kraft bewußt, die darin liegt, einfach anzufangen«, schrieb Jennie. »Es ist nicht die Summe, sondern die Erfahrung, daß es eine Summe gibt, irgendeine Summe. Ich habe Probleme damit, mich selbst an die erste Stelle zu setzen. Mir ist aufgefallen, daß alle Punkte meines Planes auf Bedürfnissen beruhten; daß mein Plan keinen meiner Wünsche enthielt. Ich hatte Angst davor, ein langfristiges Ziel anzusteuern, weil ich meinte, es mir noch nicht leisten zu können. Stimmt nicht. Ich kann wahrscheinlich ohne weiteres fünf Dollar im Monat sparen.«

Als Barbara ihren Master-Money-Plan abschloß, hatte sie 5300 Dollar Kreditkartenschulden, keine Ersparnisse und ein Jahreseinkommen von 26 000 Dollar. »Ich bin ganz begeistert von der Vorstellung, endlich einmal Geld zu haben, mit dem ich mir meine Wünsche erfüllen kann. Ich komme mir jetzt, wo es in meinem Leben Alternativen gibt, viel leistungsfähiger vor.« Lassen Sie uns einmal Barbaras Geldplan anschauen. Sie fertigte eine komplette Liste all ihrer Ziele an. Aber in den ersten drei Monaten sparte sie zunächst nur für einige (mit einem Sternchen versehene) Ziele. Sie war klug genug, klein anzufangen, und zweigt jeden Monat anfangs nur 30 Dollar von ihrem Gehalt ab. Mit der Zeit kann sie langsam darangehen, die restlichen Ziele in ihren Plan einzubauen. Als zusätzlichen Anreiz spart sie ein Drittel des Geldes für eine Reise nach Colorado; ein Spaß-Ziel, das ihr helfen wird, motiviert und am Ball zu bleiben.

❖ Notfallkonto   5 Dollar
❖ Notfall Zukunft   5 Dollar
❖ Schule   10 Dollar
❖ Colorado-Trip
       New-Mexico-Trip
       Europareise
       Investmentkonto   10 Dollar
❖ Kassettenrecorder   Dream-Box-Spiel
❖ Weihnachtsgeschenke   Dream-Box-Spiel

Der Master-Money-Plan

Ich möchte Ihnen wärmstens ans Herz legen, zu einem Kopierer zu gehen und den ein paar Seiten weiter abgedruckten Bogen mit dem Master-Money-Plan zu vergrößern. Dieses Formular ist ein wirksames Instrument. Ich hoffe, Sie entscheiden sich dafür, es anzuwenden.

Bevor Sie anfangen, das Formular auszufüllen, sollten Sie sich die Zeit nehmen, alle Ihre Wünsche aufzulisten. Sorgen Sie dafür, daß tagsüber stets ein Blatt Papier in Ihrer Nähe ist, auf das Sie sofort, wenn Sie Ihnen einfallen, all jene Träume und Ziele schreiben, nach denen Sie sich jahrelang sehnten. Falls Sie das Gefühl haben, die Liste all jener Dinge, »die Sie am meisten interessieren« sei komplett, schauen Sie sich die Liste noch einmal genauer an und kennzeichnen Sie die Wünsche und Ziele, die eine besondere Bedeutung für Sie haben und Ihnen momentan sehr wichtig sind. Sobald Sie wissen, was Sie am meisten berührt, können Sie fortfahren.

1. Beginnen Sie mit dem Ausfüllen des Master-Money-Plans, indem Sie Ihre Ziele unter den kühnen Worten »Meine Ziele« auflisten, mit denen die zweite Spalte des linken, oberen Formularteiles überschrieben ist.

2. Im gleichen Formularteil finden Sie als erstes eine Spalte, die mit »Monatliche Einzahlung auf meine Ziele« überschrieben ist. Setzen Sie dort den realistischen Betrag ein, den Sie monatlich für jedes Ihres Ziele aufwenden wollen. Schreiben Sie den Betrag aber nur neben die Ziele, auf die Sie in den nächsten drei Monaten sparen wollen. Denken Sie daran, daß sich einige dieser Ziele über die Geldspiele finanzieren, die Sie spielen (und gewinnen!) werden, statt durch eine vom Gehalt abgezweigte Summe.

3. In die dritte, »Kontonummer oder Name des Spieles«

betitelte Spalte tragen Sie die Kontonummer ein. Nun können Sie jedesmal, wenn ein Kontoauszug eintrifft, die Nummer auf dem Auszug mit Ihrem Ziel vergleichen und gegebenenfalls Ihre Aufzeichnungen aktualisieren, falls Zinsen gutgeschrieben wurden.

4. Nehmen wir einmal an, es wäre März. Wenn Sie den von Ihnen angegebenen Betrag (sagen wir einmal 15 DM) wirklich eingezahlt haben, schreiben Sie die Summe in die Spalte »März«. Ein Monat ist um. Wir haben April. Nachdem Sie die 15 DM für April eingezahlt haben, zählen Sie den neuen Betrag zum alten, und tragen den Gesamtbetrag (in diesem Fall 30 DM) in die »April«-Spalte ein.

Es ist jedoch sehr wichtig, daß wir den Betrag erst eintragen, wenn wir ihn wirklich eingezahlt haben. Nur dann ist er Realität – nur dann haben wir wirklich Geld gespart und können uns, während wir die Gesamtsumme eintragen, in Stolz- und Erfolgsgefühlen sonnen.

Jede weitere Einzahlung bedeutet eine aktualisierte Eintragung in den Geldplan und die Freude, zu beobachten, wie der Gesamtbetrag stetig zunimmt: 15 DM, 30 DM, 45 DM, 60 DM. Viele von uns können – mit Hilfe des Master-Money-Plans – zum ersten Mal in ihrem Leben ihr Geld wirklich wachsen sehen.

5. Einen großen Auftrieb werden Sie bekommen, wenn Sie sehen, was sich im unteren Teil des Master-Money-Plans abspielt. Listen Sie als erstes unter »Kreditschulden« Ihre Kreditkarten- und andere Kreditschulden auf. Schreiben Sie rechts daneben die jeweilige Gesamtschuld. Ziehen Sie jeden Monat, nachdem Sie den Min-

destbetrag bezahlt haben, diesen von der Gesamtsumme ab. Der Anblick der immer geringer werdenden Gesamtschuld wird Sie aufmuntern und aufatmen lassen. Einer der Gründe, weshalb ich immer einen Bleistift benutze, liegt darin, daß ich den eingezahlten Betrag gern von der noch verbliebenen Gesamtschuld abziehe, zum Beispiel 702,42 DM minus 21 DM ergibt 681,42 DM. Wenn beim nächsten Auszug dann die Zinsen dazukommen, radiere ich den vorherigen Betrag und aktualisiere ihn.

6. Wir können mit dem Master-Money-Plan auch herausfinden, wieviel Geld wir insgesamt gespart haben; dazu brauchen wir nur die Spalte des gegenwärtigen Monats zu addieren. Wenn wir die Gesamtsumme eines jeden Zieles addieren, bekommen wir das Gesamtergebnis. Das mache ich von Zeit zu Zeit. Es gibt mir einen Kick. Auf den einzelnen Konten habe ich vielleicht Gesamtsummen von 27,19 – 54,98 – 105,73 und 44,37 DM. Das gibt mir ein gutes Gefühl. Aber zu wissen, daß ich insgesamt bereits 232,27 DM gespart habe, spornt mich wirklich an!

7. Die monatliche Beschäftigung mit unserem Master-Money-Plan an jenem festgesetzten Tag, an dem die Rechnungen bezahlt werden, gibt uns Auftrieb, weil wir sehen, wie das Ganze sich entwickelt. Sie werden feststellen, daß Sie sich auf diesen Tag freuen, weil Sie erstens sich selbst zuerst bezahlen, das Geld auf Ihre Ziele verteilen und sehen, wie die einzelnen Summen wachsen; zweitens Sie den Mindestbetrag auf Ihre Kreditschulden zahlen und beobachten, wie sie langsam aber sicher verschwinden, und drittens Sie sich an der frisch

gewonnenen Freiheit erfreuen, die das Wissen vermittelt, die Verantwortung über Ihr Geld und Ihr Leben zu
besitzen.

8. Und die Entwicklung hält uns bei der Stange. Deshalb
kann der Master-Money-Plan beim Streben nach unseren Zielen eine wertvolle Hilfe sein. Greifen Sie auf
diese Hilfe zurück. Legen Sie den Plan immer in Reichweite. Schauen Sie sich voller Genugtuung die Entwicklung an. Achten Sie darauf, daß immer ein Bleistift zur
Hand ist, damit Sie die Gesamtsummen ausradieren und
die Summen addieren können, wenn Sie mehr Geld auf
ein Konto einzahlen.

Mary, verheiratet, drei Kinder, sagte: »Ich habe von jedem
Scheck Geld für einen Familienausflug nach Minnesota
abgezweigt. Mir war bewußt, daß der geringe Betrag, den
ich beiseite legte, nicht ausreichte, aber daß sich mit der Zeit
Ersparnisse ansammeln würden. Ich konnte jeden einzelnen Schritt planen und wußte genau, wie lange es dauern
würde, bis ich mein Ziel erreicht hatte. Regelmäßige Einzahlungen halten mein Interesse wach, halten mich bei der
Stange.
Ich habe das Gefühl, als brauche ich nicht mehr zu warten,
als könnte ich schon jetzt Spaß haben. Ich bin voll froher
Erwartung. Und man kann den Urlaub oder was immer auch
das Ziel sein mag, besser genießen. Ich glaube, es ist viel
vergnüglicher, wenn ich mich auf etwas freue und es später
bekomme oder mache, als wenn es einfach nur geschieht.«
Daniel rief mich an, um mir etwas über meine Vorträge zu
sagen. Mir fiel auf, daß er einen italienischen Familienna-

MASTER-MONEY-PLAN

Monatliche Einzahlungen auf meine Ziele	Meine Ziele Was ich mir wirklich wünsche	Konto-Nummer oder Name des Spiels	Jan. +	Feb. +	Mrz. +
	Kreditschulden	Gesamt-schulden			

Wenn ich meine Kreditkarten nicht benutze und nur den *Mindestbetrag* zurückzahle, habe ich Geld für meine Ziele und kann zuschauen, wie die Schulden verschwinden.

Apr. +	Mai +	Juni +	Juli +	Aug. +	Sept. +	Okt. +	Nov. +	Dez. +

(Zahlen Sie jeden Monat die Mindestbeträge zurück, subtrahieren Sie
Ihre Zahlung von der Gesamtsumme und schauen Sie zu, wie Ihre Schulden
sich verringern.)

Werte → Wahl → Handlung
Ich stimme mich auf das ein, was ich *am*
meisten schätze.
Ich *wähle sorgfältig* **aus – auf der Basis dessen,**
was ich schätze.
Ich *handle* **den Werten gemäß, die mir tiefe**
Befriedigung bringen.

men trug, also fragte ich ihn, ob er sein Wechselgeld für eine Reise nach Italien spare. Daniel antwortete: »Als geschiedenem Mann mit zwei kleinen Mädchen fehlt mir das Geld für derartige Reisen und Abenteuer.« Wie hört sich die Erklärung jetzt für Sie an? Hat sich etwas in Ihnen verändert?

Bringen Sie Ihren Plan zu Papier
Es ist an der Zeit, Ihren Plan zu Papier zu bringen – Werte → Wahl → Handlung. Doch es ist ein heikles Unterfangen, einen idiotensicheren, garantiert erfolgreichen Plan zu erstellen. Hier ein paar Richtlinien, die Ihnen helfen können, den Erfolg sicherzustellen.

1. **Seien Sie realistisch:** Welchen monatlichen Sparbetrag Sie auch in Betracht gezogen haben mögen – halbieren Sie ihn. Hier ein Beispiel:

Unsicherer Plan		**Korrigierter (halbierter) SOLIDER Plan**	
Notfallkonto	60 DM	Notfallkonto	30 DM
Wagenkonto	20 DM	Wagenkonto	10 DM
Wochenende am Meer	30 DM	Wochenende am Meer	15 DM
Neue Kleider	Wechselgeld	Neue Kleider	Wechselgeld

Es ist nicht leicht, die geplante Summe zu halbieren, weil man begierig darauf ist, endlich anzufangen. Aber ich möchte Sie trotzdem dazu ermutigen. Denken Sie daran: Sie können es immer noch so wie Tom machen (daß heißt in anderthalb Jahren 13 000 Dollar sparen). Er verließ den Kurs mit dem Plan, monatlich jeweils fünf Dollar auf seine vier Konten einzuzahlen (Gesamtsumme: 20 Dollar). Tatsächlich zahlte er jedoch im Laufe der Zeit zusätzlich 30 Dollar auf dieses, und 50 Dollar auf jenes Konto ein. Das ist eine mögliche Methode weiterzumachen, denn Sie haben sich ein Sicherheitsnetz geschaffen. Würde Tom nach zwei Monaten plötzlich 200 Dollar gebraucht haben, hätte er von seinen Konten ohne Schuldgefühle alles bis auf zehn Dollar abheben können, da er ursprünglich nur fünf Dollar hatte sparen wollen.

Entspannen Sie sich. Fangen Sie langsam an. Aber fangen Sie an – das ist der Schlüssel. Erinnern Sie sich daran, wie lange Sie ohne einen Plan zurechtkommen mußten. Holen Sie tief Luft und führen Sie einen einfachen, realistischen Plan aus. Die drei Monate werden wie im Flug vergehen.

Kelly hatte nur einen Teil des dreiteiligen Geld-Workshops besucht. Als ich ihn danach wiedersah, erklärte er zögernd, nach dem Kurs habe er von seinem Gehalt sofort 200 Dollar abgezweigt und auf verschiedene Sparkonten eingezahlt. Weshalb war er dann so verlegen? Bei einer fünfköpfigen Familie, mit beträchtlichen Kreditkartenschulden, hatte er es sich nicht leisten können, der Familienkasse 200 Dollar zu entziehen – nach zwei Wochen mußte er das eingezahlte Geld wieder abheben. Hätte er den Rest des Seminares besucht, würde er gelernt haben, wie wichtig es ist, klein anzufangen und realistisch zu sein!

2. **Ihr Plan soll vor allem Spaß machen.** Es ist unbedingt erforderlich, daß Ihr Plan verlockend und aufregend ist. Er muß so viel Spaß enthalten, daß Sie ihm unbeirrbar folgen, was immer auch geschehen mag. Später, wenn Sie erst einmal »am Haken« sind und sich gewohnheitsmäßig selbst bezahlen, können Sie dem Plan die »vernünftigeren« Konten hinzufügen.

3. **Halten Sie an Ihrem Plan drei Monate lang unverändert fest.**

4. **Vergessen Sie nicht: Etwas zu tun ist besser, als nichts zu tun** – und zwar um einiges besser. Wenn Sie innerhalb der nächsten beiden Tage Ihren Plan nicht zu Papier gebracht haben, werden Sie es wahrscheinlich niemals tun. Skizzieren Sie Ihren Plan umgehend, bringen Sie ihn innerhalb der nächsten beiden Tage zu Ende und wenden Sie ihn am nächsten Zahltag an. **Bezahlen Sie sich selbst zuerst** – bevor Sie jemand anderen bezahlen. Es ist *Ihr* Geld.

5. **Ihr Plan muß Ihnen ein gutes Gefühl vermitteln.** Nachdem Sie all Ihre Ziele aufgelistet und eins oder zwei ausgewählt haben, für die Sie in den nächsten drei Monaten Geld zurücklegen möchten, lehnen Sie sich zurück und geben Sie jedem dieser Ziele ein »emotionales Gewicht«. Fragen Sie sich: »Wenn ich mit nur einem Ziel anfangen dürfte, welches würde ich wählen?« Für Eltern, die Kinder aufziehen, besitzt das Notfallkonto wahrscheinlich das größte Gewicht. Und ein junger, alleinlebender Karrieremensch könnte ein Reisekonto

an die erste Stelle setzen. Wählen Sie das Ziel, das Ihnen momentan am lohnendsten und am motivierendsten erscheint.

6. **Ihr Plan muß ausgewogen sein.** Er muß sowohl Sicherheits- als auch Spaßgeld enthalten, wenn er funktionieren soll. Das Sicherheitsgeld verhilft uns zu einem friedlichen Schlaf, während das Spaßgeld uns einen Grund gibt, morgens aus dem Bett zu springen. Prüfen Sie, ob Ihr Plan ausgewogen ist, ob er auf dem Spaßziel, dem Sicherheitsziel beruht, das Sie momentan am meisten motiviert. Unser Plan soll nicht »vernünftig« sein oder andere beeindrucken. Der Schlüssel, um schließlich doch noch aus unseren alten Gleisen zu springen, aus unseren alten Gewohnheiten im Umgang mit Geld herauszukommen, liegt darin, die Ziellinie zu überqueren, seinen Traum zu verwirklichen. Viele Menschen (einschließlich meiner selbst) begannen ihren Drei-Monats-Plan mit nur einem Ziel, und spielten das Dream-Box-Spiel, um es zu erreichen.

Geldtabellen

Ich zeige Ihnen keine einschüchternden oder unverständlichen Geldtabellen. Meine Tabellen sollen das Planen noch amüsanter machen und Ihnen einen Anreiz geben.

WIE MONATLICHE SPAREINLAGEN WACHSEN
Achten Sie auf die Zinssätze!

	DM 5 4%	DM 5 8%	DM 10 4%	DM 10 8%	DM 20 4%	DM 35 4%	DM 50 4%
1	61	63	123	125	245	429	613
2	125	131	250	261	501	876	1 251
3	192	204	383	408	766	1 341	1 915
4	261	284	521	567	1 043	1 825	2 607
5	333	370	665	740	1 330	2 328	3 326
6	407	463	815	926	1 630	2 852	4 075
7	485	564	971	1 129	1 942	3 398	4 854
8	566	674	1 133	1 348	2 266	3 965	5 665
9	651	792	1 302	1 585	2 603	4 556	6 509
10	739	921	1 477	1 842	2 955	5 171	7 387
11	830	1 060	1 660	2 120	3 320	5 811	8 301
12	925	1 211	1 851	2 421	3 701	6 477	9 253
13	1 024	1 374	2 049	2 747	4 097	7 170	10 243
14	1 127	1 550	2 255	3 101	4 509	7 891	11 273
15	1 235	1 742	2 469	3 483	4 938	8 642	12 346
16	1 346	1 949	2 692	3 898	5 385	9 423	13 462
17	1 462	2 173	2 925	4 347	5 849	10 236	14 623
18	1 583	2 416	3 166	4 833	6 333	11 083	15 832
19	1 709	2 680	3 418	5 359	6 836	11 963	17 090
20	1 840	2 965	3 680	5 929	7 360	12 880	18 400

WIE MONATLICHE SPAREINLAGEN WACHSEN
Achten Sie auf die Zinssätze!

	DM 50 8%	DM 50 12%	DM 100 3%	DM 100 5,5%	DM 100 10%	DM 250 4%	DM 250 8%
1	627	640	1 220	1 236	1 267	3 066	3 133
2	1 305	1 362	2 476	2 542	2 667	6 257	6 527
3	2 040	2 175	3 771	3 922	4 213	9 577	10 201
4	2 836	3 092	5 106	5 380	5 921	13 033	14 181
5	3 698	4 124	6 481	6 920	7 808	16 630	18 492
6	4 632	5 288	7 898	8 546	9 893	20 373	23 160
7	5 643	6 599	9 358	10 265	12 196	24 269	28 215
8	6 738	8 076	10 862	12 080	14 740	28 324	33 690
9	7 924	9 741	12 412	13 998	17 550	32 543	39 620
10	9 208	11 617	14 009	16 024	20 655	36 935	46 041
11	10 599	13 731	15 655	18 164	24 085	41 506	52 996
12	12 106	16 113	17 351	20 425	27 874	46 263	60 528
13	13 737	18 797	19 098	22 814	32 060	51 213	68 685
14	15 504	21 821	20 899	25 337	36 684	56 365	77 519
15	17 417	25 229	22 754	28 002	41 792	61 728	87 086
16	19 490	29 069	24 666	30 818	47 436	67 308	97 448
17	21 734	33 396	26 636	33 793	53 670	73 116	108 669
18	24 164	38 272	28 666	36 936	60 557	79 161	120 822
19	26 797	43 766	30 757	40 255	68 165	85 452	133 983
20	29 647	49 957	32 912	43 762	76 570	91 999	148 237

WIE MONATLICHE SPAREINLAGEN WACHSEN
Achten Sie auf die Zinssätze!

	DM 5 4%	DM 5 8%	DM 10 4%	DM 10 8%	DM 20 4%	DM 35 4%	DM 50 4%
21	1 976	3 273	3 953	6 547	7 905	13 834	19 763
22	2 118	3 608	4 236	7 216	8 472	14 827	21 181
23	2 266	3 970	4 531	7 940	9 063	15 860	22 657
24	2 419	4 362	4 839	8 724	9 677	16 935	24 193
25	2 579	4 787	5 158	9 574	10 317	18 055	25 792
26	2 746	5 247	5 491	10 494	10 982	19 219	27 456
27	2 919	5 745	5 838	11 490	11 675	20 432	29 188
28	3 099	6 284	6 198	12 569	12 396	21 693	30 990
29	3 287	6 869	6 573	13 737	13 146	23 006	32 866
30	3 482	7 501	6 964	15 003	13 927	24 373	34 818
31	3 685	8 187	7 370	16 374	14 740	25 795	36 850
32	3 896	8 929	7 793	17 858	15 586	27 275	38 964
33	4 116	9 733	8 233	19 465	16 466	28 815	41 165
34	4 346	10 603	8 691	21 206	17 382	30 419	43 455
35	4 584	11 546	9 168	23 092	18 336	32 087	45 839
36	4 832	12 567	9 664	25 134	19 328	33 824	48 320
37	5 090	13 673	10 180	27 345	20 361	35 631	50 901
38	5 359	14 870	10 718	29 740	21 435	37 512	53 588
39	5 638	16 167	11 277	32 334	22 554	39 469	56 385
40	5 930	17 571	11 859	35 143	23 718	41 507	59 295

WIE MONATLICHE SPAREINLAGEN WACHSEN
Achten Sie auf die Zinssätze!

	DM 50 8%	DM 50 12%	DM 100 3%	DM 100 5,5%	DM 100 10%	DM 250 4%	DM 250 8%
21	32 735	56 934	35 133	47 467	85 855	98 813	163 674
22	36 078	64 795	37 421	51 381	96 112	105 905	180 392
23	39 699	73 653	39 779	55 516	107 443	113 285	198 497
24	43 621	83 634	42 209	59 884	119 961	120 967	218 106
25	47 868	94 882	44 712	64 498	133 789	128 961	239 342
26	52 468	107 556	47 292	69 373	149 066	137 281	262 340
27	57 449	121 837	49 950	74 522	165 942	145 940	287 247
28	62 884	137 929	52 689	79 962	184 585	154 951	314 222
29	68 687	156 063	55 511	85 709	205 180	164 330	343 436
30	75 015	176 496	58 419	91 780	227 933	174 091	375 074
31	81 868	199 520	61 416	98 193	253 067	184 249	409 338
32	89 289	225 465	64 504	104 969	280 834	194 822	446 446
33	97 327	254 700	67 685	112 126	311 508	205 825	486 634
34	106 032	287 643	70 964	119 687	345 393	217 276	530 158
35	115 459	324 763	74 342	127 675	382 828	229 194	577 294
36	125 668	366 592	77 823	136 113	424 182	241 598	628 342
37	136 725	413 726	81 409	145 027	469 866	254 507	683 627
38	148 700	466 837	85 105	154 444	520 334	267 941	743 501
39	161 669	526 684	88 913	164 393	576 087	281 924	808 345
40	175 714	594 121	92 837	174 902	637 678	296 475	878 570

Sagen wir einmal, Sie hätten errechnet, daß Sie 500 DM brauchen, um Ihr Ziel zu erreichen. Nehmen Sie nun die Geldtabelle an und suchen Sie in den Spalten nach »500 DM«. Fangen Sie bei der ersten Tabelle links oben an und gehen Sie weiter, bis Sie auf »20 DM monatlich« stoßen. Wenn Sie jetzt die Spalte hinuntergehen, finden Sie 501 DM. Das heißt, wenn Sie monatlich 20 DM einzahlen, haben Sie (bei 4% Zinsen) nach zwei Jahren 501 DM gespart. Werfen Sie nun einen Blick auf Spalte ganz rechts mit »50 DM monatlich«. Hier haben Sie nach nur einem Jahr bereits 613 DM gespart. Aber vielleicht haben Sie es nicht eilig. Möglicherweise haben Sie ein langfristiges Ziel im Auge und stellen fest, daß Sie, wenn Sie monatlich nur 10 DM im Monat sparen, bei 4% Zinsen in vier Jahren 521 DM besitzen werden – oder 567 DM bei 8% Prozent Zinsen.

Kennzeichnen Sie die Seiten mit den Geldtabellen und vergnügen Sie sich mit ihnen. Lassen Sie Ihren Blick hin- und herschweifen und bleiben Sie offen für mehrere Aspekte und Möglichkeiten, bis Sie einen Sparplan aufgestellt haben, der Ihnen zusagt. Lassen Sie sich von den Tabellen anregen, nach den Sternen zu greifen.

Diese Tabellen eignen sich ausgezeichnet dazu, uns daran zu erinnern, weshalb wir noch *heute* mit dem Sparen beginnen möchten. Die dritte Spalte der zweiten Tabelle ist mit »100 DM monatlich« überschrieben. Wenn wir mit 25 Jahren angefangen hätten, monatlich 100 DM zu sparen (bei 3% Zinsen), besäßen wir mit 65 Jahren 92 837 DM. Bei einem durchschnittlichen Zinssatz von 5,5% wären es nach 40 Jahren 174 902 DM. Wenn wir während jener 40 Jahre darauf geachtet hätten, stets den höchsten (sicheren) Zinssatz zu bekommen, sagen wir durchschnittlich 10% Prozent, beliefe sich unser Sparguthaben auf 637 678 DM.

Große Zahlen verwirren mich, also lassen Sie es mich Ihnen einmal anders erklären. Nehmen wir einmal an, Sie würden, nachdem Sie 40 Jahre lang gespart haben, in Pension gehen und haben vor, von Ihrem Gesparten zu leben. Zuerst einmal ist es sehr wichtig, die Ersparnisse nicht anzutasten. Es geht darum, die angesparte Summe in Ruhe zu lassen und von den Zinsen zu leben. Denken Sie einmal darüber nach. Falls

Gesamt- ersparnis nach 40 Jahren	Zinssatz	jährlicher Zinsertrag	monatlicher Zinsertrag
		in DM	
92 837	3 %	2 785	232
174 902	3 %	5 247	437
637 678	3 %	19 130	1 594
92 837	5 %	4 642	386
174 902	5 %	8 745	728
637 678	5 %	31 883	2 657
92 837	8 %	7 426	618
174 902	8 %	13 992	1 166
637 678	8 %	51 014	4 251

Sie gewohnt sind, von 40 000 DM jährlich zu leben und diesen Betrag jedes Jahr vom Sparkonto abheben, wäre in wenigen Jahren kein Geld mehr da. Und was dann?

Lassen Sie uns einmal sehen, wieviel Zinsguthaben wir Jahr für Jahr von unserem gesparten Geld erwarten können.

Denken Sie daran: die Summen in der linken Spalte unter der Rubrik »Gesamtersparnisse« rühren daher, daß 40 Jahre lang 100 DM gespart wurden. Je höher die Zinsrate im Laufe der Jahre war, desto höher ist die Gesamtsumme.

Die drastischen Differenzen im monatlichen Zinsertrag verblüffen mich. Sie enthalten eine deutliche Botschaft: Achten Sie auf die Zinsraten. Nehmen Sie sich im Laufe des Jahres ab und zu ein paar Minuten Zeit, um sich zu vergewissern, daß Ihr schwer verdientes Geld dort angelegt ist, wo Sie die höchsten Zinsen erwarten können, ohne ein höheres Risiko einzugehen.

Tips

Nachfolgend ein paar Tips und Ideen, die Ihnen beim Pläneschmieden und beim Durchhalten helfen.

❖ **Schreiben Sie eine persönliche Bemerkung über Geld.** Unterstützen Sie sich bei Ihrem Vorhaben, indem Sie Ihrem Master-Money-Plan eine persönliche Bemerkung vorausschicken. Dave, 25 Jahre alt, schrieb folgendes: »Ich lerne, mein Geld für *mich* arbeiten zu lassen. Ich bin auf dem Weg zur finanziellen Unabhängigkeit. Mein Ziel: mit meiner Familie gehen zu können, wohin ich will, und wann ich will, ohne mich um Geld sorgen zu müssen.« Achten Sie darauf, daß es positiv und optimistisch klingt und im Präsens geschrieben ist. Beachten Sie, daß Dave »Ich lerne« schrieb, und nicht »Ich werde lernen«. Es ist wichtig, Worte zu benutzen, die unserer Psyche mitteilen, daß etwas geschieht – nicht, daß irgendwann, in grauer Zukunft, etwas geschehen wird. Mit anderen Worten, sagen Sie: »Ich bezahle mich selbst zuerst« statt »Ich werde mich selbst zuerst bezahlen«.

❖ **Tun Sie das, was funktioniert.** Joanne verriet mir: »Ich habe meiner Schwester gerade 500 Dollar gegeben, die sie für mich aufbewahren soll.« Eine gute Idee. Seien Sie kreativ und ziehen Sie jede Hilfe heran, die Sie bekommen können. Tun Sie das, was funktioniert, um sicherzustellen, daß Sie Ihre Ziele erreichen.

❖ **Planen Sie im voraus.** Stellen Sie sich schon im voraus vor, wie Sie unerwartetes (oder erwartetes) Geld verteilen. Vielleicht möchten Sie kleinere Geldsummen wie folgt aufteilen: 60% für Ihren sehnlichsten Wunsch und 40% für Ihr Notfallkonto. Größere Geldbeträge könnten noch weiter unterteilt werden, beispielsweise 20% für das Notfallkonto, 60% für kurz-, mittel- und langfristige Ziele, und 20% für die allgemeine Kasse, um in jenem Monat über die Runden zu kommen.

Wenn wir bereits vor dem Eintreffen des Geldes entschieden haben, wie wir es verteilen, fällt es uns leichter, objektiv und großzügig zu uns zu sein, wenn es eintrifft. Ich habe es als sehr hilfreich empfunden, den Prozentplan auf den Master-Money-Plan zu schreiben, wo ich ihn immer zur Hand habe und er gleichzeitig als Erinnerung dient.

❖ **Heben Sie nur die benötigte Summe ab.** Ich habe lange gebraucht, ehe ich diesen Tip verstand. Wenn ich Geld von meinem Notfallkonto überwies, um die 105,88 Dollar-Rechnung für die Kanalreinigung zu zahlen, sagte ich: »Bitte überweisen Sie 110,00 Dollar auf mein Girokonto.« Durch das Aufrunden der Summe hob ich mehr vom Notfallkonto ab als der Notfall kostete. Das ist jetzt vorbei. Wenn ein Notfall eintritt, der 105,88 Dollar kostete, überweise ich genau diesen Betrag.

❖ **Setzen Sie sich ein Ziel.** Finanzberater legen uns nahe, zehn Prozent des Einkommens zu sparen. Lange Zeit verwarf ich diese Idee als unmöglich. Doch eines schönen Tages drehte ich sie herum und machte sie zu einem Anreiz. Ich multiplizierte unser Einkommen (Nettogehalt) mit zehn und setzte mir das Endergebnis zum Ziel. Ich wollte den Sparbetrag so lange steigern, bis er zehn Prozent des Monatsgehaltes ausmachte. Sobald ich dieses Ziel erreicht hatte, setzte ich mir das nächste: zehn Prozent vom Bruttogehalt zu sparen. Als ich das erreicht hatte, brauchte ich keinen Antrieb mehr – ich flog von allein.

Ein weiterer Anreiz ist, den Sparbetrag jedes Jahr um die gleiche Zeit zu erhöhen. Ich kann mich noch an die erste »Gehaltserhöhung« erinnern. Es war im September. Da mein Mann Lehrer war, schien mir der Schulbeginn genau die richtige Zeit für eine »Gehaltserhöhung« zu sein (obwohl wir in Wirklichkeit seit Jahren keine mehr bekommen hatten).

❖ **Familienziel-Abend.** Diese Idee stammt von einem Paar aus meinem Kurs, das damit in seiner Familie Erfolg hatte. Ein Familienziel-Abend stellt eine Gelegenheit dar, die ganze Familie dazu zu motivieren, über persönliche und familiäre Ziele nachzudenken und einen Plan aufzustellen. Bevor Sie diese Idee ausprobieren, sollten Sie wenigstens drei bis sechs Monate mit Ihrem eigenen Plan gearbeitet haben. Dann können Sie aus eigener Erfahrung sprechen, wenn es um Methoden geht, wie man diese Ziele erreichen kann, und brauchen nicht etwas nachbeten, das Sie in einem Buch gelesen haben. Machen Sie aus diesem Familienziel-Abend einen lustigen Abend, indem Sie als Grundregel einführen, daß jede Idee freimütig akzeptiert und nicht kritisiert wird. Wahrscheinlich wird bei den ersten beiden Treffen nur Brainstorming betrieben – es geht darum, die Familie dazu zu bringen, nachzudenken und sich der Welt der Möglichkeiten zu öffnen. Wenn Sie die Treffen kurz und amüsant gestalten, werden Sie keine Probleme haben, die Familienmitglieder um sich zu versammeln, um einen Schritt weiterzugehen.

❖ **Lenken Sie das Geld um.** Jedesmal, wenn Sie eine neue Wahl treffen, sollten Sie daran denken, das Geld, das Sie ausgegeben *hätten,* Ihren Zielen zuzuführen.

❖ **Bleiben Sie bei der Stange.** Zahlen Sie das Geld auf Ihre Zielkonten ein *und lassen Sie es dort.* Sie hatten früher nie Geld, also tun Sie so, als hätten Sie auch heute keines. Ich spreche davon, was Sie tun sollen, wenn in zwei Wochen oder vier Monaten große, unerwartete Kosten auf Sie zukommen (und das ist sehr wahrscheinlich).

Wenn Sie sich vorher keine Gedanken darüber machen, sind Sie vermutlich versucht, die unerwarteten Kosten mit jenem Geld zu decken, mit dem Sie Ihren Traum verwirklichen wollten.

Bei meinem ersten Fall dieser Art dachte ich: »Ich habe noch nie Geld für ein Ziel gespart. Genau genommen habe ich noch nie Geld für irgend etwas zurückgelegt.« Und dann habe ich mich – statt meine gerade erst zum Leben erwachten Träume sterben zu lassen – entschlossen, diesen Notfall wie frühere Notfälle zu behandeln: indem ich überzog, mir Geld lieh, das vorhandene Geld streckte, einen Garagenverkauf veranstaltete. Mit anderen Worten: Ich tat so, als hätte ich keine Ersparnisse. (Ich hatte so eine Vorahnung, als ich mein erstes Notfallkonto eröffnete.)

❖ **Machen Sie es amüsant.** Sehen Sie es als ständige Herausforderung an, es so amüsant wie möglich zu machen. James war so begeistert, daß er während eines Workshops aufstand, um uns zu berichten, was er getan hatte: »Als ich den Scheck zur Bank brachte, bat ich den Kassierer um zehn Ein-Dollar-Scheine, die ich zu Hause einen nach dem anderen (er demonstrierte es uns) in mein Mayonnaiseglas mit dem Etikett »Motorrad« stopfte. Es war großartig!«

❖ **Feiern Sie Ihren Fortschritt.** Bevor wir mit einer Diät beginnen, wiegen wir uns, damit wir später unseren Erfolg messen können. Nehmen Sie sich nur ein paar Minuten, um sich »einzuwiegen« und Ihre Aktiva und Passiva, sprich: Ihre Guthaben und Schulden, auszurechnen. Obwohl es ein bißchen erschreckend sein kann, endet es meistens überraschend positiv. Als ich mich zum ersten Mal entschloß, meine Aktiva und Passiva auszurechnen, war ich davon überzeugt, daß der Zeiger sich den Schulden zuneigen und die Seite mit den Guthaben leer bleiben würde. Glücklicherweise war es nicht so schlimm, wie ich es mir vorgestellt hatte. Mir ist aufgefallen, daß es bei den meisten Menschen so ist. Wir alle besitzen Aktiva, gewöhnlich sogar mehr als wir annehmen. (Das größte Guthaben ist natürlich unser wunderbares Selbst.)

Sie können für die Schätzung Ihrer Guthaben und Schulden fünf Minuten oder fünf Stunden brauchen. Bei einem solchen Vorhaben nehmen die meisten von uns einen »Alles-oder-nichts«-Standpunkt ein und entscheiden sich für »nichts«. Stellen Sie den Wecker auf fünf Minuten, drehen Sie den Master-Money-Plan um und fangen Sie an. Oder füllen Sie die nachfolgende Liste aus. Wenn die Zahlen einmal schwarz auf weiß auf dem Papier stehen, können Sie immer wieder darauf zurückkommen, um festzustellen, wie weit Sie gekommen sind. Sie werden sich immer wieder dafür beglückwünschen, daß Sie sich die Zeit zum »Einwiegen« genommen haben, weil Sie sonst Ihren Fortschritt nicht feiern könnten.

Guthaben	**Schulden**
Sie besitzen Guthaben!	*Vergessen Sie nicht –*
	diese Spalte verschwindet

Posten   geschätzter Wert   Posten   geschätzter Wert

Datum des heutigen Tages:

Wagen _____	Wagenkredit(e) _____
Einrichtung _____	Studentenkredit(e) _____
Werkzeuge _____	Major Kreditkarte(n) _____
Geräte_____	Kreditkarte _____
Elektronik _____	Kreditkarte _____
Schmuck _____	Kreditkarte _____
Kleidung _____	Kreditkarte _____
Sportausrüstung _____	Bankkredit(e) _____
Porzellan/Glas _____	Privatkredit(e) _____
Ersparnisse_____	Andere Kredite _____
Lebensversicherung _____	_____
aktueller Wert_____	_____
Aktien/Obligationen _____	_____

Summe:_____	Summe: _____
Grundbesitz _____	Hypothek(en) auf
_____	Grundbesitz _____
Summe:_____	**Summe:** _____

Ich habe den Punkt »Grundbesitz« von den anderen gesondert, weil Grundbesitzschulden im Gegensatz zu Kreditschulden meistens langfristig sind. Wenn Sie sich selbst zuerst bezahlen, nur den Mindestbetrag auf Ihre Kreditschulden zahlen und aufhören, auf Kredite zurückzugreifen und Kreditkarten zu benutzen, wird sich die Schuldenspalte rapide leeren.

Vergessen Sie nicht: Wenn Sie sich jetzt nur fünf Minuten Zeit nehmen, um Ihre Guthaben und Ihre Schulden überschlägig zu berechnen, können Sie Ihr ganzes, restliches Leben lang einen Blick zurück auf Ihre heutige finanzielle Situation werfen und Ihren Erfolg feiern.

Tips für Paare

1. **Jeder für sich.** Jeder Mensch in einer Beziehung (oder einer Familie) muß seine eigenen Ziele haben, nicht nur gemeinsame oder Familienziele. Die Beziehung wird garantiert beeinträchtigt, wenn man sich auf das Ziel *eines* Partners konzentriert und den Traum des anderen beiseite schiebt. Das funktioniert nicht (wenigstens nicht lange). Falls Sie nur 20 DM erübrigen können, dann gehen je 10 DM auf die jeweiligen Konten. Und die Zufriedenheit, die Freude, die jeder der beiden Partner verspürt, wenn er sieht, wie seine Träume wahr werden, wird in die Beziehung eingebracht. So machen Sie doppelten Gewinn.

2. **Planen Sie gemeinsam.** Sobald jeder von Ihnen seine eigenen Ziele etabliert hat, sollten Sie sich etwas über-

legen, das Ihnen beiden Spaß machen würde. Sandra und Dave sparten Wechselgeld und verbrachten ein romantisches Wochenende in einem eleganten Hotel.

3. **Zwei Einkommen?** Man glaubt in unserer heutigen Gesellschaft oft, auf zwei Einkommen angewiesen zu sein, um »über die Runden zu kommen«. Doch allzuoft ist es einzig unser Streben nach schöneren Autos und größeren Häusern, für das wir, ohne es zu wissen, unsere Freiheit fortgeben. Nachfolgend einige Gründe, weshalb Sie sich von der Zwei-Einkommen-Falle fernhalten oder daran arbeiten sollten, wieder herauszukommen, falls Sie bereits gefangen sind: Kinder – wenn Sie zwei Einkommen brauchen, nur um über die Runden zu kommen, können weder Sie noch Ihr Partner zu Hause, bei den Kindern bleiben (um sie aufzuziehen, oder sich um sie zu kümmern, wenn sie krank sind). Tod – wenn ein Partner plötzlich stirbt, kann der andere den finanziellen Verpflichtungen nicht mehr nachkommen. Scheidung – auf zwei Gehälter angewiesen zu sein, kann nicht nur zu ehelichen Konflikten führen, es läßt Menschen häufig auch in einer destruktiven Beziehung ausharren, weil sie sich finanziell gefangen fühlen. Mangel an Gelegenheiten – zu den wunderbaren Aspekten einer Beziehung gehört, dem Partner bei der Befriedigung seiner Bedürfnisse und der Verwirklichung seiner Träume zu helfen. Wenn ein Paar zwei Gehälter braucht, nur um die monatlichen Ausgaben zu decken, ist die Beziehung zusätzlichem Streß ausgesetzt. Gefühlsmäßige und körperliche Bedürfnisse wie die Freiheit, eine Pause einzulegen, wieder zur Schule zurückzugehen oder den Beruf zu

wechseln, können ohne durchgreifende Veränderungen im Lebensstil nicht befriedigt werden.

Ich möchte Sie zu dem Versuch ermutigen, Ihren Lebensunterhalt von einem Gehalt zu bestreiten. Dann besitzen Sie nicht nur Freiheit und mehr Möglichkeiten, sondern das zweite Einkommen kann gänzlich auf all Ihre Ziele verteilt werden.

4. **Tun Sie es für sich.** Vielleicht haben Sie dieses Buch in der Hoffnung gelesen, daß Ihr Partner die Ideen mit Ihnen gemeinsam ausprobiert. Doch leider beschließt er, nicht mitzumachen. (Ich weiß Bescheid; ich habe diese Geldregeln während meiner gesamten Ehe stets allein befolgt). Charlene gab ihren Angestellten kürzlich einen Feiertagsbonus-Scheck. Sie berichtete mir, einer von ihnen habe dazu gesagt: »Dieses Geld behalte ich für mich. Mein Partner hält die Hand über unser Geld; aber dieses hier gehört mir.« Nancy schrieb folgendes in der Bewertung, die im letzten Kurs gemacht wurde: »Ich weiß, daß ich sparen werde – mit oder ohne Mann.«

Zusammenfassung

Nachdem ich vor Jahren den Master-Money-Plan für meine Familie aufgestellt hatte, eröffnete ich ein Konto und gab ihm den Namen »Notfall Zukunft«. Sobald das Gehalt meines Mannes auf dem Bankkonto war, wurden automatisch 30 Dollar auf dieses Konto überwiesen. Gut zwei Jahre später wurde in dem Schulbezirk, in dem mein Mann lehrte, gestreikt, und wir standen ohne Gehalt da. Aus der Zukunft war Gegenwart geworden.

Die Summe auf unserem »Notfall Zukunft« war auf insgesamt 917 Dollar angewachsen. Immerhin. Damit konnte ich gerade noch die 450 Dollar für unser Haus und die Mindestbeträge für Zahnärzte und Kreditkartengesellschaften bezahlen. Mit einfachen Mahlzeiten wie Suppen und Nudeln kamen wir durch den Monat. Es war eine außerordentliche Erfahrung. Einen ganzen Monat lang ohne Gehalt – und wir haben nicht unsere Kreditkarten benutzt, unsere Verwandten angepumpt oder eines unserer Zielkonten angerührt. Die 30 Dollar, die Monat für Monat auf das »Notfall-Zukunft«-Konto überwiesen worden waren, hatten sich ausgezahlt. Ich war begeistert. Als das Gehalt im nächsten Monat wieder überwiesen wurde, erhöhte ich den Betrag von 30 Dollar auf 50 Dollar.

Denken Sie daran: Es ist wichtiger, sofort anzufangen, das Richtige zu tun, als zu warten, bis Sie glauben, Sie könnten es richtig machen. Werfen Sie das Kleingeld in eine Dream-Box; stopfen Sie Ein-Dollar-Scheine in eine etikettierte Socke, eröffnen Sie ein zweckgebundenes Konto oder schicken Sie jeden Monat einen Scheck zu einem tausend Kilometer entfernt wohnenden Freund. Nicht alles. Nicht nichts. *Tun Sie nur etwas.*

Gehen Sie abends mit dem ungemein befriedigenden Wissen schlafen, daß Sie, was Geld betrifft, etwas in Gang gesetzt, daß Sie den ersten, wesentlichen Schritt gemacht haben, der Ihre gesamte Zukunft ändern wird.

Kapitel 7
Fazit:
Wie weit komme ich damit?

*Wenn du zwei Pfennige hast, solltest du
dir von dem einen einen Laib Brot und von
dem anderen eine Blume kaufen, die dir
einen Grund zum Leben schenken wird.*

frei nach Mohammed

Als sie eines Tages mit ihrer Mutter durch die Möbelabteilung eines Kaufhauses bummelte, sagte K. W.'s Tochter: »Ich möchte gern so ein Himmelbett.«

»Das können wir uns nicht leisten«, antwortete ihre Mom, die einen meiner Geld-Workshops besucht hatte.

»Können wir wohl«, erklärte die Siebenjährige. »Wir brauchen nur ›Himmelbett‹ auf einen Zettel schreiben, den Zettel auf einen Topf kleben und Geld reinwerfen. Dann haben wir bald schon das Geld für mein Himmelbett!«

Stimmt. Diese Siebenjährige hat verstanden, worum es geht. Sie weiß, was sie schätzt, wovon sie träumt, und sie weiß, wie sie ihren Traum verwirklichen kann. Aber was ist, wenn sich das kleine Mädchen ein paar Tage später Rollerskates wünscht? Die meisten Erwachsenen würden in Panik geraten und jammern: »O nein. Und was jetzt?« Aber eine Siebenjährige würde höchstwahrscheinlich das neue Ziel in Angriff nehmen und entweder einen neuen Topf mit einem Zettel bekleben, auf dem »Rollerskates« steht, oder ein neues Etikett über das alte »Himmelbett« kleben. So einfach ist das.

Es so einfach wie möglich zu machen, ist eine der besten Methoden, in Geldangelegenheiten und in fast allem anderen Erfolg zu haben. Und so funktionierten die gleichen Regeln in einem anderen Lebensbereich bei Chris. Sie änderte einfach das »Ich sollte« in »Ich möchte« um und folgendes geschah: »Ich habe die elf Kilo abgenommen, mit denen ich schon seit zehn Jahren kämpfe, weil ich den Kühlschrank mit einer neuen Einstellung öffnete. Ich sagte mir nicht mehr: ›Ich muß Möhren oder Sellerie essen‹, sondern: ›Ich möchte in meine Kleider passen. Ich möchte gut aussehen und mich wohl fühlen. Ich möchte die Sachen essen, die mir helfen, mein Ziel zu erreichen.‹« Und sie erreichte es.

Oft stoßen wir auf gewaltige Hindernisse, obwohl wir mit unserem Geld nur recht simple Sachen machen möchten. Wir müssen auf unsere vertrauten Einstellungen und Gewohnheiten verzichten, um ins Unbekannte einzutreten, wo neue Alternativen auf uns warten. Sie haben gelesen, daß einige Teilnehmer meinen Geld-Workshop voller Bedenken und Befürchtungen verließen. Sie fragen sich: »Kann ich meine Lage wirklich beeinflussen? Kann ich wirklich sparen, wenn ich Fünf- und Zehnpfennigstücke in einen Topf werfe? Kann etwas, daß mich im Griff hat, mich unbeweglich macht, auf eine so einfache Weise zum Aufhören gebracht werden? Ich will mir noch ein paar Geschichten anhören, um zu sehen, was geschehen ist.«

Achten Sie beim Lesen besonders auf den Energieumschwung, den diese Menschen erfuhren, und darauf, wie die negativen Gefühle in bezug auf Geld und Schulden durch eine positive, hoffnungsvolle Einstellung ersetzt wurden. Bald (wenn nicht schon jetzt) werden auch Sie diese starken und erhebenden Gefühle regelmäßig erleben.

»Ich war voller Wut«, schrieb Margaret, eine 46 Jahre alte, selbständige, alleinerziehende Mutter, »und statt ein zorniges Pamphlet zu Papier zu bringen, verließ ich Ihren Kurs früher. Als ich Ihren Kurs belegte, lebte ich Monat für Monat von meinem Einkommen und benutzte Kreditkarten für Extraausgaben. Während des letzten Kurses baten Sie uns, unsere Gefühle über das Gelernte aufzuschreiben. Ich hatte das brennende Verlangen, mein Leben in Ordnung zu bringen, und wußte, daß Sie mir die Informationen gegeben hatten, die ich brauchte. Aber ich hatte Angst vor der Veränderung. Ich kochte innerlich tagelang vor Wut, während ich dem vorgeschriebenen Programm folgte.

Ich sparte Wechselgeld, ging zur Sparkasse und eröffnete mehrere Konten. Kreditkarten hatten für mich stets zum ›Spaß‹ gehört. Ich kaufte Kleider mit ihnen, machte Urlaub in Hawaii auf ihre Kosten und besuchte Touristenorte. Von dem Geld zu leben, das mir bereits zur Verfügung stand, erschien mir hart und freudlos, wie eine Strafe. Aber ich war entschlossen, es zu versuchen, in der Hoffnung, daß es später einmal Früchte tragen würde.

Elf Monate sind seitdem vergangen. Und zum ersten Mal in meinem Leben sind meine vierteljährlichen Steuern bezahlt, habe ich Geld auf meinem Girokonto, kann ich die finanziellen Bedürfnisse meiner Kinder befriedigen. Meine Kreditkartenschulden verringern sich, und ich habe 5000 Dollar gespart.

Ich habe noch einen langen Weg vor mir, aber ich kann sehen, wie es am Ende dieses Weges aussieht. Aus dem persönlichen Betrug wurde ein Gefühl der *Befähigung*. Ich weiß, daß ich in nicht allzu ferner Zukunft ein Haus besitzen werde. Ich habe Geld für mich und meine Kinder beiseite gelegt. Ich werde zum ersten Mal nach Europa reisen. Was früher nur Wunschdenken war, ist jetzt Realität. Ihr Kurs half mir, die Abzweigung in eine hellere Zukunft zu nehmen.«

Julie schrieb mir folgendes: »Ich glaube, als erstes war ich von diesem Geldtopf fasziniert. Eine Woche lang alle Münzen zu sammeln, und dann das erste Hochgefühl beim

Zählen: ›Mein Gott. Ich habe mühelos sieben oder acht oder neun Dollar gespart!‹ Ich glaube, daß man es wirklich in der Hand halten, es riechen und fühlen muß. Es muß greifbar, berührbar sein, da Geld für viele von uns immer so schwer faßbar gewesen war.«

Dann sprach Julie über ihre neu gewonnene Macht: »Hätte ich meinen Job vor der Teilnahme an Ihrem Kurs verloren, wäre ich wahrscheinlich unterwürfig zu meinen Eltern gekrochen, sie um Geld angegangen und hysterisch geworden. Doch meine Ersparnisse erlauben mir, hier zu sitzen und zu warten, bis der richtige Job auftaucht. Jetzt habe ich Möglichkeiten; ich habe bereits mehrere Jobs abgelehnt. Das ist schon was; das ist wirkliche Macht, sagen zu können: ›Behalten Sie Ihr Carepaket. Ich werde nicht für Sie arbeiten.‹ Ich bin nicht verzweifelt. Aber wenn mir das vorher passiert wäre, hätte ich den erstbesten Job angenommen, ob er mir gefiel oder nicht: ich hätte mich selbst versklavt.«

Achten Sie beim Lesen der nächsten Geschichte darauf, daß Mikell von vielen negativen Gefühlen »frei« ist. »Es gibt keine Schuldgefühle, keine Scham mehr. Keine schreckliche Angst mehr davor, die Schulden niemals loszuwerden und nie genügend Geld zu haben. Das scheußliche Gefühl, zuviel ausgegeben zu haben, das Bedauern, ist verschwunden. Ich habe keinen »Konsumkater« mehr, denn ich plane meine Einkäufe jetzt. Ich habe gerade für 150 Dollar eingekauft. Es sind keine lebensnotwendigen Sachen, aber ich liebe sie. Sie sind ein wunderbarer Luxus. Ich konnte sie mir leisten, zahle meine Rechnungen, spare Geld, gehe Essen, tue, was zu tun ist. Ich habe mir ein wenig Glück gekauft.«

Wenn wir zur Tat schreiten, weitet sich unser Leben bis in Bereiche aus, die bisher jenseits unser Vorstellung waren. Unsere neuen Alternativen schaffen Gelegenheiten. Folgendes geschah bei Mary Ann: »Ich hatte mir überlegt, einen Fernkurs in medizinischer Transkription mitzumachen. Er kostete 450 Dollar und *ich hatte das Geld!* Als ich noch von Gehalt zu Gehalt lebte, hätte ich so etwas nicht einmal in Betracht gezogen, obwohl ich sah, wie die Jobs in meinem Beruf knapp wurden. Jetzt konnte ich es tun, denn ich hatte das Geld. Ich sagte mir: ›Ich kann ein wenig von diesem Geld nehmen und in mich investieren.‹ Ein gutes Gefühl, genügend Geld für den Fernkurs zu haben. Noch vor einem Jahr wäre das außerhalb meiner Möglichkeiten gewesen.

Gut ist, daß ich die Kontrolle über mein Schicksal habe, nicht das Unternehmen, für das ich arbeite. Selbst wenn ich morgen meinen Job verlieren würde, hätte ich noch eine Wahl. Vorher habe ich jedem, ob er es hören wollte oder nicht, erzählt: ›Oh, ich kann mir das nicht leisten, ich kann mir dies nicht leisten.‹ Das war meine ständige Klage. Doch jetzt kann ich es mir dies und das leisten. Weil ich Geld habe. Vorher habe ich das Geld nur falsch verwendet.«

Auch andere spüren die Veränderung. Mary Ann fuhr fort: »Ein Kollegin war mit dem Management aneinandergeraten, und man riet ihr: ›Sie sollten auch etwas von dem tun, was Mary Ann macht; sie hat sich dadurch enorm geändert.‹ Nun, ich habe eigentlich nur zwei Sachen gemacht: ich bin dem ACA beigetreten (Adult Children of Alcoholics/Erwachsene Kinder von Alkoholikern), und ich habe Ihr Seminar besucht. Bei beiden geht es nur um eines – kein Opfer mehr zu sein, sondern die Verantwortung für sein Leben zu übernehmen. Es geht im wesentlichen darum. Sie müssen nicht Opfer Ihres Geldes sein. Solange ich Fortschritte mache, bin ich zufrieden. Mein Gehalt hat sich kaum verändert, aber ich habe jetzt viel mehr Geld.

Ich bin inspiriert. Jeden Tag sage ich mir: ›Ich habe die Verantwortung. Wenn ein Hindernis auftaucht, ist es eine Hürde, nicht der Weltuntergang. Ich springe einfach darüber und gehe weiter. Früher, als ich weder Geld noch Kontrolle besaß, bedeutete eine Krise der Weltuntergang, und ich kam aus dem Tritt. Jetzt ist es nur eine Hürde, und ich gehe einfach über sie hinweg.«

Zu den größten Gewinnen bei dieser Methode des Umgangs mit dem Geld gehört, daß Sie sich sofort wohler fühlen und rasch Resultate sehen. Janell schrieb mir nur vier Monate nach dem Besuch meines Workshops: »Ich habe ein Urlaubskonto bei einer Sparkasse, die nicht leicht zu erreichen ist, und besitze keine Exchange-Card für dieses Konto. Ich plane, zum ersten Mal in meinem Leben (ich bin 53 Jahre alt) im Dezember einen Urlaub in Mexiko zu machen, der bereits vor Antritt bezahlt ist.

Ich habe das gesamte Kleingeld in einem Sparschwein gesammelt. Ich zähle es alle vierzehn Tage und zahle es ein. Bis jetzt habe ich 78 Dollar gespart. Sie kommen auf mein Urlaubskonto, auf dem bereits 700 Dollar sind.«

Vielleicht erinnern Sie sich noch an Marcus' Geschichte, die ich Ihnen in Kapitel 1 erzählte. Während seiner Verabredung hatte er ein »Aha«-Erlebnis – er hatte erkannt, daß er seine Schulden, und nicht seine Ziele, an erste Stelle setzte. Und was sagt er anderthalb Jahre später: »Ohne zu melodramatisch klingen zu wollen, muß ich sagen, daß mein Leben sich um 180 Grad gedreht hat.

Als ich Sie, Carol, vor 15 oder 16 Monaten kennenlernte, hatte ich durch verschiedene Darlehen fast 10 000 Dollar Schulden. Es gab Zeiten, die waren wirklich hart, und ich mußte finanziell kreativ sein, um sicherzustellen, daß die Rechnungen rechtzeitig bezahlt wurden. Aber das wichtigste ist, daß ich im Grunde unglücklich war.

Vergangenen September bin ich dreißig geworden. Ich wollte den Geburtstag durch eine Reise nach Schweden zu etwas ganz Besonderem machen. Ich hatte das Geld – dank der Dream-Box, die Sie mir gaben, und Ihrem Vorschlag, das Kleingeld und ein paar Dollar hier und dort zu sparen. Es ist verblüffend, wie schnell sich das summiert. Aber weil ich noch nicht so lange bei der Firma arbeite, bekam ich keinen Urlaub. Ich war enttäuscht; aber das Geld ist noch da und wartet nur darauf, für eine Europareise in diesem Frühjahr ausgegeben zu werden.

Früher habe ich mir ständig Sorgen darüber gemacht, wie ich die Schulden abbezahlen sollte. Jetzt bezahle ich nur den Mindestbetrag und sie nehmen ab. Ich habe keine neuen Schulden gemacht.

Ich habe lange Zeit gebraucht, bis ich die Erkenntnis akzeptierte, daß es, solange ich mein Verhalten ändere, egal ist, ob ich sofort einen Erfolg sehe. Er wird sich mit der Zeit einstellen. Ein Freund von mir gebrauchte als Beispiel seine 113 Pfund Übergewicht. Er sagte, es sei wirklich entmutigend gewesen, als nichts zu sehen war, nachdem er die ersten vier Pfund verloren hatte. Ein Freund erklärte ihm daraufhin: ›Weißt du, damit ist es wie mit einem Eimer

Sand. Wenn man eine Tasse Sand aus dem Eimer nimmt, sieht man es; nimmt man eine Tasse Sand vom Strand fort, sieht man es nicht. Aber in beiden Fällen handelt es sich um eine Tasse voll Sand, und nur das zählt.‹ Ich habe das, ein wenig verändert, auf meine eigene Situation angewandt. Ich dachte, die fünf Dollar, die ich heute spare, würden nicht zählen. Doch sie zählen, das wird sich im Laufe der Zeit zeigen.«

Marcus fuhr fort: »Was mit mir geschah, war wirklich sehr tiefgreifend und hatte weitreichende Auswirkungen auf alle Bereiche meines Lebens. Ich bin in bezug auf Geld so ruhig, Carol. Ich mache mir keine Sorgen mehr darum, sondern konzentriere meine Energie und meine Aufmerksamkeit auf Dinge, die mir wirklich etwas bedeuten. Das war sehr wichtig bei der Aufrechterhaltung der »monitären Mäßigkeit«, wie ich es nenne. Ich habe das Geld mißbraucht wie früher den Alkohol.

Mein vorrangiges Ziel ist, den Gegenwert eines Jahresgehaltes auf einem Sparkonto zu haben. Geld, das erst angerührt wird, wenn ich arbeitslos bin, und nicht für eine Reise oder eine neue Stereoanlage gedacht ist. Nein, das Geld bleibt auf dem Konto, für den Fall, daß ich arbeitslos werde.

Ich habe in diesem Sommer einen kleinen Autounfall verursacht: Der entstandene Schaden betrug rund 1000 Dollar. Mir war klar, daß sich, wenn ich mich an meine Versicherung wandte, meine Raten garantiert verdoppeln würden. Also schaute ich mein kleines Sparkonto an und beschloß, die Reparatur aus eigener Tasche zu bezahlen. Ich versprach mir, das Geld zu ersetzen, indem ich jede Woche etwas extra einzahle. Ich hatte eine Alternative, die ich früher nie gehabt habe, denn heute besitze ich ein Notfallkonto.

Früher erschien mir alles hoffnungslos, und ich schämte mich. Ich kam mir wie ein schlechter Mensch vor, weil ich nicht gut mit Geld umgehen konnte. Ich habe mir ständig vorgeworfen: ›Warum kann ich nicht mit Geld umgehen?‹ Ich durchlebte all die Botschaften, die ich als Kind vermittelt bekommen hatte: ›Was weißt du schon von Geld? Du bist doch nur ein Kind.‹ ›Wieviel kostet das?‹ ›Das soll dich nicht interessieren, du bist doch nur ein Kind.‹ Ich hatte auch große Angst davor, was geschehen würde, wenn ich meinen finanziellen Verpflichtungen nicht mehr nachkommen könnte. Was, wenn meine Eltern herausfänden, daß bei mir nicht alles eitel Sonnenschein war? Wie würden meine Freunde reagieren, wenn sie herausfänden, daß ich nicht mit Geld umgehen konnte? Und dann die Art und Weise, wie ich auf Menschen mit Geldproblemen reagierte: »Mit denen muß etwas nicht stimmen« – als wäre es ein schändliches Geheimnis.

Ich bin heute um einiges glücklicher als an dem Tag, bevor ich Sie kennenlernte. Ich mache Fortschritte. Manchmal ist es noch hart, aber ich komme voran. Ich weiß, daß ich diese Alternativen, diese Möglichkeiten habe. Ich habe mein Leben unter Kontrolle, und es kommt mir nicht so vor, als würde ich stillstehen. Emotionell und spirituell bin ich weit vom Stillstehen entfernt. Dadurch, daß ich Kontrolle über mein Geld erlangte, wurde eine Veränderung möglich.«

Ich hätte nie gedacht, daß ich einmal Kapitalertragssteuer oder eine Steuer auf Zinserträge würde zahlen müssen. Ich dachte: ›Junge, du hast dich wirklich verändert, du brauchst jemanden, der dir bei den Steuern hilft.‹ Es ist wirklich lustig. Früher habe ich nur ein Formular ausfüllen müssen, jetzt brauche ich einen Stapel, um das ganze Zeug zu erklären. Das wär's, sagte ich, und ging zu einem Steuerberater. Ich bin bürgerlich geworden!«

Zugleich mit ihrer Einstellung zum Geld änderten sich auch Connies Gefühle sich selbst gegenüber. »Ich habe mich nie um mich selbst, meine Bedürfnisse oder Wünsche gekümmert. Und obgleich ich sehr unabhängig, aktiv und abenteuerlustig bin, dachte ich immer: ›Wenn es passiert, passiert es.‹ Ich war ein wenig erschöpft, und vielleicht wütend auf die Klinik, die Pflegearbeit. Immer nur Arbeit, Arbeit, Arbeit – wie langweilig. Ich konnte mich nicht mehr leiden. Nachdem ich Ihren Kurs besuchte hatte, sagte ich: ›Einen Augenblick mal. Ich brauche diese kleinen Sachen, auf die ich mich freuen kann. Ich arbeite hart, und ich bin gut in meinem Job. Ich bezahle die Rechnungen, aber es muß etwas geben, das mich begeistert.‹

»Ich mußte in meinem Inneren einiges ändern«, erklärte Connie, »und etwas haben, auf das ich mich freuen konnte. Jetzt plane ich eine Reise und erzähle begeistert meinen Kolleginnen und Kollegen davon. Ich mache die Reise, komme zurück, und berichte den anderen von meinen Erlebnissen. Früher kümmerten mich meine Ziele und Wünsche nicht. Ich bin Krankenschwester. Ich habe mich immer um andere gekümmert, nur nicht um mich selbst. Seltsam, wie Geld alles bannt, auf sich lenkt. Früher habe ich es geleugnet, komplett geleugnet. Aber es ist ein wirklicher Animator. Es war sehr lehrreich für mich. Ich glaube es einfach nicht. Ich *kann* meine Träume verwirklichen.«

Mein Freund, der Schriftsteller Dan Jordan, hat es einmal so ausgedrückt: »Zu wissen, was man will, und es zu wollen, braucht Schneid. Es braucht Mut, dabei zu bleiben.« Ich weiß, daß *Sie* mutig sind, denn Sie haben dieses Buch über Geld gekauft – eines der bedrohlichsten Themen. Jedesmal, wenn wir uns mutig dafür entscheiden, zu tun, was das Beste für uns ist, verbessern wir unsere Lebensqualität. Benutzen Sie Ihren Mut dazu, Ihre Ängste und Befürchtungen hinter sich zu lassen und zur Tat zu schreiten. Durchbrechen Sie die Wände, die Sie hemmen. Gehen Sie geradewegs auf das Ziel zu. Diesmal werden Sie gewinnen. Weshalb? Weil Sie sich für den Sieg entschieden haben.

Unsere Ängste werden nicht über Nacht verschwinden, unsere Geldprobleme nicht an einem Tag gelöst sein. Aber die Schritte, die wir unternehmen, werfen von Anfang an großen Gewinn ab. Amy schrieb: »Ich lernte, daß Geld – je nachdem, wie man damit umgeht – ein Freund oder ein Alptraum sein kann. Ich bezahle mich zuerst, und zwar mindestens zehn Prozent vom Gehalt. Ich bin zu einer Sparkasse gegangen und eröffnete für meine Ziele diverse Konten – vor allem ein »Notfallkonto«. Das hat mir bei großen Sachen wie Autonummernschilder geholfen. Ich werde von meinem neuen Arbeitgeber ein wenig besser bezahlt, aber ich habe immer noch keine 200 Dollar, die ich einfach so ausgeben kann.

Abends nehme ich das Kleingeld, das sich im Laufe des Tages angesammelt hat, und werfe es in den Topf. Was einmal dort drin ist, kommt erst am Ende des Monats wieder heraus. Dann rolle ich es und zahle es auf eines meiner Spaßkonten ein.

Ich gehe oft zu auswärtigen Kriegskunst-Turnieren, und es ist so schön, sie bezahlt zu haben, bevor ich fahre! Ich bin wahrscheinlich nicht Ihr bester Schüler, aber ich habe ein paar Veränderungen gemacht. Wie ein Freund von mir sagte: ›Versuche nicht, eine Sache 100% zu verbessern, verbessere 100 Sachen um 1% und du hast eine hundertprozentige Verbesserung.‹«

Durch unsere Entscheidung, etwas Neues zu beginnen, stellen wir den ganzen Geldmythos auf den Kopf. Alles ist gleich geblieben. Dennoch ist nichts mehr so wie früher. Wir mögen vielleicht so aussehen wie früher, aber wir fühlen uns nicht mehr so. Wir werden von einer positiven Energiequelle gespeist und angetrieben, an der es uns bislang mangelte. Jetzt gibt es Qualität, Spaß und ein Ziel in unserem Leben.

Lynn schrieb: »Das ist erschreckend. Ich habe versucht, Geld zu sparen, aber es ist immer schiefgegangen. Kann ich es überhaupt? Ich habe Angst davor, daß ich, wenn ich es versuche, meine Ziele nicht erreiche, oder daß sie, falls es mir gelingt, nicht das sind, was ich mir wünsche.«

Früher haben wir die »große Flucht« gespielt. Wir wissen instinktiv, daß wir nicht zugeben müssen, versagt zu haben, wenn wir es nicht einmal versucht haben. Wir täuschen uns selbst, wenn wir behaupten: »Ich habe nie verreisen wollen; ich habe mir nie den Luxus gewünscht, den andere sich zu wünschen scheinen.« In Wahrheit haben wir nur Angst, es zu versuchen. Denn wenn wir es versuchen, könnten wir versagen. Und wie würden wir mit einem weiteren Fehlschlag fertig werden?

Ihre positiven Veränderungen werden anderen Menschen

auffallen. Sie werden Ihr Geheimnis wissen wollen. Es mag nicht leicht sein, Ihre frischgebackene Begeisterung zu erklären. Es ist schwierig, da nicht das Wechselgeld im Topf oder die Sparkonten die Geschichte erzählen. Die Magie und die Kraft liegen in der Art und Weise, wie Sie sich fühlen. Mit Ihren Plan haben Sie Hoffnungslosigkeit durch Hoffnung ersetzt. Depression und Entmutigung wurden durch die freudige Erwartung ersetzt, daß Träume wahr werden. Und die erschreckenden, überwältigenden Gefühle, die Sie einst beherrschten, wichen dem Gefühl, alles im Griff zu haben.

Wir gehen nicht nur anders mit Geld um, sondern auch mit unserem Leben. Wir erleben die Freiheit der Wahl, die sich einstellt, wenn man Geld hat, um seine Träume zu verwirklichen. Wir sind optimistischer, glücklicher. Ist es ein Wunder, daß dies den anderen auffällt und sie wissen wollen, was wir entdeckt haben?

Die folgenden Monate oder Jahre, in denen Sie sich ein solides Fundament schaffen und die Kontrolle über Ihr Geld erlangen, könnten Sie ausgezeichnet dazu nutzen, mehr über die Geheimnisse der großen Welt des Geldes zu lesen und zu lernen. Besuchen Sie kostenlose lokale Geldseminare und leihen Sie sich Bücher über Geld und Investment aus. K.W. schrieb: »Ich lese unheimlich gern Bücher, die davon handeln, wie man Geld spart, wirtschaftlicher lebt und sich das Leben vereinfachen kann. Ich besuche gern Workshops über diese Themen, höre gern Unterhaltungen darüber zu. Ihre Erkenntnisse haben mir geholfen, die ganze Medieneuphorie zu durchschauen, und selbst zu entscheiden, was mir wichtig ist.«

Lesen Sie, hören Sie zu und lernen Sie, damit Sie, wenn Ihr Geldfundament solide ist und Sie bereit sind, zu »spekulieren« (sprich investieren), etwas darüber wissen. Dann werden Sie wohlinformiert entweder Ihr Wertpapierdepot selbst verwalten oder die Personen und Firmen beobachten, bei denen Sie Vertrauen und Geld investierten.

Investmentclubs stellen eine ausgezeichnete Methode dar, etwas über den Aktienmarkt zu lernen und ein Kapitalanleger zu werden. Vor Jahren schlossen sich zehn von uns zusammen und gründeten einen Investmentclub. Wir traten der National Association of Investors Corporation (NAIC/Nationaler Verband der Kapitalanleger) bei und erhielten Lehr- und Hilfsmaterial. Wir zahlten jeder monatlich 10 Dollar in die gemeinsame Kasse, von denen wir Aktien kauften. Jede von uns wählte zwei Aktien, die sie in der Zeit zwischen den einzelnen Treffen untersuchte und deren Börsenverlauf sie auf einer Tabelle darzustellen versuchte (in dem von der NAIC zur Verfügung gestellte Material stand, wie man das macht). Für viele von uns ist die Welt der Aktienmärkte und Geldanlagen schrecklich einschüchternd. Ein Investmentclub ist eine großartige Gelegenheit, in der sicheren Atmosphäre einer Gruppe das Investieren aus erster Hand zu lernen.

Ich hoffe, daß Sie dieses Buch als Aufforderung betrachten; als Aufforderung, mehr an sich selbst zu glauben; als Aufforderung, die kindliche Energie in Ihrem Inneren lebendig werden zu lassen, während Sie Ihre Hoffnungen und Träume verwirklichen. Ich hoffe, Sie haben auf die Aufforderung reagiert, Ihre innigsten Sehnsüchte aufzuspüren, sich das Versprechen zu geben, daß Sie sich selbst zuerst bezahlen, und nach dem zu streben, was für Sie von Bedeutung ist. Alte Denk- und Verhaltensmuster sind schwer zu ändern und nur sehr schwer zu überwinden. Ich ziehe den Hut vor Ihnen, während Sie Ihren Plan zielbewußt ausführen, um jene Lebensqualität zu erreichen, die Sie verdienen.

Vielleicht ist Ihnen die gelassen vor sich hin spazierende Schildkröte aufgefallen, die ich in diesem Buch hin und wieder erwähnte. Sie ist mir wichtig, weil sie mich an meinen Vater erinnert. Mein Dad ist mein allererstes Vorbild. Er hat mich dazu inspiriert, eine stetige, gelassene Gangart einzuschlagen. Und er hat mir einen lebendigen Glauben an mich selbst eingegeben. Von Zeit zu Zeit sagte er mir: »Carol, falls man dich je fragen sollte: ›Wissen Sie, wie man dies oder jenes macht?‹ solltest du antworten: ›Ich habe es noch nie gemacht, aber ich weiß, daß ich es gut machen werde.‹«

Das inspirierende Geschenk meines Vater möchte ich nun an Sie weiterreichen. Und so frage ich Sie: »Haben Sie Ihr Geld jemals so verwaltet, daß Sie sehr zufrieden waren und die Kontrolle darüber hatten?« Jetzt ist es an Ihnen, beherzt zu antworten: »Ich habe es noch nie gemacht, aber ich weiß, daß ich es gut machen werde!«

Es war mir eine Ehre, die Gedanken und Geschichten in diesem Buch mit Ihnen zu teilen. Das Leben ist kostbar, und Sie sind kostbar. Hören Sie auf jenen weisen und wunderbaren Teil Ihrer selbst, der in jedem Augenblick weiß, was das beste für Sie ist, und vertrauen Sie ihm. Vergessen Sie nicht, jede Verbesserung Ihrer Lebensqualität, für die Sie sich entschieden haben, an die anderen Menschen weiterzugeben. Seien Sie freundlich zu sich selbst. Alte Verhaltensmuster wurzeln tief. Es wird eine Weile dauern, bis die neuen Verhaltensmuster Wurzeln geschlagen haben, und noch länger, ehe sie Ihnen vertrauter sind als die alten. In der Zwischenzeit sollten Sie nicht vergessen, sich bewußt und gelassen wie eine Schildkröte zu bewegen und das Wissen genießen, daß Sie der Verwirklichung Ihrer Träume immer näher kommen.

Vielleicht fragen Sie sich jetzt: »Bekommt Carol Keeffe denn, was sie sich wünscht?« Meine Antwort lautet immer häufiger »ja«. Ich lebe und handele mehr nach meinen Werten als nach etwas anderem, und ich werde immer besser darin. Ich liebe das Leben, und meine größte Leidenschaft ist, mit anderen zusammenzusein. Um mich gut zu fühlen, und gut zu sein, tanze ich (Jitterbug), trainiere ich regelmäßig, ernähre ich mich vegetarisch (um zu helfen, den Planet zu schützen). Und ich habe schließlich das von mir vor zehn Jahren gegebene Versprechen eingelöst, stets entspannt zu sein, indem ich gewissenhaft einmal pro Woche zur Massage gehe.

Je mehr ich auf das Anspruch erhebe, was ich wirklich schätze, desto häufiger genieße ich kostbare Augenblicke. Ich feiere Sie, während Sie sich zunehmend für das entscheiden, was Ihnen am meisten am Herzen liegt. Ich wünsche Ihnen zahllose kostbare Augenblicke.

Ich bezahle mich selbst zuerst

Ich bezahle mich selbst jeden Monat zuerst.

Ich bin wichtig. Ich lege Geld für meine Ziele beiseite.

Ich bin mir mehr Alternativen bewußt.

Ich gebe nur das Geld aus, das ich habe.

Ich zahle nur den *Mindest*betrag auf meine Kreditschulden.

Ich habe meine Ziele aufgeschrieben, und ich halte mich daran.

Ich akzeptiere die Herausforderung, mein Geld für mich arbeiten zu lassen.

Ich habe die Kontrolle über mein Geld.

Ich werde finanziell *unabhängig.*

Ich bin entspannt, weil ich weiß, daß ich einen Plan für mein Einkommen habe.

Ich erreiche meine Ziele. Meine Träume werden wahr.

Der unentbehrliche Ratgeber für Ihre Steuererklärung

Steuererklärung: ein leidiges Thema für jeden, der den Kampf mit den Formularen selbst ausficht. Franz Konz hilft dabei, die Formulare für die Lohn- und Einkommensteuer richtig auszufüllen.
Knaur TB 7792

Knaur®

Ratgeber Beruf

Jack van Minden

Eignungstests für Führungskräfte
Information
Vorbereitung
Erfolg

(83004)

J. Michael Baerwald

Überzeugend argumentieren
Ein 9-Punkte-Programm für Frauen im Beruf

(83006)

J. Michael Baerwald

Erfolgreich sein als Frau
Über den Umgang mit Mitarbeitern, Vorgesetzten und der eigenen Karriere

(83011)

Fred Jandt

Konfliktmanagement
Wie beide Seiten gewinnen können

(83000)

Dory Hollander

Der Karriereplaner
Neue Wege zum Erfolg im Beruf

(83001)

Donald L. Kirkpatrick

Konferenz mit Effizienz
Besprechungen richtig planen

(83005)

Ratgeber Beruf

J. Michael Baerwald

Stellensuche von A-Z

Personalchefs fragen –
Bewerber antworten

(83010)

Stephanie Winston

Organisation im Büro

Von Ablage
bis Zeitplanung

(83008)

Manfred Haucke

Mehr Erfolg am Telefon

(83009)

Eva Dörpinghaus

Mütter zwischen Familie und Beruf

(83002)

Jacqueline Atkinson

Zeitplanung im Beruf

(83012)

Horst Bialla

Von der Sekretärin zur Führungskraft

(83003)

Knaur ®

(79010)

(79007)

(79006)

(79008)

(79012)

Haufe bei Knaur

Die Business-Bücher

Die seit Jahren erfolgreichen Fachbücher aus dem Haufe Verlag jetzt als Knaur Taschenbücher. Handbücher, die Berufserfolg garantieren und Fachwissen auf den Punkt bringen.